साहित्य निबंधावली

साहित्य निबंधावली

राहुल सांकृत्यायन

GYAN

Published by

Gyan Publishing House
5, Ansari Road
Daryaganj, New Delhi-110002
Phone: 011-47034999, 9811692060
E-mail: books@gyanbooks.com

Distribution Network
gyanbooks.com
India, USA, Canada, UK, Australia

ISBN: 978-93-7097-324-4 (PB)
First Published, 1920

2nd Impression 2025

Printed at: Gyan Press, Delhi.

साहित्य निबंधावली

Author: **राहुल सांकृत्यायन**

किताब महल निबन्धमाला—४

साहित्य निबन्धावलि

*

राहुल सांकृत्यायन

किताब महल
इलाहाबाद

प्राक्कथन

'साहित्य निबन्धावलि'मे अधिकतर मेरे साहित्य सम्बन्धी निबन्ध संग्रहीत हैं। इनसे पहलेके भी कुछ निबन्ध थे, जो ढूँढनेपर भी पाये नही जा सके। विशेषकर सबसे पहले निबन्धको यहाँ देनेकी मेरी बड़ी इच्छा थी। वह साहित्यिक निबन्ध तो नही था, किन्तु हिन्दीमे मेरा पहला लेख होनेसे कुछ महत्त्व अवश्य रखता था। वह मेरठसे निकलने वाले "भास्कर" (मासिक) में १९१५में छपा था।

निबन्धोमे लेखकके साहित्य-सम्बन्धी विचारोंमें परिवर्तन अवश्य मालूम होगा, यह होना भी चाहिये। नदीकी धाराकी भाँति मनुष्य भी उसी जगह ठहरा नहीं रह सकता। यदि ठहर गया हो, तो वह वर्तमान वृत्त नही ठूँठ है।

हिन्दी अपने उस लक्ष्यपर पहुँच रही है, जिसे इस शताब्दीके आरम्भके मनीषी दूरका स्वप्न समझते थे। वह स्वतंत्र भारतकी राष्ट्र-भाषा होकर रहेगी, महाप्रदेशके प्रान्तोकी राजभाषा तो हो चुकी है। हमे अपने साहित्य-को सब तरहके ज्ञान-विज्ञानसे और समृद्ध करना है। मुझे आशा है बीसवीं सदीके अन्त तक उस समयको विश्वकी किसी भाषाके साहित्यसे हिन्दी साहित्य पिछड़ा नहीं रहेगा।

प्रयाग —राहुल सांकृत्यायन

२-११-४८

विषय-सूची

हिंदी भाषाकी प्राचीनता[1]

चौरासी सिद्धोंका काल

चौरासी सिद्धोंका काल हिन्दी साहित्यका आरंभकाल है, जो कि तिब्बती ग्रन्थोंके आधारपर निश्चित है। यद्यपि तिब्बतमें मिलनेवाली इनकी सूचीमें लूयिपाका नाम प्रथम है, किन्तु उसमें कालक्रमका ख्याल नहीं रखा गया है। सरहपासे नारोपा (मृत्यु १०४० ईस्वी) तककी वंश-परम्परा इस प्रकार है—

सरहपा, शबरपा, (महाराज धर्मपालके समय ७६६-८०६ ईस्वी) लूयिपा, दारिकपा, वज्रघंटापा, कूर्मपा, जलन्धरपा, कराहपा (देवपालके समय ८०६-४६ ई०), गुह्यपा, विजयपा, तेलोपा, नारोपा (मृत्यु १०४० ई०)।

इस परंपरामें नारोपाका मृत्युकाल हमें मालूम है। हम यह भी जानते हैं, कि कराहपा महाराज देवपालके (८०६-४६ ई०) समकालीन थे* और लूयिपा महाराज धर्मपालके (७६१-८०६ ई०) कायस्थ या लेखक थे*। हमें यह भी मालूम है, कि तिब्बतमें बौद्धधर्मके सुप्रतिष्ठापक आचार्य शान्तरक्षितके शिष्य हरिभद्रके शिष्य बुद्धज्ञान दर्शनशास्त्रमें सरहपाके सहपाठी थे*। आचार्य शांतरक्षित ७५ वर्षकी अवस्थामे सन् ७५५ ईस्वीमे तिब्बत गये। उनका दीर्घजीवन तो अपवाद है। इस प्रकार ७५० ईस्वीमें सरहपाका होना ठीक जँचता है।

सिद्धोंकी परपरा और कृतियोके विषयमें अन्यत्र मैं लिख चुका हूँ। उन्हीं बातोंको दुहराना पसन्द नहीं करता। हाँ, आपसे यह जरूर कहूँगा कि सिद्धोंकी कविता और चरित्रकी खोजकी ओर हमारा ध्यान अधिक जाना चाहिये। प्रयत्न किया जाय, तो मुझे विश्वास है, कि इसमें हमें सफलता

---

[1] Indian Oriental Conference (Baroda, Dec. 1933) के हिन्दी विभागके सभापतिके पदसे भाषण।

*देखो पुरातत्त्व निबंधावलि।

मिलेगी। नेपालसे प्रातःस्मरणीय महामहोपाध्याय हरप्रसाद शास्त्रीको सरह और कण्हके 'दोहा-कोष' तथा बहुतसे सिद्धोंके कितनेही गीत मिले थे। इस विषयकी और भी सामग्री मिल सकती है। तिब्बतके सस्क्यमठमें (जहाँ सिद्धोंकी बहुतसी हिंदी कविताओंका भोट-भाषामें अनुवाद हुआ) अब भी भारतसे ले जाई गयी सैकड़ों तालपत्रकी पुस्तकें सुरक्षित हैं। ढूँढ़नेपर उनमें कुछ पुस्तकें मिल सकती हैं। तिब्बतके कुछ और स्थानोंमें भी उनके मिलनेकी आशा है।

सिद्धोंकी कविताका प्रचार ही पीछे कबीर, नानक, दादू आदि संतोंके वचन-प्रवाहके रूपमें परिणत हो गया। किन्तु सिद्ध-काव्य-प्रवाहको (जिसका अन्त काशिराज जयनन्द देवके दीक्षागुरु जगन्मित्रानन्द—मित्रपा के साथ बारहवीं शताब्दीमे होता है) पन्द्रहवीं शताब्दीके आरम्भमें आरब्ध होनेवाले कबीर आदि सन्तोंकी कविताके प्रवाहसे जोड़नेके लिये नाथपथकी कविताएँ संयोजक श्रृङ्खला हैं। अभी तक उनके अतिप्राचीन रूपके खोज निकालनेकी ओर भी हमारा बहुत कम ध्यान गया है। उधर भी ध्यान देनेकी आवश्यकता है।

मै यहाँ हिन्दी भाषाके इतिहासके बारेमें लिखने नहीं चला हूँ, कि उसके सभी कालके रूपोंपर प्रकाश डालूँ। मेरा मतलब यहाँ सिर्फ हिन्दीके दो अज्ञातप्राय किन्तु महत्त्वपूर्ण युगोंकी ओर आपका ध्यान आकर्षित करनेका है।

किसी भी भाषा-साहित्यके लिये उसकी भूतकालकी कृतियाँ, चाहे वे कितनी ही भव्य और महत्त्वपूर्ण हो, पर्याप्त नहीं होतीं। इसके लिये हमें वर्तमान और भविष्यकी ओर भी ध्यान देना पड़ेगा। पिछले दस वर्षोंकी प्रगतिको देखकर, चाहे हमारी गति उतनी तीव्र न हो, हमें निरुत्साह होनेकी आवश्यकता नही। प्रेमचन्द, सुदर्शन जैसे कहानी-लेखकों तथा प्रसाद जैसे नाटककारोंने हमें निशान्तसे उषाकी ओर खींचा है। कविताक्षेत्रमें कुछ कहना यद्यपि मेरे लिये धृष्टता होगी, तो भी स्वादिष्ट भोजनके विषयमें अपनी-अपनी राय कायम करनेका सबको अधिकार है। गत अर्द्ध-शताब्दी हिन्दी कविताके लिये हेमन्त काल था। नायक, नायिकाओंकी रीतियोंके गोरखधधे द्वारा सम्मोहित लोग भलेही तारीफ के पुल बाँधते हों, किन्तु इस कालमें मस्तिष्कको उद्भासित और हृदयको द्रवित कर देनेवाली उत्तम कविताओंका अभाव ही रहा है। इस निराशामयी स्थितिमें भी आशाकी झलक आने लगी है, और यह झलक मुझे तो उस कविता द्वारा आती मालूम

होती है, जिसे लोग निन्दा अथवा प्रशंसाके भावसे छायावाद कहते हैं। इस छायावादकी परिभाषा दूसरे चाहे कुछ भी करते हों, मैं तो इसे समझता हूँ पुरानी रूढ़ियों और नाना भाँतिकी जकड़बंदियोंके प्रति विद्रोहका झंडा उठाना, इसीमें मैं आशामय भविष्यकी आभा पाता हूँ। इसके कहनेका यह मतलब नहीं, कि मैं ऐसी सभी कविताओंकी हिमायत करता हूँ। हाँ, यह मैं जरूर मानता हूँ, कि दोनों प्रकारकी समान संख्यामे कवियोंको लेकर तुलना करने पर क्रांतिवादी (छायावादी) रूढ़िवादियोंसे जरूर बाजी मार ले जायेंगे।

लेखकोंसे

यहाँ मुझे कुछ उन हिन्दीभाषा-भाषी लेखकोंसे भी कहना है, जो अन्वेषण-सम्बन्धी लेखोंको ही नहीं बल्कि शुद्ध साहित्यिक लेखोंको भी अंग्रेजीमें लिखते हैं। लेखोंके विषयमें उसको पाठकोंके लिये उपयोगिता एवं लेखकके लिये उसकी कीर्ति-प्रदायकता इन दो बातोंपर ध्यान देनेसे तो यह घाटेका ही सौदा है। अंग्रेज साहित्यिक गत शताब्दीके अन्ततक, जब अपने ही बन्धु अमेरिकावासियोंको कोई स्थान देनेको तैयार न थे, तब हम लोगोंके लिये वहाँ क्या स्थान होगा? इतना कहनेका यह मतलब नहीं, कि हम दूसरी भाषाओंका बहिष्कार करें। बहिष्कारकी तो बात अलग, मैं तो समझता हूँ, अंग्रेजोंकी देखादेखी हममें भी यह दुर्गुण आ गया है, कि हम केवल अंग्रेजी भाषाको ही सारे ज्ञान-विज्ञानका भण्डार समझते हैं। विद्वान जानते हैं, कि कितने ही ऐसे विषय हैं, जिनके सुपरिचयके लिये फ्रेंच तथा जर्मन भाषाओंकी अंग्रेजीसे भी अधिक आवश्यकता है। मेरे यह कहनेका भाव यह है, कि कलमके धनी हिन्दीभाषा-भाषी अपनी कृतियोंकी चिरस्थिति और अधिक उपयोगिताके लिये हिन्दीकी ओर ध्यान दें।

हिंदीमें विज्ञान-सम्बन्धी साधारण ग्रन्थोंका भी कितना अभाव है, इसे आप सब जानते ही हैं। यह कमी एक हदतक पूरी की जा सकती है, यदि एक वैज्ञानिक ग्रन्थ ग्रन्थमाला निकाली जाय। इस मालाको प्रत्येक पुस्तक डबल-क्राउन १६ पेजी १०० पृष्ठोंके करीबकी हो। पुस्तक बिना हजम किया अनुवादमात्र न हो। ऐसे हिन्दीभाषा-भाषी विज्ञानके अभिज्ञ विद्यमान हैं, यदि वे सहायता करें और कुछ पुस्तकोंके मुद्रणके लिये कोई तैयार हो जाय, तो ऐसी ग्रंथमाला स्वावलम्बी भी हो जायगी।

ऐतिहासिक अन्वेषणके क्षेत्रमें हिन्दी अधिक आगे बढ़ रही है और

इसका बहुत श्रेय इसके युगप्रवर्तक श्रद्धेय ओझाजीको है। "प्राचीन लिपि-माला" के बाद राजपूतानेके इतिहास द्वारा ओझाजीने हिन्दीके मस्तकको बहुत उँचा कर दिया है। उनके योग्य शिष्य श्रीजयचन्द्र विद्यालकारने "भारत और उसके निवासी' लिखकर इस क्षेत्रमे पदार्पण किया था और "भारतीय इतिहासकी रूपरेखा" लिखकर मातृभाषाकी बड़ी सेवा की है। अपने विद्वान इतिहासान्वेषकोंकी दिक्कतोंको मैं अनुभव करता हूँ। जरूर अंग्रेजीमे लिखनेसे पाठकोंका क्षेत्र बढ़ जाता है, और समानधर्मा-गुणग्राहक विद्वानोंमें कद्र होती है, किन्तु इस कमीको अपनी कृतियोंको दोनों भाषाओंमे लिखकर पूरा कर सकते हैं।

देवनागरी लिपिमें सुधारके सुझाव

साहित्यके प्रचार और वृद्धिमें लिपि और मुद्रणकलाका कितना हाथ है, यह आपको मालूम है। सात सौ खानोका हिन्दी कम्पोजिंग केस मुद्रणमें बहुत ही तरद्दुदका काम है। अक्षर शरीरमे मात्राओका ऊपर नीचे जाना उतना हानिकर नही है। यह तो अंग्रेजीमे भी छोटे जी, एच, आदि अक्षरोंमें होता है। सयुक्त अक्षरोंके पूर्णतया बायकाट और इकार आदि स्वर वर्णोंको स्यामी-तिब्बती अक्षरोकी भाँति अके ही आगे, पीछे, ऊपर, नीचे लगाकर उनकी संख्या बहुत कम की जा सकती है। च, ज, त, थ, जैसे पाईवाले अक्षरोंमें पाईको अलग करके तथा ऊपर नीचेकी मात्राओंके कुछ आगेसे जोड़कर हिंदी लाइनोटाइपके आविष्कारक श्री हरि गोविलने इस सम्बन्धमें एक युग-प्रवर्तक काम किया है। कुछ लोग ऊपर नीचेकी मात्राओंके आकार और स्थान-परिवर्तनसे नाक भौं सिकोड़ेंगे, किन्तु वैसा करनेसे न तो अक्षर कुरूप होते हैं, और न उनके पढ़नेमे दिक्कत होती है। नयी चीजपर नजर गड़नेके लिये कुछ समयकी आवश्यकता जरूर होती है। हमें यह ध्यान रखना होगा, कि लेखनोपकरण, स्याही, पत्र और कलमने जब एक ही ब्राह्मी लिपिसे निकली भारतकी कितनी ही वर्णमालाओंके आकारोंमें भारी परिवर्तन कर दिया है, तो क्या हमारे मुद्रण यन्त्रको इसमें कुछ परिवर्तन करनेका अधिकार नहीं? लेखनोपकरणका उदाहरण लीजिये। उत्तर भारतके लोग तालपत्र—जो कि उस समय अतिसाधारण लेखनोपकरण था—पर जहाँ स्याही और कलमका प्रयोग करते थे, वहाँ मद्रास-प्रांत और लंकावाले तालपत्रपर स्याहीका प्रयोग न कर लोहशलाकाकी नोकसे कुरेद-कर लिखते थे। कुरेदन तालपत्रपर सीधा नहीं हो सकता, इसलिये इन्हें

अक्षरोंकी आकृति गोल बनानी पड़ी। इसके विरुद्ध उत्तरी भारतमें स्याहीसे लिखनेके कारण वह दिक्कत न थी। अस्तु, मुद्रणयन्त्र को हमारी लिपिमें सशोधन-संवर्धन का पूरा अधिकार है। इन्ही सिद्धांतोंपर सुन्दर अक्षरवाले हिन्दी टाइपराइटरकी भी आवश्यकता है। आज तक निकले हिन्दी टाइप-राइटरोंमें कुरूपसे कुरूप टाइपोंको लगानेकी लोगोंने कसमसी खा रखी है।

विश्वविद्यालयोंका सहयोग

यह बड़ी प्रसन्नताकी बात है, कि स्कूलोके बाद अब विश्व-विद्यालयोंने भी मातृभाषाको शिक्षाका माध्यम स्वीकार करना शुरू कर दिया है। नागपुर विश्वविद्यालयको इस काममें मार्ग-प्रदर्शनके लिये बधाई है। और विश्वविद्यालयोंको भी उसका अनुकरण करना चाहिये। लेकिन अभी इस काममें समुचित ग्रन्थोंका अभाव बहुत भारी बाधा है। मेरी समझमें पुस्तकें तबतक अंग्रेज़ीकी ही रखी जा सकती हैं। भाषा-भक्तिके कारण हमें अयोग्य ग्रन्थोको नहीं स्वीकार करना चाहिये। हाँ, प्रश्नोत्तर लिखनेमे मातृभाषाका व्यवहार होनेमे कोई बाधा नहीं होनी चाहिये।

हिन्दीभाषा-भाषी प्रान्तोंसे बाहर हिन्दी-प्रचारके लिये कितने ही वर्षोंसे उद्योग चल रहा है। बड़ौदा सरकारने हिन्दीको राजभाषा स्वीकार कर हिन्दीके गौरवको बढ़ाया है। क्या ही अच्छा होता यदि उस्मानिया विश्वविद्यालयकी भाँति कोई राज्य हिन्दी वैज्ञानिक ग्रन्थोको छपवानेका काम हाथमे ले लेता। हिन्दीके प्रचारमें कैसे-कैसे नये साधन अपने आप निकलते आ रहे हैं, इसका मै आपको एक उदाहरण देता हूँ। बड़ौदा आते वक्त हम लोग लुणावला उतरे थे। वहाँ नौ-दस वर्षके महाराष्ट्र बच्चोंको हिन्दी बोलते देखा। मैने पूछा—तुमने हिन्दी कैसे सीखी? एकने झटसे उत्तर दिया—क्यों, बोलता चित्रपट जो देखते हैं। भारतमें हिंदी समझनेवालोंकी संख्या अधिक होनेसे नफेके ख्यालसे भी फिल्म हिन्दीमें बनवाने पड़ रहे हैं। दूसरी भाषाओंकी फिल्मोंमें वह आसानी नहीं है।

हस्तलिखित ग्रन्थोंका संग्रह

साहित्यके प्रचार और ऐतिहासिक खोजके लिये पुराने और नये साहित्यकोंके हस्तलेखोंका संग्रह एक महत्त्वपूर्ण कार्य है। यूरोपका ध्यान बहुत पहलेसे इस ओर गया है। खेद है कि हिंदीभाषा-भाषियोंका ध्यान अभी तक इस ओर नहीं गया। अब भी यदि हम प्रयत्न करें, तो दो-तीन सौ वर्षोंके साहित्यिकोंके हस्तलेख मिलने कठिन नहीं है। तिब्बतमें रहते

वक मैंने विश्वस्तसूत्रसे सुना था कि वहाँ एक मठमें आचार्य दीपङ्कर श्रीज्ञान (६८२-१०५४ ई०)की लिखी पुस्तकें विद्यमान हैं। आचार्य दीपकर स्वयं हिन्दीके कवि थे और उनकी वज्रासन, वज्रगीतिका तिब्बती अनुवाद अब भी तनजूरमे सुरक्षित है। जिन हस्तलेखोंको हम किसी एक संग्रहालयमें नहीं जमा कर सकते, उनके प्रतिचित्र जमा किये जा सकते हैं। दर्शकों और साहित्यप्रेमियोंके लिये कितने आनन्दकी बात होगी, यदि वे ग्यारहवीं शताब्दीके दीपकरसे लेकर विद्यापति, केशव, तुलसी, बिहारी, मतिराम, भूषण, सदल मिश्र, मुंशी सदासुख, लल्लूलाल, पद्माकर, हरिश्चन्द्र तथा आजकलके भी हमारे लब्धप्रतिष्ठ साहित्यिकोंके हस्तलेखों या उनके प्रतिचित्रोंको देखने पावें। वर्तमान साहित्यिकोंके ऐसे लेख सुलभ हैं, किन्तु इस शताब्दीके अन्ततक वे भी दुर्लभ हो जायेंगे। हिन्दी-साहित्य-सम्मेलन अपना संग्रहालय बनवा रहा है। आशा है वह इसकी ओर ध्यान देगा। दूसरी साहित्यिक संस्थाओंको भी अपने-अपने प्रदेशमें इस ओर ध्यान देनेकी आवश्यकता है।

उच्च साहित्य-परिषद्की आवश्यकता

हिन्दीभाषा-प्रेमियोंकी कितनी ही सभा-समितियाँ देशके भिन्न-भिन्न स्थानोंमें मौजूद हैं; और अच्छा काम कर रही हैं। आवश्यकता है पुराने तामिल संगमकी भाँति एक ऐसी हिन्दी साहित्य-परिषद्की, जिसके सभासद् होनेके लिये उच्च कोटिका हिन्दी लेखक होना अनिवार्य हो। इस परिषद्में राजनीतिक प्रभाव या विश्वविद्यालयकी डिग्रियोंका ख्याल बिलकुल हटाकर, लेखककी एक या अनेक कृतियोंका विशेष प्रत्यवेक्षण करके ही उसे सभासद् बनाया जाय। प्रत्यवेक्षणका काम पहिले तो तीन या पाँच विशेषज्ञोंकी उपसमितिको सौंपा जाय। उसकी सिफारिशके साथ नाम, परिषद्के सामने पेश किया जाय और उपस्थित तथा अनुपस्थित दो-तिहाई सभासदोंकी सम्मति होनेपर उसे स्वीकृत किया जाय। और बातोंकी अनुकूलता देखकर अच्छा हो यदि परिषद्का स्थान दिल्लीमें हो।

बर्माके भारतीयोंका कर्त्तव्य*

आजसे दो हजार वर्ष पहलेसे ही भारतीय व्यापारके लिये, धर्म-प्रचारके लिये, जहाँ-जहाँ गये, वहाँ-वहाँ कुछ न कुछ सांस्कृतिक कार्य करते रहे। किन्तु पिछली दो शताब्दियोंका इतिहास हमारा ऐसा नहीं था। धर्म-प्रचारको तो ७०० वर्ष पहले ही छोड़ दिया गया था, जो लोग व्यापार-व्यवसायके लिये बाहर जाते वह समझते थे कि, सांस्कृतिक एवं साहित्यिक कार्योंसे उनका कोई वास्ता नहीं है। यदि वे जरा ध्यान देते, तो देखते कि, योरोप और अमेरिकाके व्यापारी सांस्कृतिक कार्योंमें योग देना अपना कर्त्तव्य समझते हैं।

बर्मा तथा भारतका सम्बन्ध

बर्माका तो भारतसे बहुत पुराना और घनिष्ट सम्बन्ध है, यह उस वक्तसे—जब सम्राट अशोकके समय बौद्ध भिक्षु सोण और उत्तर धर्मका सन्देश लेकर भारतसे इस ओर आये थे। भारत बड़ा समझा जाता था और उसमें यह एक विशेषता थी कि उसने दूसरी जातियोको पराजित या शोषित करनेको अपना ध्येय नहीं बनाया था। इसी कारण वह अपने प्रभावको हजारो वर्षोंतक कायम रख सका। भारतीयोंको चाहिये कि अपने पूर्वजोकी इस बड़ी बातको अब भी अपने सम्मुख रखें। जिन जातियोंके सम्पर्कमें आवें, उनके ऊपर अच्छा प्रभाव छोड़नेकी कोशिश करें। मैं बतला चुका हूँ कि भारत और बर्माका सांस्कृतिक और धार्मिक सम्बन्ध कितना पुराना है। लेकिन, लोगोंसे मुझे जो कुछ मालूम हुआ है, उससे जान पड़ता है कि भारतीय, बर्मा-देशीय बन्धुओंके साथ वैसी समानता और सौहार्दका भाव नहीं रखते। यदि यह ठीक है, तो यह बड़े अफसोसकी बात है।

प्रवासी भारतीयोंका हिन्दीके प्रति कर्त्तव्य

भारतसे बाहर गये हुए भारतीय अपने देशके साहित्यकी अच्छी सेवा कर सकते हैं। बल्कि कुछ क्षेत्र तो ऐसे हैं, जिसमें सेवा करनेके योग्य वे ही

---

*हिन्दी साहित्य-गोष्ठी (रंगून)के प्रथम वार्षिक अधिवेशन (१०-४ १९३५)के सभापति-पदसे।

हैं। अंग्रेजी साहित्यको लीजिये। आप देखेंगे कि अंग्रेज लोगोंने कनाडा, दक्षिणी अफ्रिका या आस्ट्रेलियामें जाकर वहांके प्राकृतिक दृश्यों, वहांके पशु-पक्षियों और वहांके आदमियोंके इतिहास और जीवनको लेकर बड़े-बड़े सुन्दर ग्रन्थ लिखे हैं। हमारे हिन्दीभाषा-भाषी भारतीय दक्षिणी अफ्रिका, दक्षिणी अमेरिका (गाइना) जैसे दूर देशों तथा बर्मा, सिंगापुर, मलाया, स्याम आदि नजदीक के देशोंमें लाखोंकी संख्यामें गये हुए हैं। कितना बड़ा क्षेत्र है! कितने विशाल परिमाणमें साहित्यक सामग्री मौजूद है! यदि उनको लेकर हमारे भाई उपन्यास, कहानी, कविता या यात्रा लिखते, तो हिन्दी-साहित्यको कितनी मौलिक सामग्री मिलती और साथ ही हमारे जिन देशवासियोंको घरसे बाहर निकलनेका मौका नहीं मिला है, जिसकी वजहसे उनकी दृष्टि बहुत संकुचित हो गई है और वह कूप मंडूक बन गये हैं, उनको भी इन ग्रन्थोको पढ़नेसे कितना अधिक लाभ होता। हिन्दीमें ऐसी भी एक तरहकी त्रुटि दिखाई देती है। चाहे बिहारके धानके खेत या विस्तीर्ण मैदान हो, चाहे गढ़वालके देवदारू वृक्षोसे अच्छादित हिमालयकी पर्वत-श्रेणियाँ या शिखर, चाहे मारवाड़की मरूभूमि हो, या जबलपुरकी बिन्ध्यावटी; सभी जगहके लेखक और कवि मानों आपसमें समझौता कर चुके हैं, कि भरसक वे अपने लेखोंमें इन स्थानीय दृश्योंको आने न देंगे। इसीके कारण हिन्दी साहित्यमें, रचना-वैचित्र्य आने नहीं पाता। जब देशमें ही हम इतनी बड़ी भूल कर रहे हैं, तो फिर विदेशमे प्राप्त सामग्रियोंसे फायदा न उठाया जाय, इसमें कोई आश्चर्य नहीं। लेकिन, एक बात मैं यहाँ कह देना चाहता हूँ, अब आपकी जाति २५ वर्ष पहिलेकी नही है। आप राजनैतिक क्षेत्रमें नई-नई आकांक्षायें और नई-नई उमगे रखते हैं। इसलिये आपको सभी क्षेत्रोंमें अपनेको और अधिक योग्य सिद्ध करना होगा। इसीलिये भविष्य भारतके लिये सौ-पचास वर्ष पहिलेका भारत आदर्श नहीं बन सकता। जातिको योग्य बनाना किसी एक व्यक्तिके बूतेका काम नहीं है। हममेंसे जो कोई जिस देश, जिस काल और जिस क्षेत्रमें हो, वह ऐसे कामोंको करनेकी बान डाले, जिससे जातिका मस्तक ऊँचा हो।

बर्माके भारतीयोका साहित्यिक कर्त्तव्य

ब्रह्मदेशके प्रवासी भारतीय तरुणोंसे मैं कहूँगा, कि वे अपने इस देश-प्रवास और तत्सम्बन्धी ज्ञानसे हिन्दी साहित्यकी बड़ी सेवा कर सकते हैं। जिन्हें कहानी लिखनेका शौक हो, वे बर्माके दृश्यों, प्राणियों, मनुष्यों, नगरों

और नदियोंको लेकर कहानी लिखें। जिन्होंने कविका हृदय पाया है, वे खगड़ा-पुल (गोटकब्रूज)के समीपवर्त्ती स्थानोंके सौंदर्यकी वर्णना करें। देशमे लोगोको अवगत करानेके लिये यह बड़ा अच्छा साधन है। यदि प्रवासी भारतीय लेखक साहित्यके इस आवश्यक अङ्गकी ओर ध्यान दें और अपनी क़लम इधर चलायें, तो देशवासी और प्रवासी दोनोंको ही बहुत लाभ होगा।

रंगूनके भाइयोंके ऊपर खास जिम्मेवारी है, क्योंकि यहाँके भारतीय विद्या और धन दोनोंमें ही बड़े हैं। बड़े-बड़े नगरोंसे दूर-दूर बसनेवाले भाइयोंके प्रति उनका खास कर्त्तव्य है। पता लगा है, दूर-दूरके गाँवोंमें कितनी जगह एक-एक गाँवमें काफी संख्या भारतीयोंकी पायी जाती है। लेकिन उनके लड़कोंके पढ़ने-लिखनेका कोई प्रबन्ध नहीं है। आप लोगोंको चाहिये कि उनके इस काममें सहायक बनें। आपके पड़नेसे उन्हें सरकारी सहायता तथा दूसरी सुविधायें आसानीसे मिल जायेंगी।

हमारे भारतीय भाई बर्मामें अपने भविष्यके लिये बहुत चिन्तित हैं। भारतीयोंने कुछ ऐसे व्यवसायोंको हाथमें लिया है, जिनसे ब्रह्मदेशीयों पर अन्याय होता है। ऐसे व्यवसायवालोंको हानि पहुँचनेकी संभावना जरूर है। लेकिन तब भी भारतीय यदि ब्रह्मदेशवासियोंके प्रति सहानुभूति और सच्चा बधुत्व स्थापित करें, तो उनको हानि नहीं पहुँच सकती। भारतीयोंमें यदि सौ सवा-सौ ऐसे सुशिक्षित आदमी मिल जायें, जो ब्रह्मदेशीय भाइयोंकी सांस्कृतिक और आर्थिक निर्बलताओंमें सहायता देनेके लिये तैयार हों तो दोना जातियोंकी घनिष्ठता बहुत बढ़ जायगी। बर्माके भारतीयोने भिक्षुओंको हिन्दी पढ़ानेका प्रबन्ध किया है, यह अच्छी बात है। वे इस विषयमें और भी अच्छा काम कर सकते हैं, यदि ब्रह्मदेशके भिक्षुओके केन्द्रोमें—जैसे माँडले, सगाँई, पकोको, हेंनजडा, रंगून आदि स्थानों—में एक-एक भारतीय पंडितको संस्कृत पढ़ानेके लिये दे सकें। हाँ, पण्डित ऐसा होना चाहिये, जिसके सामने ऊँचा आदर्श हो। संस्कृतमें बौद्धोके कितने ही न्याय और दर्शनके ग्रन्थ हैं, अच्छा पढ़ानेवाला मिलनेपर भिक्षु लोग पढ़ना चाहेंगे। एक मरतबे इधर प्रवृत्ति हो जानेपर बहुतसे स्थानोपर इसका प्रभाव पड़ेगा।

यहाँ कुछ बातें बर्मामे रहनेवाले भारतोयोके सामने करनेके लिए रक्खी गई हैं। जो लोग स्वयं यहाँ रहते हैं, वह कितनी ही और बातें सोच सकते हैं। असल बात तो यह है, कि उनको अपनी उपयोगिता सिद्ध करनी होगी। बाकी बातें आपके देशके अनुकूल हैं।

मुंगेरमें*

साहित्यकी प्रगति

हिन्दी साहित्यकी गतिको जिसे नजदीकसे देखनेका मौका है, वह भली प्रकार जानता है, कि बीसवीं शताब्दीके आरम्भसे ही हिन्दीकी गति तेज है, और पिछले पन्द्रह वर्षोंमें तो उसमें और भी तीव्रता आ गई है। लेकिन तो भी कुछ हमारे हिन्दुस्तानी साहेब लोग बिना जाने-बूझे टिप्पणी कर बैठते हैं—"हिन्दी चिन्दी क्या है !" इनमें जो अंग्रेजीमें कुछ लिख लेते हैं, उन्हे शायद ख्याल हो, कि वह अपनी अंग्रेजी कृतियोंसे चिरञ्जीवी होंगे; किन्तु यह बिलकुल भ्रम है। अंग्रेजी साहित्यवाले तो आस्ट्रेलिया, कनाडावाले अपने भाईबंद लेखकोंके लिये वह सुविधा करनेके लिये तैयार नहीं, फिर इन सज्जनोंके लिये वहाँ कहाँ स्थान है ! हाँ, इस वक्त भारतके सभी भागोंके एक श्रेणीके आदमियों तक अपनी बातका प्रचार करनेके लिए अंग्रेजीकी उपयोगिताको जरूर स्वीकार किया जा सकता है। मुझे तो इस श्रेणीके हिन्दी-निन्दकोंकी बात पर तरस आती है। जनताके मनोभाव जाननेके लिए शायद वे समझते हैं, हिन्दुस्तानके अंग्रेजी समाचार-पत्र और पुस्तकें काफी हैं। पर यह कितनी गलती है। हिन्दी पत्र-पत्रिकाओंमें कितनी तरहकी चीज़ें प्रकाशित होती रहती हैं। जहाँ अंग्रेजी लेखकोंको उपमाओं और उदाहरणको अंग्रेजी मुहावरेके अनुसार सही रखनेके लिए भारतीय सामग्रीका बहुत कुछ परित्याग करना पड़ता है, वहाँ हिन्दी लेखकोंको ढूँढ़-ढूँढ़कर उसका प्रयोग करना पड़ता है। हिन्दीमें जो कहानियाँ, उपन्यास, नाटक आदि निर्मित हो रहे हैं और जिस तरहसे समाजकी हरएक श्रेणीका उनमें चित्रण किया जाता है, वह अंग्रेजीमें पढ़नेको कहाँ मिल सकता है ! फिर सिर्फ अंग्रेजीके द्वारा हमारे समाजके हरएक अंगका परिचय पाना कितना दुष्कर है यह स्वयं स्पष्ट है। हमारे यह कहनेसे कोई यह न

---

*मुंगेर जिला-साहित्य-सम्मेलन (जनवरी १९३९) के सभापति-पदसे।

समझें, कि हमें अंग्रेजी पढ़नी ही नहीं चाहिये। जब तक हमारा साहित्य विज्ञानकी बृहद ज्ञान-राशि और आधुनिक सब प्रकारकी कलाओंके बृहत भण्डारको अपनेमें नही ला सका है, तबतक अंग्रेजी या किसी यूरोपीय उन्नत भाषाको पढ़ना हमारे साहित्यिकोंके लिए अनिवार्य है; अन्यथा हमारेमें कूपमण्डूकता आ जायगी और हमारी प्रगतिकी गति अत्यन्त धीमी पड़ जायगी। साथ ही जिस श्रेणीकी बात अभी हम कह रहे थे, वह धनी और नागरिक लोगोंमें ही से विशेषकर आती है और ऐसे लोगोंको समाजके ऊँचे-नीचे सभी अंगोके विषयका ज्ञान कितना होता है, इसे कहनेकी आवश्यकता नहीं। लेकिन सौभाग्यकी बात है, कि इस श्रेणीके लोग दिन पर-दिन कम होते जा रहे हैं और तीससे कम आयुके शिक्षितोंमें उनका अभाव-सा होता जा रहा है। वस्तुतः हिन्दीकी प्रगतिमें जो इतनी देरी हुई, उसमें उक्त श्रेणीका भी काफी हाथ रहा। ये लोग स्वयं तो कुछ लिखते-पढ़ते न थे और दूसरोंको अपनी टिप्पणियाँ द्वारा अनुत्साहित करते रहते थे।

हिन्दीकी साहित्यिक गतिमें तीव्रता है, इसका मतलब यह नहीं कि हिन्दी-साहित्य सर्वाङ्ग-पूर्ण है। हमारा मतलब सिर्फ यह है, कि पूर्वमें जो अवस्था हिन्दी साहित्यकी थी, उससे मिलानेपर आज उसकी अवस्था बहुत अच्छी है। हमारे लेखक सभी विषयोंमें प्रवेश कर रहे हैं। हमारा युवकदल इस ओर बहुत तत्पर दीख पड़ता है; और उससे हमें बहुत आशा है।

हमारी हिन्दी जिस विस्तृत क्षेत्रके लिए तैयार हो रही है उसके लिये कुछ दोषोंको हमें स्वीकार करना चाहिये। कितनी ही वस्तुओंके नाम जब नहीं मिलते हैं, तो हमारे लेखकोंको कितनी ही जगह कुछ बातें छोड़ देनी पड़ती हैं, उदाहरणार्थ नौयात्राके सजीव वर्णनके लिये हमें नावके हरएक अंग-प्रत्यंग, उसकी गति और विपत्तियोंके प्रतिशब्द जानने जरूरी हैं, किन्तु वे हमें नहीं मिलते। इस तरह की त्रुटियो को दूर करनेके लिए संस्कृतका सहारा उपयुक्त नहीं हो सकता। उसके लिए उपाय यही है, कि हम ऐसी जगहोंपर स्थानीय भाषाओंके शब्द व्यवहृत करने लगें, और कुछ लेखकोंने तो व्यवहृत करना शुरू भी किया है। किन्तु इसमें डर है कि कहीं अनेक स्थानीय प्रतिशब्दोंकी प्रतिद्वन्द्विता न होने लगें। इस डरको हटानेका उपाय यही है, कि प्रत्येक स्थानीय भाषाके बृहत् शब्द-कोष प्रकाशित किये जायें। हिन्दी भाषाके कोषमें मैथिली, मगही, भोजपुरी (मल्लिका-काशिका), अवधी, बघेली, बुन्देलखण्डी, ब्रजभाषा, उत्तरपाँचाली, (मुरादाबाद, बिजनौर

आदि जिन्होंकी भाषा) हरियानी, पंजाबी, हिन्दकी, मारवाड़ी, मेवाड़ी, मालवी, छत्तीसगढ़ी, बघेलखण्डी आदि जो स्थानीय भाषायें है, उनका बृहत् शब्द-कोष तैयार किया जाय और उनसे इस तरह के सामान्य शब्दोंको लेकर हिन्दी-कोषमें रख दिया जाय। वैसे भी यह ऐसा समय है, जबकि स्थानीय भाषाओं पर हिन्दीका इतने जोरसे प्रभाव पड़ रहा है, कि उनके बहुत से शब्द और मुहावरे छूटते जा रहे हैं और उसके कारण दिन-पर-दिन उनकी उपयोगिता वैज्ञानिक अन्वेषणके लिए कम होती जायगी। इसके लिए स्थानीय भाषाओंकी कथाओं और गीतों अर्थात् उनके मौखिक गद्य, पद्य, साहित्य और इस अधारपर बने व्याकरण तथा बृहत् शब्द-कोषकी बड़ी आवश्यकता है। जिससे उनमें उपलभ्य वैज्ञानिक सामग्री सुरक्षित हो जाय।

व्याकरण

हिन्दी व्याकरणको भी अब हमें भाषाके सार्वदेशिक रूपको ध्यानमें रखकर कुछ जोड़ना घटाना होगा। पाणिनिने भी अपने व्याकरणमें उदीची (पंजाब), प्रतीची (युक्तप्रान्त, बिहारके) खयालसे कितने ही इस तरहके मतभेदोंको स्वीकार किया है। इसका यह अर्थ नहीं कि गलत-सही जैसे भी लिंग या उच्चारण किये जा रहे हैं, उन सभीको हमें स्वीकार कर लेना चाहिये। हाँ, जिसके लिए हमें संस्कृत, प्राकृत तथा अनेक स्थानीय भाषाओंमें उदाहरण मिलता है; उसे स्वीकार कर लेनेमें कोई हर्ज नहीं। यहाँ फिर स्थानीय भाषाओंकी आवश्यकता है।

लिपि

दुनियामें हरएक चीज़में बराबर परिवर्तन होता रहता है और भाषा भी इसका अपवाद नहीं हो सकती। लेकिन बहुतसे लोग इस बातको मनमें न लाकर उसे पकड़कर स्थिर रखना चाहते हैं। यह मनोवृत्ति कहीं भी हानि छोड़, लाभ नहीं पहुँचा सकती। हमें हरएक क्रान्तिकारीसे क्रान्तकारी परिवर्तनके लिए तैयार रहना चाहिये, यदि हमें बतला दिया जाय कि वह युक्ति-युक्त और लाभकारी है। वैदिक भाषा लाख छन्द-बन्ध लगाने पर भी जीवित नहीं रह सकी और आर्ष संस्कृतने उसका स्थान लिया और वह भी क्रमशः प्राकृत, अपभ्रंश आदिके रूपोंमें बदलती गई। अक्षरोंको भी हम ब्राह्मी, गुप्त, कुटिला, मागधी, मैथिली, नागरी आदि रूपोंमे परिवर्तित होते देखते हैं। जब परिवर्तनका नियम ऐसा अटल है, तो हमें किसी बातको जबरदस्ती पकड़ रखनेके लिये आग्रह नहीं करना चाहिये। हमें सिर्फ इतना

ही देखना चाहिये, कि वह परिवर्तन युक्ति-युक्त और लाभकारी है कि नहीं। नागरी लिपिमें सुधारकी आवश्यकता मुद्रण-कला और दूसरी दृष्टिसे बहुत दिनोंसे अनुभव की जा रही है, किन्तु हमारी अपरिवर्तनवादिताने हमें उस पर गम्भीरतापूर्वक विचार करनेका अवसर नहीं दिया। आजकल फिर उस पर विचार हो रहा है और लक्षणसे मालूम हो रहा है, कि हिन्दी-जनता अब इस विषयमे बहुत आगे बढ़ चुकी है। हिन्दी-साहित्य-सम्मेलन लिपि-सुधार-समितिने इस विषयमे बड़ा सराहनीय काम किया है।

नागरी-लिपिमें जो सुधार करनेके लिए उसने प्रस्ताव किये हैं, उससे आधुनिक हिन्दीके प्रेसके ७०० के करीब टाइपकी जगह डेढ़ सौकी ही जरूरत रह जायगी और इससे टाइपके मूल्य और कम्पोजिंगमे धन और श्रमकी अत्यधिक बचत होगी। आजकल नागरीके मोनोटाइप और लीनोटाइप मशीनें भी तैयार हो रही हैं। यदि उनमें टाइपोंकी संख्या घट कर १५० हो जाय, तो उनसे मशीनोंके मूल्यमें बहुत कमी होगी। इस नये सुधारसे नागरी टाइपराइटर भी अच्छा काम लायक बन सकेगा। सुधार-समितिकी और बातें तो ठीक हैं, लेकिन उनके बाज सुझावोंसे ऐसा पता लगता है, कि नागरी लिपिके सौन्दर्यकी उनको बहुत फिक्र नहीं है। क्योंकि उन्होंने दबी जबानसे अक्षरोंके ऊपरकी पाईको हटानेका विचार प्रगट किया है। शताब्दियोंके प्रयत्नसे नागरी लिपिमें वह सौंदर्य आया है, जो किसी अन्य भारतीय लिपिमें नहीं है, मेरी समझमें सौंदर्यको बिगाड़ना किसी तरह भी वांछनीय नहीं हो सकता।

साहित्यमें प्रान्तीयता

कहीं-कहीं हमें यह शिकायत सुननेमें आती है, कि हिन्दी-साहित्यमें भी लोग प्रांतीयताका ख्याल ला रहे हैं। और इस बार वीर-पुरस्कारके संबन्धमें स्वयं प्रयागमें इस तरहके आन्दोलनको होते देखा, जिसमें निर्णायकों पर प्रभाव डाला गया, कि वे अपना निर्णय अपने प्रान्तवाले लेखकके पक्षमे ही दें। सब निर्णायकोंके बारेमें तो मैं नहीं कह सकता, किन्तु एक-आध पर तो इसका प्रभाव जरूर पड़ा और वे छठें-पाँचवें नम्बर पर जिसकी कृति मुश्किलसे आ सकती थी, उसके पक्षमें अपना निर्णय देनेके लिये तैयार जान पड़े। यह बात बड़ी ही हानिकारक है ही, किन्तु युक्त-प्रांतमें ऐसा होना अधिक खेदजनक है, क्योंकि हिन्दी भाषा-भाषियों और साहित्यको दोनोंकी संख्याके ख्यालसे युक्त-प्रांतका बहुत ऊँचा स्थान है। दूसरे प्रांतोंने अपनी

अपनी स्थानीय भाषाओंकी ममता छोड़कर आखिर हिन्दी या ब्रजभाषा इन युक्त-प्रांतकी भाषाओंको अपनाया। ऐसी अवस्थामें युक्त-प्रांतवालोंसे अधिक उदारताकी आशा थी। यह कहने से मेरा यह हर्गिज मतलब नहीं है, कि युक्त-प्रांतमे यह भाव सर्वत्र व्यापक हो गया है या बहुसंख्यक लोग इसी भावको रखने लग गये हैं। मै तो समझता हूँ, इस भावके रखने वालोंकी सख्या अभी बिल्कुल नगण्य है, तो भी इस विषैले भावकी हानिसे सावधान हो जाना चाहिये। दूसरे प्रांतों मे भी यदि इस तरहके प्रांतीयता के भाव दिखलाई पड़े, तो उसका हमे विरोध करना चाहिये।

स्मरण रखना चाहिये कि प्रांतोंका वर्तमान विभाजन जो सरकारने आज-कल कर रखा है, वह किसी भी वैज्ञानिक नियम पर अवलम्बित नहीं है। सरकारने जिस प्रकार अपने प्रबन्धमें आसानी और लाभ देखा वैसे ही विभाजन कर दिया। हम इस प्रांत-विभागको लेकर यदि अपने को विभक्त समझें, तो यह हमारी बुद्धिमानी नही होगी। असल मे तो सारे हिन्दी प्रांतोंको मिलाकर एक ही प्रांत होना चाहिये। भारी संख्या और विशाल प्रांत होनेमें क्या हर्ज है? हमारी साहित्यिक भाषा और सांस्कृतिक घनिष्ठता आजकी चीज नहीं है। वह हजारों वर्षसे चली आई है। अपभ्रंश-कालके बाद जब देशी-भाषाओंका आविर्भाव होता है (प्रायः तेरहवीं शताब्दी) तब भी इस साहित्यिक भाषाकी एकता और सांस्कृतिक घनिष्ठताको हम पाते हैं। सभी हिन्दी-भाषा-भाषी लोगोंको अपने इस महान् प्रांतके अङ्ग-विच्छेदमे अपनी आवाज उठानी चाहिये और हर तरहसे हमे यह प्रयत्न करना चाहिये, कि सब हिन्दी-प्रान्तोंको मिलाकर एक प्रांत स्थापित हो।

स्थानीय पत्र

हिन्दी पत्र-पत्रिकाओंकी संख्या बढ़ रही है, यह बड़े हर्ष की बात है, किन्तु सभी पत्र चाहे किसी केन्द्रीय स्थानसे निकलते हों या एक छोटे जिलेसे अपनेको अखिल भारतीय रूपमें ही प्रकट करना पसन्द करते हैं। यह प्रवृत्ति अच्छी नहीं है, क्योंकि जो पत्र एक खास जिलेके ग्राहकोंकी सहायतासे खड़े होते हैं, वे अखिल भारतीयताके मोहसे अपने रूपको वैसा ही रखते हैं, और उसमें भरसक स्थानीयपन नहीं आने देना चाहते। इसका परिणाम यह होता है, कि उस पत्रमें स्थानीय पाठकोंकी जानकारी और दिलचस्पीकी सामग्री काफी नहीं दी जाती, इसलिये स्थानीय पाठकोंमें उसकी सहायताके लिये उतना उत्साह भी पैदा नहीं होता और

कितने पत्र तो इसीके कारण कुछ दिनोंमें बन्द हो जाते हैं। अखिल भरतीय पत्र थोड़ी ही संख्यामें हो सकते हैं, हिन्दीभाषा-भाषी हरएक जिलेसे निकलने वाले पत्र अखिल भारतीय नहीं हो सकते। हाँ स्थानीय पत्रोंकी आवश्यकता है। अब तो ऐसी अवस्था हो गई है, कि हरएक जिलेमें एक साप्ताहिक पत्र जरूर होना चाहिये। किन्तु ऐसे पत्रोको कोशिश करनी चाहिये कि वे स्थानीय पाठकोंके लिए अधिकसे अधिक उपयोगी बन सकें। उन्हे स्थानीय समाचारोके लिये अधिक स्थान देना चाहिए और यदि एक बात और करें तो वें अधिक पाठकोंकी सहानुभूति और सहायता पानेके साथ-साथ एक बड़ी सेवा भी करेंगे; वह यही कि उनके एक-दो पृष्ठ स्थानीय भाषाओंकी कहानियों, कविताओंको प्रकाशित करनेके लिये सुरक्षित कर दिये जायें।

स्थानीय पाठकोंके लिए अधिक उपयोगी होनेके लिए दैनिक पत्रोंमें परिवर्तनकी भी आवश्यकता है। जापानमें मैंने देखा, वहाँ तोकियो और ओसाकासे निकलने वाले दैनिक पत्रोने ऐसा प्रबन्ध किया है, कि देश भरका समाचार तथा दूसरी बातें तो वे केन्द्रीय स्थानमें मुद्रित करते हैं, और स्थानीय समाचारो तथा दूसरी महत्वपूर्ण बातोंको लेकर एक-दो पृष्ठ उसी स्थानमें मुद्रित करते हैं और दोनोंको मिलाकर वितरण किया जाता है। इससे पत्र स्थानीय लोगोंके लिए भी अधिक दिलचस्प और उपयोगी हो जाता है। इसमें शक नहीं कि वहाँ पर पत्रोंकी ग्राहक संख्या लाखों हैं और किसी एक जिलेमें भी उनकी संख्या कई हजार होती है, इसलिये ऐसा प्रबन्ध करना उनके लिए आसान है। अभी हिन्दी-पत्रोकी ग्राहक-संख्या वैसी नहीं है तो भी यदि हजार, दो-हजार ग्राहक भी किसी पत्रके दूरके जिलोंमें हों तो ऐसा प्रबन्ध करनेमें उतनी कठिनाई नहीं होगी और उससे उन्हें लाभ भी होगा।

हिन्दी ग्रन्थोंकी वार्षिक सूची

हिंदी पुस्तकोंका प्रकाशन बढ़ रहा है और हिंदीके सैकड़ों प्रकाशक भारतके भिन्न-भिन्न भागोंमें बिखरे हुए हैं। इसका परिणाम यह हो रहा है कि कौनसे ग्रन्थ कहाँ प्रकाशित हुए, इसका पता लगाना मुश्किल होता है। यदि हिन्दी-साहित्य-सम्मेलन या नागरी प्रचारिणी सभा वर्षके भीतर प्रकाशित सभी ग्रन्थोंकी एक सूची प्रकाशित किया करें, तो उससे बहुत लाभ हो। किन्हीं-किन्ही प्रकाशकोंने हिन्दीके बृहत् सूचीपत्र प्रकाशित किये हैं, किन्तु वे बराबर नहीं प्रकाशित होते। ऐसे सूचीपत्रसे पाठकों

और पुस्तकालयों दोनोंको ही भिन्न-भिन्न विषयके ग्रन्थोंके जानने और चुननेमें सुभीता होता है और प्रकाशकोंको भी इससे लाभ ही हो सकता है।

उर्दू लिपि

इन्दौर-साहित्य-सम्मेलन में उर्दू लिपिको भी स्वीकार किया गया है। मुझे तो बड़ा आश्चर्य हो रहा है कि जब यह अविवेकपूर्ण कार्य हो रहा था, उस समय लोगोंने क्यो नही इसके विरुद्ध आवाज उठाई। उर्दू लिपि कितनी अपूर्ण और हिंदी भाषा लिखनेके लिए निकम्मी है, यह उर्दू लिपि-का परिचय रखने वाले अच्छी तरह जानते हैं। मैंने भी लड़कपनके आठ वर्ष इसके पढ़नेके लिये खर्च किये हैं, इसलिये मैं उन त्रुटियोंको जानता हूँ। स्वरोंकी कमीके कारण इसमें लिखे अधिकांश शब्द अटकलसे ही पढ़े जा सकते हैं। इसी दोषके कारण तुर्कोंने इसे अपने यहाँ से निकाला। मध्य-एशियाके बहुतसे देशोसे भी इसे देश-निकाला मिल चुका है। ईरानमें जहाँ आज-कल पुराने ईरानके इतिहास और संस्कृति ही वास्तविक ईरानी चीज है, यह भाव बड़े ज़ोरसे फैल रहा है। इतिहासके ग्रंथोमें जरथुस्त्र जैसे शब्दोंके ठीक उच्चारणको पाद-टिप्पणीमें रोमन अक्षरो द्वारा लिखा जाता है। और इस तरहके लक्षण दिखलाई पड़ रहे हैं, कि यदि शाहशाह रिजाशाह पहलवीका शासन १० वर्ष और रहा तो, उर्दू लिपि (जो वस्तुतः अरबी लिपि है) वहाँसे भी विदा हो जायगी। ऐसी दोष-पूर्ण लिपिको इस तरह हमारे मत्थे पढ़नेका प्रयासकर इन्दौर सम्मेलनने अच्छा नहीं किया। हमारे कुछ नेताओंको यह ख़ब्त सवार हो गया है। हिंदू-मुसलिम एकताको स्थापित करना बहुत लाभदायक और आवश्यक चीज है, यह हम भी मानते हैं। किन्तु जिस लीपा-पोतीसे वे एकता स्थापित करना चाहते हैं, वह बिल्कुल गलत है। हिंदू-मुसलिम वैमनस्यकी जड़ है असलमें सांस्कृतिक विरोध। मुसलमान हिन्दुस्तानमें सात-आठ सौ वर्षसे रहते आ रहे हैं, कुछको छोड़कर बाकी सभी यहाँके निवासियोंकी ही सन्तान हैं, तब भी यहाँकी संस्कृतिको वे अपनी संस्कृति नहीं समझते और इसीलिए इस देशके प्रति मातृभूमि होनेका भाव भी नहीं रखते। आजकलका हरएक जीवित-जाग्रत देश अपनी राष्ट्रीय संस्कृतिका सम्मान करना कर्त्तव्य समझता है। स्वयं मुसलमानी देशोंमें ऐसे भावोंको हम देखते हैं। ईरान एक बड़ा सभ्य, संस्कृत और वैभवशाली देश था। सातवीं शताब्दीमें वह अरबोंके अधीन हो गया। और दो शताब्दियाँ बीतते-बीतते सारे ईरानने इसलाम धर्मको स्वीकार किया।

नये धर्मके स्वीकार करनेके साथ-साथ पुरानी ईरानी संस्कृतिके प्रति तिरस्कारका भाव भी सिखाया जाने लगा और नवीं शताब्दी पहुँचते-पहुँचते ईरानकी पुरानी सस्कृति और उसका पुराना इतिहास सर्वथा विलुप्त होने लगा था। उस समय ईरानियोंमें प्रतिक्रिया हुई और फिरदौसीने फिर अपने पुराने ईरानी बहादुरों—दारा, कौरोश, रुस्तम आदिका गीत गाना शुरू किया। फिरदौसी इन काफिर पूर्वजोंकी प्रशसा करनेके कारण मरने पर काफिर माना गया और उसे सार्वजनिक कब्रिस्तानमें जगह तक न मिली। वह अपने घरके बगीचेमें गाड़ा गया। किन्तु आज एक हजार वर्ष बाद ईरानी जाति बड़ी खोज करके उस कब्रको निकालती है, उस पर पुराने ईरानके ढगका संगमरमरका समाधि-मन्दिर बनाया जाता है, जिसके द्वारमें दारा, कौरोश आदि पुराने ईरानी वीरोंकी मूर्त्तियाँ बनाई जाती हैं, और सारी ईरानी जनता और उनका शासक फिरदौसीका हजार-साला जलसा करके उस काफिर माने गये महापुरुषके प्रति अपनी कृतज्ञता प्रकट करता है। मुझे विश्वास है, यदि हिन्दुस्तानमें भी मुसलमानोंको ईरानकी तरह सफलता मिली होती और तेरहवीं-चौदहवीं शताब्दी तक सारा हिन्दुस्तान मुसलमान हो गया होता; तो चौदहवीं शताब्दीके अंतमें यहाँ भी कोई फिरदौसी पैदा हुआ होता, और वह पुराने भारतवर्षकी सस्कृति और उसके वीरोंका कीर्तिगान किसी शाहनामामें करता और उसे भी मरनेके बाद काफिर बनकर अपने घरमें दफन होना पड़ता। और छ सौ वर्ष बाद, इस बीसवीं शताब्दीके उठते हुए जातीयताके जोशमें मुसलमान हुआ हिन्दुस्तान भी उस हिन्दुस्तानी फिरदौसीके प्रति वैसी ही कृतज्ञता प्रकट करता, जैसा कि ईरानने पिछले साल किया।

असल बात तो यह है, कि हिन्दू-मुसलिम एकता तब ही संभव है जब हिन्दुस्तानी मुसलमान हिन्दुस्तानी संस्कृतिके प्रति वैसा ही अपना कर्त्तव्य समझें, जैसा ईरानी मुसल्मान अपनी पुरानी संस्कृतिके प्रति समझ रहा है। और जब तक वह भाव नहीं आ रहा है, तब तक हमें प्रतीक्षा ही करनी चाहिए और जल्दीमें आकर उर्दू लिपि हमारे मत्थे नहीं मढ़नी चाहिए। उसे अपना लेने पर भी हम जहाँके तहाँ ही रहेंगे, यदि सांस्कृतिक एकता न हुई।

उक्त सम्मेलनके सभापतिने ही शिवाबावनीके भी निकाल फेंकनेकी घोषणा की थी। शिवाबावनी एक वीररस-पूर्ण हिंदी काव्य-रत्न है, उसमें राष्ट्रीय स्वतंत्रताके भावको लेकर ही शिवाजीकी वीरताकी तारीफ की गई

है, और साथ ही विरोधियोंके परास्त होनेका सजीव चित्रण किया गया है। सभापति महाशय शायद समझते होंगे, कि ऐसे श्रेष्ठ काव्यको हटा देनेसे हिंदू-मुसलिम एकता स्थापित हो जायगी। किन्तु यह धारणा गलत है। बल्कि अब तक इस तरफ किसीको खयाल भी न था, उन्होंने नाहक अपनी घोषणासे शिवाबावनीके विरुद्ध उकसानेका काम किया है।

स्थानीय हिंदी-सभाओंका कार्य

स्थान-स्थानमें हिंदी साहित्यकी ओर शिक्षित जनताकी कितनी रुचि बढ़ रही है, इसका उदाहरण आपका यह जिला-साहित्य-सम्मेलन है। हर-एक जिलेमें ऐसी संस्थाओंकी आवश्यकता है और हर शहर और कसबे-में हिन्दी-साहित्य-सभाओंके स्थापित होनेकी जरूरत है। उन्हें ऐसा कार्य-क्रम अपने सामने रखना चाहिये, कि बहुतसे लोग शिक्षा समाप्त कर लेने पर साहित्यिक पठन-पाठनके अभावसे जो फिर संस्कार-रहित हो जाते हैं, उन्हें साहित्यकी तरफ आकर्षित किया जाय। इसके लिए (१) निबन्ध और कविता-पाठ, नाटक, अभिनय, वाद-विवादका प्रबन्ध किया जाय। (२) छोटे-छोटे पुस्तकालय स्थापित किए जायँ, और गाँवमें स्कूलोंके अध्यापकोंकी इधर प्रवृत्ति कराई जाये। (३) करीब-करीब हर जिले में शिक्षक-संघ हैं, अगर शिक्षक-संघोंमें बहुश्रुत तथा साहित्यिक रुचि रखनेवाले शिक्षकोंको विशेष सम्मान और उत्साह प्रदान किया जाये, तथा डिस्ट्रिक्ट-बोर्डोंके अधिकारी भी उधर ध्यान दें, तो बहुत कुछ हो सकता है। साहित्य-सम्मेलन की परीक्षाओंके लिए यदि ग्राम-शिक्षकोंमें रुचि पैदा की जाय, तो भी उनके द्वारा गाँवोंमें अच्छा काम हो सकता है।

बलियामें भाषण*

बलिया जिलेका जिस भाषासे सम्बन्ध है, उसकी बोलने वाली जात इतिहासमें एक बड़ा महत्त्वपूर्ण स्थान रखती है। बुद्धके समयमे इस भाषाकी मातृ-स्थानीय भाषा मल्लोकी भाषा थी, जिनका गणतंत्र छपरा, गोरखपुर तथा बलिया जिलेके भी कुछ भागोंमे फैला हुआ था। यद्यपि उस विशाल गणतन्त्रकी तीन सीमाये थीं तो भी सरयू और गडककी धाराओंमें कुछ परिवर्तन हुआ है, जिससे वह सीमा जहाँ छपरामें कुछ बढ़ गई है, वहाँ बलियाके पूरबी भागोंमें कुछ घट गई है और आज जो आप छोटी सरयू बड़ी सरयू नाम पाते हैं वह उसी परिवर्तनको प्रकट करता है।

प्राचीन भारतमें बुद्धके समय और उसके बादकी कई शताब्दियो तक राजतंत्रोंके साथ जगह-जगह कितने ही प्रजातंत्र स्थापित हुए, जिन्हें उस समयकी भाषामें गणतन्त्र कहा जाता था। राजतन्त्रोंकी अपेक्षा हमारे ये पुराने गणतंत्र वीरतामे अधिक बढ़े-चढ़े थे। यद्यपि मौर्य, गुप्त जैसे शक्तिशाली सुसगठित राजतन्त्रोंके सामने उन्हे झुकना पड़ा और धीरे-धीरे वे अपने अस्तित्वको भी खो बैठे, तो भी उन गणोंकी वीरता उनके निवासियोंमे शताब्दियों बाद क्या अब तक कुछ अशोमे पाई जाती है। छपरा, बलिया, गोरखपुर (जिनके सगे सबधी गंगा पार कर आरा पहुँचे) जिलोंमें आस-पासके और जिलोसे लोग अधिक हिम्मत वाले होते हैं। यह बात हरियाना, पूरबी राजपूताना तथा पजाबके भी उन सभी भागोंमें पाई जाती है, जहाँपर कभी यौधेय आदि गणतंत्र स्थापित थे। सर जार्ज ग्रियर्सनने तो भोजपुरी भाषाको, जिसके लिए मै मल्ली शब्द अधिक उपयुक्त समझता हूँ, बहादुरो-की भाषा बतलाया है। आप लिग्विस्टिक सर्वेम लिखते हैं :—

'Bhojpuri is the practical language of an energetic race, who are ever ready to accomodate themselves with circumstances. The Bengalis and the Bhojpuris

*बलिया हिन्दी प्रचारिणी सभाके तेरहवं वार्षिकोत्सव (१५-१२-१९३६)-के सभापतिका भाषण।

are the two great civilisers of Hindostan, the former with their pen and the later with their cudgels.'

"अर्थात् भोजपुरी एक बलाढ्य जातिकी व्यवहारिक भाषा है, जो सदैव अपनेको परिस्थितियोके अनुकूल बनानेमे तत्पर रहती है। बंगाली और भोजपुरी हिन्दुस्तानको सभ्य बनाने वाली दो प्रमुख जातियाँ है, जिनमें पहलाने अपना कलमसे और दूसरीने लठसे काम लिया है।"

अतएव मल्लीभाषियोंको अधिक उद्योगशील होना आवश्यक है। मै समझता हूँ कि इस प्रदेशके लोगोंमे उद्योगपरायणता और साहसमय जीवनकी भी कमी नही है। पिछली शताब्दीसे ही दक्षिणी अमेरिकाके ब्रिटिश गायना, दक्षिणी अफ्रीका, मारिशस, फिजी जैसे दूर-दूर देशोंमे बसकर यहाँके निवासियोंने इसका भली-भाँति परिचय दे दिया है। मानसिक-योग्यताको भी यदि देखा जाय तो संस्कृत विद्याके लिए तो उत्तरी भारतमे मिथिला और मल्ल यही बड़े-बड़े पण्डितोंको पैदा करनेकी खानि आज तक है। मस्तिष्क संबंधी योग्यताकी कसौटी गणित है और यदि आप आज भी यहाके विद्यार्थियों और अध्यापकोंकी इस विषयकी प्रवीणता पर विचार करेंगे, तो मालूम होगा कि कमसे-कम उत्तरी भारतका तो यही गणित-क्षेत्र है।

मल्ली और काशिका दोनो ही भाषाओंको आधुनिक भाषा-तत्त्वज्ञ भोजपुरीके नामसे पुकारते है और यद्यपि काशिका और मल्लिकाके स्वरोच्चारणमें कुछ भेद है, तो भी स्वभावमें दोनो ही भाषाओंके बोलने वाले बहुत समानता रखते हैं। हाँ, आजकल इस भाषाके बोलने वालोंमे हम एक कमी अवश्य दिखलाई देती है और वह है विशाल दृष्टिका अभाव। इसका एक परिणाम यह हुआ है, कि यहाँ वाले अपनी स्वाभाविक योग्यतासे पूरा-पूरा लाभ नही उठा पाते। साहित्य, दर्शन, विज्ञान, यात्रा, साहसमय कृत्यमे यदि विशाल दृष्टिकोणको लेकर प्रविष्ट हो, तो हम बहुत कुछ कार्य कर दिखायें।

हिन्दीकी प्रगति

उन्नति और अवनति सापेक्ष शब्द हैं, अतएव जब हम हिंदीकी उन्नति या प्रगति कहते हैं, तो वह किसी विशेष अवस्थाकी अपेक्षासे ही। चालीस वर्ष पहले हिंदीकी जो अवस्था थी उससे यदि हम आजकी हिंदीकी तुलना करें, तो उसका साहित्य हमें अधिक समृद्धिशाली दिखलाई पड़ेगा।

वर्तमान शताब्दीकी प्रथम डेढ़ दशाब्दियोंमें हिंदी काफी आगे बढ़ी थी ; किन्तु गत दो दशाब्दियोंसे उसकी गति और तीव्र रही है। इसका एक परिणाम यह हुआ है, कि आज हिन्दी भाषा भारतकी अन्य समृद्ध भाषाओंके सामने भी अपना मस्तक उन्नत कर सकती है। इस उन्नतिके एक भाग—कहानी और उपन्यास—को इतना समृद्ध बनानेमें जिस एक आदमीका सबसे अधिक भाग रहा है, अफसोस कि वह प्रेमचन्द इस साल अपनी लेखनीको अनन्त विश्राम देकर चले गए। इस समय अपने चारो ओर जब हम नज़र दौड़ाते हैं, तो उनकी जगह लेने वालेकी तो बात ही क्या उनके पास बैठने योग्य भी कोई आदमी दिखाई नहीं पड़ता ; किन्तु प्रेमचन्द हमारे समाजकी अन्तःप्रेरणाके ही परिणाम थे, और वह अन्तःप्रेरणा हमारे अन्दर अब भी मौजूद है, जो हमें दूसरा प्रेमचन्द देनेमें समर्थ होगी।

उपन्यास और कहानी क्षेत्रमें चाहे प्रेमचन्दके टक्करका दूसरा आदमी भले ही न हो, किन्तु आज हिन्दीकी ऐसी अवस्था हो गई है, कि हम एक दर्जन नामोंको आसानीसे अँगुलियोंपर गिन सकते हैं, जिनकी लेखनीमें काफी जोर है। इस क्षेत्रके लेखकोंमें हमें एक चीजकी कुछ कमी मालूम होती है, वह है देश और कालके संबंधसे संसारके आभ्यन्तरिक और बाह्य रूपके विस्तृत ज्ञानकी कमी। कभी-कभी हमारे ऐतिहासिक कहानी और उपन्यास लेखक इतिहासके बहुत ही अधूरे ज्ञानसे घटनाओं तथा पात्रोंका चित्रण करते हैं। इसका एक परिणाम यह होता है, कि लोग बड़ी भूलें कर बैठते हैं। किसी समय मैंने एक कहानी पढ़ी थी, जिसमें लेखकने मौर्यकालीन घटनाओंको लेकर कहानी लिखते हुए, पाटलिपुत्रके किसी पात्रका गुरु विक्रमशिलाके किसी आचार्यको बनाया था। लेखकको इस बातका ख्याल ही न था, कि जिस समयके चित्रको वह चित्रित कर रहा था, विक्रमशिला उससे ग्यारह सौ वर्ष बाद अस्तित्वमें आई। हमें स्मरण रखना चाहिए, कि देशकी तरह काल-भेदसे भी हमारी वेषभूषा, खान-पान और बहुतसे सामाजिक और राजनीतिक व्यवहारोंमें अन्तर पड़ जाता है। ऐतिहासिक कहानियों तथा कथाओंमें इस तरहकी गलती लेखकके और सभी गुणोंको फीकी कर देती है।

वर्तमान कालकी घटनाओंको चित्रित करनेवाले लेखकोंके लिये भी देशकी विभिन्नताओं तथा भिन्न-भिन्न परिस्थितियोंका ज्ञान आवश्यक है। प्रायः देखा जाता है, कि हमारे लेखक बाहरके देशोंको कौन कहे, अपने ही

देशके विभिन्न भागोंका ठीक-ठीक चित्रण नहीं कर पाते। यदि अंग्रेज़ी, फ्रेंच तथा दूसरी भाषाओंकी कहानियोंको पढ़ें, तो आप देखेंगे कि उनका पात्र केवल इंगलैंड तथा फ्रांसका ही चक्कर नहीं काटता बल्कि समस्त संसारमें भ्रमण करता है। इन कहानियोंमें केवल प्राकृतिक विशेषताओं एवं दृश्योंका सुन्दर चित्र ही नहीं होता, बल्कि विषयको रोचक बनानेके लिए उचित स्थानपर इन भाषाओंके कुछ शब्द भी रख दिये जाते हैं।

कविता

कविताकी परख—विशेषकर दो-तीन सौ वर्षसे लेकर आज तककी हिन्दी कविताओंकी परख—में मेरी बुद्धि इतनी असमर्थ है, कि बाज वक्त तो मुझे विश्वास होने लगता है, कि मैंने वह दिल ही नहीं पाया है। हाँ, पुराने अश्वघोष, कालिदास या सरह जैसे कवियोंकी कृतियाँ दिलको पसिजा देती हैं, और उस वक्त यह भी मैं नहीं कह सकता, कि मेरा चित्त इस विषयसे सर्वथा चेतना-शून्य है। इतना होनेपर भी आज कल जिन कविताओंको मैं कभी-कभी चावसे पढ़ा करता हूँ, वे वही हैं, जिन्हें लोग छायावादी कहकर बदनाम किया करते हैं। वे कवि जो पुरानी रूढ़ियों और चिर-बन्धनोंको तोड़कर कविताका नया प्रवाह बहाना चाहते हैं, मैं उन्हींसे कुछ आशा भी रखता हूँ। कवितामें भावोंके स्थानपर शब्दोंकी भरती करना सिर्फ़ छायावादियोंका ही अपराध नहीं है। इस विषयमें तो रूढ़िवादी उनसे कई कदम आगे हैं। देशकालका विशेष ध्यान न रखना कविता-क्षेत्रमें भी वैसा ही पाया जाता है, जैसा कि कथा-क्षेत्रमें। मैंने इधर एकही कविता पढ़ी है, जिसमें एक दूर-देशके रीतिरवाज तथा प्राकृतिक दृश्यको अंकित करनेकी सफलतापूर्वक चेष्टा की गई है। मैं पिछले साल ही ईरानसे लौटा था और 'नूरजहाँ'में उसका वैसा सुन्दर तथा प्राकृतिक वर्णन पढ़कर मुझे बड़ी प्रसन्नता हुई। 'देवपुरस्कार' के लिए उस समय जितनी पुस्तकें थीं, मैंने उन सबको थोड़ा-थोड़ा देखा था और मैंने "नूरजहाँ"को द्वितीय स्थानमें सिर्फ़ इसलिये रखा था, कि इसमें कविको जिस संस्कृतिको चित्रित करनेमें इतना अधिक परिश्रम करना पड़ा, वह भारतीय संस्कृतिकी प्रतियोगिनी समझी जाती है और स्वाभावतः ही वह हिन्दी पाठकोंको इस प्रतिकूल मनोभावके कारण उतना आकृष्ट नहीं कर सकती थी। यदि 'नूरजहाँ' की जगह कवि ने किसी भारतीय

नायिकाको चुना होता, अथवा चन्द्रगुप्त को रानी हेलेन या बप्पा रावलकी ईरानी रानीको अपने काव्यका विषय बनाया होता, तो लोगोके हृदयको वह अधिक ग्राह्य होती।

गद्य साहित्यमें पिछली दो दशाब्दियोंमें जैसी उन्नति हुई है, कवितामे वैसी नहीं हुई। तोभी 'दिनकर', 'भक्त', 'प्रसाद', और 'पन्त' से हमें आशा जरूर है।

वैज्ञानिक साहित्य

वैज्ञानिक साहित्यमें हिन्दी अभी बहुत हीनावस्थामें है। सच पूछिए तो केवल हिन्दी जानने वालोको विज्ञानकी कुछ बातें मासिक-पत्रोही द्वारा मिलती हैं। छोटी-मोटी कुछ पुस्तकें निकली हैं, लेकिन उनमें अधिकांश लेखक या तो बिना हजम किए ही लिखने बैठ गये हैं अथवा अपने विषयको पाठकोके लिए सुपाठ्य और रोचक नहीं बना सके हैं। हिन्दीभाषा-भाषी अधिकारी विद्वानोंका इधर अभी ध्यान नहीं है। डा० गोरखप्रसाद जैसे एकाध विद्वानोंको छोड़कर अभी किसी वैसे विद्वानने इस कामकी ओर ध्यान नहीं दिया है। सार्वसाधारणके समझने लायक भाषा और भावोके साथ विज्ञानके हर एक अगपर पुस्तकोंका होना हिन्दीमें आवश्यक है। हिन्दीमें कितने हो ऐसे लोग हैं और आगे भी रहेगे, जो अग्रेज़ी द्वारा इन विषयोंका ज्ञान नही प्राप्त कर सकते। उनके लिये ऐसी पुस्तकें कितनी उपयोगी हो सकती हैं, इसे कहनेकी आवश्यकता नहीं। एक बात और है, हिन्दीको हमें समृद्ध और उन्नत बनाना है। विज्ञान आधुनिक जगत्की विशेषता है। वह हमारे जीवनके प्रत्येक अंगको नए सांचेमे ढाल रहा है। ऐसी अवस्थामें हिन्दीका भंडार, विज्ञानसे अपूर्ण रहे, यह हमारे लिए श्रेयस्कर और उचित नहीं है। मै पहले भी इस पर एक बार कह चुका हूँ और फिर निवेदन करता हूँ, कि इस त्रुटिको दूर करनेके लिए एक अठन्नी या छ आने वाली विज्ञानग्रन्थमाला निकाली जाय, जिसमें अधिकारी विद्वानों द्वारा लिखित ग्रन्थ ही प्रकाशित किए जायँ।

समाजशास्त्र

समाजशास्त्रपर हिन्दीमें विज्ञानकी अपेक्षा अधिक पुस्तकें निकली हैं। इसके अंग साम्यवाद, अर्थशास्त्र, इतिहासपर कितनी हो अधिकारी लेखनियोने काम आरभ कर दिया है और इन विषयोके लेखकोंकी संख्या प्रतिदिन बढ़ भी रहा है। इसके संबधमें मै इतना ही कह सकता हूँ, कि इन विषयोंके ज्ञानके लिए हमारे पास सामग्रीका बिलकुल अभाव नहीं है।

दर्शनशास्त्र

दर्शन शास्त्रपर काफी ग्रन्थ लिखे गये हैं, किंतु प्रायः वे सभी भारतीय दर्शन और उसके भी एक दो अंगों पर ही हैं। पश्चिमी तथा भारतके भी बौद्ध आदि दर्शनोंपर ग्रन्थोंका एक तरह से अभाव है। फिर भी हम लोगोंका अभिमान यहाँ तक बढ़ा हुआ है, कि दर्शनके संबंधमें मनुष्य जहाँ तक सोच सकता है, भारतने सोच लिया है और अब उसमें आगे बढ़नेकी गुंजाइश नहीं। पिछली अर्द्ध-शताब्दीमें यूरोपमें मनोविज्ञानके विकास और उसके प्रयोगोंने कितने ही पुराने प्रश्नोंके नये उत्तर दिए हैं, जिनसे हमारे सहस्रों वर्षके पुराने दार्शनिक विचारोंमें कितनी ही जगह संशोधन और परिवर्तनकी आवश्यकता है; किन्तु जिस प्रकार हम अपने पचाग की त्रुटियोंको हटानेके लिए आज भी तैयार नहीं हैं, उसी प्रकार इनमें भी हम कोई संशोधन करनेके लिए तैयार नहीं हैं।

मुझे तो ऐसा प्रतीत होता है, कि दर्शनमें हमें सबसे पीछे अग्रसर होनेका अवसर मिलेगा। इसका कारण स्पष्ट है। बात यह है, कि हमारे देशमे दर्शन और धर्मसे चोली-दामनका संबंध है और आज भी धर्म हजारों मूढ़ विश्वासों तथा रूढ़ियोंका सबसे बड़ा पोषक है।

कुछ त्रुटियाँ

हिन्दी-साहित्य, विशेषतया आधुनिक साहित्य, अपने बाल्यकालको छोड़कर यौवनकी ओर अग्रसर हो रहा है। इसके प्रेमियों और पाठकोंका क्षेत्र भी बहुत विस्तृत हो गया है और उसमें वह समुदाय भी सम्मिलित होने लगा है, जो कुछ समय पहिले इसके पास तक आना अपनी शानके खिलाफ समझता था। ऐसी अवस्थामें हमारे साहित्यके निर्माताओंका उत्तरदायित्व बढ़ जाता है। उनमें उच्छृङ्खलताकी जगह संयम, हल्केपनकी जगह गम्भीरता, असहनशीलताकी जगह सहिष्णुता और रूखेपनकी जगह स्निग्धता लानेकी आवश्यकता है। तीस वर्ष पहले कुछ मजाक हिन्दी पाठकोको भले ही भद्दे न मालूम होते हों; लेकिन आज उनका दोहराना कभी क्षम्य नहीं हो सकता। यदि हिन्दी-साहित्य प्रगतिशील है, जो कि किसी भी जीवित जातिके साहित्यका प्रधान चिह्न है, तो जरूर वह ऐसे व्यवहारके प्रति अपना रोष प्रकट करेगा। उस रोषकी शक्ति आरम्भमें चाहे क्षीण ही क्यों न हो, वह उत्तरोत्तर बढ़ती ही जायेगी अन्यथा भविष्यकी जनता हमारे इस प्रकारके निम्न श्रेणीके भावको अवश्य ही गर्हित समझेगी। इसमें एक

और भी बात ध्यानमें रखनेकी है। तीस वर्ष पहले हमारा साहित्य-समाज एकांगी था। उसमें केवल पुरुष ही पुरुष थे। किन्तु अब स्त्रियाँ भी इधर आने लगी हैं और दिनपर दिन उनकी संख्या बढ़ती ही जा रही है। ऐसी अवस्थामें इस विषयकी हमारी जवाबदेही और भी बढ़ जाती है। हमें सदैव अपनी कृतियोंमें संयम और रुचिका ख्याल रखना चाहिये, जिससे हमारा साहित्य समाजके लिए कल्याणकारी हो; किन्तु इससे मेरा यह तात्पर्य कदापि नहीं, कि साहित्यसे 'जिन्दादिली' निकाल दी जाय और उसमें केवल मर्सियोंको ही स्थान दिया जाय।

हिन्दी-साहित्यमें आजकल स्त्रियोंके प्रायः दो तरहके चित्र देखनेमें आते हैं। कहीं तो उन्हें ऐसा ऊपर चढ़ाया जाता है, कि वह इस लोककी वस्तु ही नहीं रह जातीं, और कहीं वे मनुष्यके प्रलोभनों तथा भोगविलासकी सामग्री मात्र बना दी जाती हैं; किन्तु यदि विचार करके देखा जाय, तो उनका स्थान इन दोनोंके बीचमें है। केवल लिखने मात्रसे ही वे दिव्य-लोककी प्राणी नहीं हो सकतीं। वे भी पुरुषोंकी तरह इसी लोककी जीव हैं। वे पुरुषोंके भोग-विलासकी सामग्री मात्र भी नहीं हैं, बल्कि उन्हींकी तरह वे अपना स्वतन्त्र अस्तित्व भी रखती हैं और वास्तवमें इसी दृष्टिसे साहित्यमें उनका चित्रण भी होना चाहिए।

किसी समय कथाओंमें अलौकिक घटनाओंका रखना आवश्यक था। वास्तविक जगत्से वे जितनी ही दूर होती थी, उतनी ही वे महत्त्वपूर्ण समझी जाती थीं; किन्तु समय परिवर्तित हो गया, और आजकल कोई भी कहानी या उपन्यास प्रेमी ऐसी कथाओंको कभी भी पसन्द नहीं करेगा। पुरुष और स्त्रीके पारस्परिक संबंधके विषयमें भी अभी हम वास्तविकतासे बहुत दूर रहकर उन्हीं अलौकिक घटनाओंके युगमें विचर रहे हैं। यह दोष केवल हिन्दीमें ही नहीं पाया जाता, यह तो संसार-व्यापक दोष है।

हिंदी-उर्दू

हिन्दी-उर्दूका झगड़ा पुराना है। बीचमें लोग उसे भूलसे गए थे; लेकिन इस सालसे फिर उसकी आवाज सुनाई देने लगी है। कुछ लोग इसके लिए बहुत लालायित हैं, कि किसी भी तरह इसे दूर किया जाय। यदि हिन्दी-उर्दूका झगड़ा किसी प्रकार दूर हो जाय, तो सबको प्रसन्नता होगी; किन्तु इस झगड़ेके कारणको अच्छी तरहसे जाने बिना उसे शान्त करनेका प्रयास 'नीम हकीम खतरे-जान' सा ही होगा। वास्तवमें हिन्दी-उर्दूके

झगड़ेका मूल कारण है, दो संस्कृतियोंका पारस्परिक झगड़ा। इनमेंसे एक भारतीय संस्कृति है, जो हिन्दीकी हिमायती है ; दूसरी वह विदेशी संस्कृति है, जिसने अपने मूल रूपसे बहुतसे अंशोंमे विकृत हो जाने पर भी, भारतीय संस्कृतिसे कभी सुलह करनेकी कोशिश नही की। उसने पहले तो भारतीय संस्कृतिका नाम और निशान तक मिटा देना चाहा था ; किन्तु इसमे उसे सफलता न मिली। यह विदेशी संस्कृति असहयोग करके अलग ही रहती तो उतनी कड़वाहट कभी न पैदा होती . किन्तु उसका ध्येय तो हमेशा अपनी प्रतिद्वंदी संस्कृतिपर प्रहार करनेका रहा। जब भारतीय और अरबी संस्कृतिके यही भाव गत सात सौ वर्षोंसे आज तक चले आ रहे हैं, तो किसी पारस्परिक समझौतेकी क्या आशा हो सकती है ?

उर्दूके हिमायतियोंमे दो बाते देखी जाती हैं— एक तो अरबी लिपि, दूसरे अरबी-फारसी शब्दोंके प्रयोगोंकी भरमार। वे इन दोनोंमेसे एकको भी छोड़नेके लिए तैयार नही। अरबी-लिपि कितनी दोषपूर्ण है, इसके कहनेकी आवश्यकता नहीं। अपनी अयोग्यताके कारण ही इस लिपिको तुर्कीसे निकलना पड़ा। गत बारह-तेरह सौ वर्षोंसे ईरानमें भी इसी लिपिका बोल-बाला है ; किन्तु जबसे नवीन ईरानने ईरानी ईरानकी ओर नज़र फेरी है, तबसे उसे भी अपने पूजनीय पुरुषों 'जरथुस्त्र' 'गुश्तास्प', 'दारयोश',-के नामोंको इस लिपि द्वारा शुद्ध-शुद्ध लिखनेमे कठिनाई मालूम पड़ने लगी है। इसे दूर करनेके लिए अभीसे टिप्पणियोंमें रोमन अक्षरोंमें इन नामोंको लिखनेका रवाज जारी हो गया है और वह दिन दूर नहीं है, जब इस लिपिको शीघ्र ही ईरानसे भी तुर्कीकी तरह निकलना पड़ेगा। जिन देशोंमे यह लिपि संस्कृतिका अंग मानी जाने लगी थी, उन देशोंसे भी अपने दोषोंके कारण जब इसे निकलना पड़ा, तब भारत ऐसी दोषपूर्ण लिपिको क्यों अपनाये ?

भाषा

एक वृद्ध साहित्यसेवी, जिनका उर्दू-समाजमें बहुत ऊँचा दर्जा है, एक बार मुझसे कह रहे थे कि पिछले तीस वर्षोंमें जितनी अधिक संख्यामें अरबी, फारसीके शब्द—खासकर अरबीके शब्द—उर्दूमें भरे जाने लगे हैं, उतने पहले न थे। मैंने कई बार उर्दूके अखबारोंमें आनेवाले शब्दोंको गिना है, और कभी-कभी तो मुझे एक दर्जन शब्दोंमें मुश्किलसे दो भारतीय शब्द मिले हैं, और वे शब्द हैं—विभक्ति और क्रिया-पद, जिनका

हटाया जाना सम्भव ही था। कहाँ तो ईरानकी राष्ट्रीयता 'बिसमिल्ला हिर्रहेमानेर् रहीम्'को पाठशालाकी पुस्तकोसे हटाकर 'बनामे खुदा बख्शिन्दा व मेहर्बान' रख रही है और कहाँ हमारे उर्दू-प्रेमी चिरकालसे प्रयुक्त होने वाले भारतीय शब्दोंको भी अपनी भाषासे चुन-चुनकर निकालते जा रहे हैं। बाज़ वक्त वे कह उठते है, "हमारी भाषा भी तो इसी देशकी है" मानों विभक्तियो और क्रिया पदोको -जिन्हे हटानेमे वे बिल्कुल असमर्थ हैं—न हटाकर वे बड़ा एहसान करते हैं।

अरबी भाषाकी अपेक्षा फारसीके शब्द हिन्दीमें अधिक आसानीके साथ लिए जा सकते हैं, क्योंकि ये दोनों भाषाएँ एक कुलकी हैं। फारसी और संस्कृतमे भी संस्कृत ही हमारे अधिक नज़दीक है, अतएव हमें पहले संस्कृतके शब्दोकी ही ओर झुकना चाहिए, किन्तु यहाँ इससे विपरीत देखनेमें आता है। 'ख़र' 'अंगुश्त' जैसे सैकड़ो शब्द हैं, जिन्हें हमारे उर्दू-भक्त लोग बड़े चावसे प्रयुक्त करते है; किन्तु उनके ही भारतीय रूप "खर" और "अगुष्ठ"को पास तक नही फटकने देना चाहते। जब भारतीयताके प्रति उनके ये भाव हैं, तो हिन्दी-उर्दूका झगड़ा किसी ऊपरी समझौतेसे मिट जायगा, इसकी कौन आशा कर सकता है?

कुछ भाई अपनी निष्पक्षता दिखलानेके लिए यह भी कहने लगे हैं, कि हमें हिन्दीको न संस्कृत शब्दोसे भरना चाहिए और न अरबी शब्दोंसे। यह भी भारी भूल है। अरबी भारतीय भाषा नहीं है, और न जिस भाषा-वंशसे भारतीय भाषाओंका संबंध है, उससे इसका संबंध ही है। इसके विपरीत संस्कृत हिन्दीकी जननी है। हिन्दीकी विभक्तियाँ और क्रियापद तक संस्कृतपर अवलंबित हैं। इस प्रकार यदि विचार करके देखा जाय, तो संस्कृतका यह स्वाभाविक अधिकार है, कि हिन्दी कोषको अपने शब्दकोषसे भरे। हाँ, इसमें यह खयाल तो जरूर ही रखना पड़ेगा, कि शब्द उतने ही परिमाणमें लिए जायँ, जितने आसानीसे हज़म हो सकें। कुछ लोगोंका कहना है, कि हमे क्या आवश्यकता है, शब्दोंको संस्कृतसे लेनेकी? हमें गावोंकी ओर चलना चाहिए, किन्तु यदि आप तनिक विचार करें, तो यह बात भी हास्यास्पद ही मालूम होगी। भला गाँवोंसे इस वैज्ञानिक युगके लिए अपेक्षित शब्द कहाँसे मिलगे? किसी समय इसी धुनमें मस्त एक पंजाबी सज्जनने 'छात्रावास'का पर्याय "पढ़ा-कुआँदा कोट्ठा" बनाया था। वास्तविक बात तो यह है कि हमारे आजके प्रयोगके लिए अपेक्षित वैज्ञानिक शब्दोंकी प्राप्तिके लिए ग्रामकी साधारण जनताकी बोलचालकी शरण लेना

तो वैसा ही है, जैसे मोटरके हलों और बिजलीकी कलोंकी शक्तिको बाबा आदमसे चले आए हलोंमें ढूँढ़ा जाय।

मल्लीके भाषा वृहत् संग्रहकी आवश्यकता

जो भाषा सहस्राब्दियोंतक किसी जातिके भावोंके प्रकट करनेके लिए प्रयुक्त हुई है, उसपर उस जातिके इतिहासकी भी बड़ी छाप रहती है। भोजपुरी भाषाकी मल्ली शाखाके भीतर भी उसके बोलनेवालोंके इतिहासकी अनेक बातें निहित हैं। इस समय हम ऐसी अवस्थामें पहुँच गए हैं, जब कि स्थानीय भाषाओंपर हिन्दीका प्रभाव बड़े ज़ोरसे पड़ रहा है और वे बड़ी तेजीसे विकृत होती जा रही हैं। जैसे-जैसे शिक्षा बढ़ती जायगी, वैसे ही वैसे इस प्रभावका वेग भी बढ़ता जायगा और कालान्तरमें "मल्ली" हमारे इतिहासकी कितनी ही आवश्यक सामग्री अपने भीतरसे खो बैठेगी। इस सामग्रीको हमें उसी तरह सुरक्षित कर देना चाहिए, जिस तरह हम पुरातत्व और इतिहासकी दूसरी सामग्रियोंको सुरक्षित रखते हैं। बड़ी प्रसन्नताकी बात है, कि मल्ली भाषाका एक व्याकरण पहलेकी अपेक्षा अधिक पूर्ण और परिशुद्ध बन गया है। इसके लिए प० उदयनारायण तिवारी एम० ए० साहित्यरत्न हमारे धन्यवादके पात्र हैं; किन्तु अभी इसमें और काम करनेकी ज़रूरत है। हमें मल्ली गीतों, कहानियों, कहावतों तथा भिन्न-भिन्न पेशोंके शब्दोंके एक बड़े संग्रहकी अत्यन्त आवश्यकता है। इसके विषयमें विस्तारके साथ मैं एक लेख भी लिख चुका हूँ। यदि स्थानीय डिस्ट्रिक्टबोर्ड इसमें थोड़ी आर्थिक सहायता और पूरी सहानुभूति प्रदान करे, तो यह काम बड़ी आसानीसे हो सकता है। मुझे पूरी आशा है, कि स्थानीय (बलिया) बोर्ड इस कामको अपने हाथमें लेकर अन्य बोर्डों का पथप्रदर्शन करेगा।

बिहार प्रान्तीय सभापतिका भाषण*

१—साहित्यिक प्रगति

राष्ट्रीय जागृतिके साथ-साथ हिन्दी-साहित्यका आगे बढ़ना स्वाभाविक ही है ; क्योंकि ऐसी जागृति जीवनके हरएक अंगमें व्यापक होती है। हिन्दी अब ३० वर्ष पुरानी अवस्थामें नहीं है, जब कि किसी भी योग्य, अयोग्य, एम० ए० ; बी० ए० के लेखको हिन्दीके सम्भ्रान्त समाचार-पत्र सादर स्वीकार किया करते थे ; हमारे साहित्यके अग्रदूत, निर्माता, सम्पादक लोग ऐसे लेखोंको स्वयं शुद्ध करनेकी भारी ज़हमत लेते हुए भी उन लेखकोंको उत्साहित करते थे, क्योंकि उस समय इतने लेखक कहाँ थे ! आज हिन्दीका साहित्य अपने हर क्षेत्र - गद्य, पद्य, नाटक, काव्य, कहानी, उपन्यास, यात्रा और इतिहासमें बहुत तेज़ीसे उन्नत हो रहा है। हम लोगोंकी, और बहुतसे दूसरे प्रान्तोंके लोगोंकी भी वही पुरानी धारणा चली आती है, जो कि आरम्भिक हिंदीके साहित्यमें अधिकांशमे बँगला और दूसरी भाषाओंके अनुवादो द्वारा उत्पन्न हुई थी ; जिस वक़् कि हमारे यहाँ 'प्रेमचन्द' और 'सुदर्शन', पन्त' और 'निराला', 'प्रसाद' और 'दिनकर', 'आरसी' और 'महादेवी', 'लक्ष्मी नारायण' और 'भट्ट', 'जयचन्द' और 'रघुवीर' नहीं पैदा हुए थे। सरहपासे सूरदास, बिहारीसे पद्माकर तकके पुराने काव्य साहित्यकी जो अद्वितीय निधि हम हिन्दियोंको प्राप्त है, उसके लिए सुरपुरके बृहस्पति और बलिपुरके शुक्राचार्यको भी रश्क होगा ; भूतलके दूसरे भाषा-भाषियोंके बारेमें तो कहना ही क्या ! लेकिन हमारे नये साहित्यकी जिस तेज़ीके साथ प्रगति हो रही है, उसका ज्ञान हमें खुद भली प्रकारसे नहीं है। एक मुसाफिरको नावकी गति भी तो अक्सर भूल जाती है।

२—हिन्दी-उर्दू

हिन्दी-उर्दूका विवाद बहुत दिनोंसे चला आ रहा है। द्वितीय हिन्दी-साहित्य सम्मेलनके सभापति पं० गोविन्द नारायण मिश्रने सन् १६११में कहा था : "इधर कुछ दिनोंसे हिन्दी और उर्दूका अन्तर मिटानेकी चेष्टा कुछ लोग

---

*बिहार-प्रान्तीय साहित्य-सम्मेलन, राँची (दिसम्बर १६३८)में

कर रहे हैं। वे समझते हैं, कि पार्थक्य केवल लिपिमात्रका है भाषाका नहीं। इससे उर्दू-हिन्दीकी ऐसी विचित्र खिचड़ी "पकाई जा रही है, कि जिसमें भाषाकी सुन्दरता नष्ट होनेके साथ ही उसकी जड़ भी काटी जाती है।"

'मदीना'' (बिजनौर) जैसे राष्ट्रीयताका दावा रखनेवाले उर्दू अख़बार भी कह रहे है:—'हिन्दुओंका मुतास्सिब और तंगेनज़र तब्क़ऽ इस मस्अलेके बारेमें जो ख्याल रखता है, और अम्लन् उसे जिस तरह हल करना चाहता है; वह यक़ीनन् उर्दूके लिए ख़तरनाक है। और इसकी बिना पर मुसल्मानोंके दिलोंमें ख़ुद कांग्रेसकी तरफ़से बदगुमानियाँ पैदा हो रही हैं, और उन्हें यह ख़याल पैदा होने लगता है, कि कहीं उर्दूको आसान बनानेकी तहरीक, हिन्दीकी तर्वीज (प्रचार) आमका ज़ीना समझकर तो नहीं अख्तियार की गई है? मस्लन् हुकूमत् यू० पी० ही की तरफ़से जो सरकारी बयानात और ऐलानात् वग़ैरह फारसी और हिन्दी रस्मुल्ख़तोंमें अलग-अलग शाया हो रहे हैं, उनकी ज़बान भी एक दूसरेसे जुदागाना है; हालाँकि कांग्रेसके फैसलेके मुताबिक ज़बान एक होनी चाहिये थी और सिर्फ़ रस्मुलख़तोंका फ़र्क़ होना चाहिये था" (उर्दू, जुलाई १६३८)

यह तो ऐसे अख़बारका कहना है, जिससे हम राष्ट्रीयताके नाते कुछ और फराख़दिलीकी उम्मीद रखते थे। समझमें नहीं आता कि उर्दूके लिए वह हज़रत भले ही मज़हबका सवाल पैदा कर दें, लेकिन हिन्दीके बारेमें क्यों वह हिन्दूपनका आक्षेप करते हैं? हिन्दीके संबंधमें हिन्दी-भाषा-भाषियोंकी स्थिति वही है, जो ईरानियोंकी अपनी मातृभाषा फारसीके प्रति और तुर्कोंकी तुर्की भाषाके प्रति। उन देशोंमें तो कोई सवाल नहीं उठाता, कि हज़ार वर्षसे हज़म हो गये हज़ारों अरबीके शब्द आज फ़ारसी और तुर्की भाषाओंसे क्यों कान पकड़कर निकाले जा रहे हैं, ऐसा करना इस्लामके ख़िलाफ़ है? अगर ईरान और तुर्कीमें—जहाँकी सारी जनता मुसल्मान है—लोग अपनी भाषामें अरबीके एक भी शब्दको रखनेके लिये तैयार नहीं मालूम होते, तो हमीं हिन्दियोंके ऊपर क्यों ज़ोर दिया जाता है, कि यदि उसमें पचास और पचहत्तर फीसदी अरबीके लफ़्ज़ नहीं रक्खोगे, तो इसका सरासर मतलब होगा इस्लामके ख़िलाफ़ जेहाद। मज़हबको आध्यात्मिक क्षेत्रमें खुला मौक़ा भले ही मिले, लेकिन इसका यह मतलब हर्गिज़ नहीं होना चाहिये, कि वह हमारे साहित्यिक, सामाजिक, राजनीतिक सभी क्षेत्रोंमें टाँग अड़ाये।

हमारे इन भाइयोंको ख्याल रखना चाहिये, कि दुनियाके ½ हिस्सेसे मज़हबका प्रभुत्व हमेशाके लिए बिदा हो चुका है ; और बाक़ी दुनियामें भी उसका भविष्य बहुत उज्जवल नहीं है। जिन देशोमें गुंजाइश है भी, वहाँ भी उसका क्षेत्र बहुत सकुचित रह गया है। वह राजनीतिक और सामाजिक क्षेत्रोंमें नाजायज़ दखल देनेका अधिकार नहीं रखता। यह बात जापान और जर्मनी, इंग्लैंड और अमेरिकाके बारे हीमें नहीं, बल्कि तुर्की और ईरान जैसे सबसे ज़बरदस्त इस्लामी राष्ट्रों पर भी उसी तरह लागू है। उर्दूका सवाल उसके हामियों द्वारा इस्लामका सवाल बनाया जा रहा है; और यह बड़े अफ़सोसकी बात है। खुद अग्रणी मुस्लिम राष्ट्र, जिस भाषा और लिपि सम्बन्धी सुधारमें अपनी सारी शक्ति लगा रहे हैं, उसी सिद्धान्तको जब हम हिन्दी व्यवहारमें लाना चाहते हैं, तो एक तूफ़ान-बद्तमीज़ी बर्पा कर दिया जाता है। हिन्दी भाषामें न हिन्दुओंका सवाल है, और न इसमें हिन्दूसभा तथा उसके आधुनिक पैग़म्बरोंकी गुहार है। यह तो राष्ट्रीयताकी मौजका तकाज़ा है। भूला हुआ राष्ट्र अपनेको समझनेमें सफल हुआ है, और वह चाहता है, कि हम राजनीतिकी तरह साहित्य और भाषामें भी स्वतंत्र हों। हमारे हिन्दू भाई बाज़ वक्त हिन्दीका दावा इस तरह पेश करते हैं, जिससे मालूम होता है, कि हिन्दी उन्हींको वरासतमें मिली है। नहीं जनाब! आप भारी ग़लती कर रहे हैं। यह सोलह करोड़ हिन्दी भाषा-भाषियो का सवाल है, जिसमें सभी हिन्दू मज़हबके नहीं हैं। बौद्ध आपके खान पानको नही मानते, आपके वर्णाश्रमके ढकोसलोको नहीं मानते, आपकी जातपाँतको नहीं मानते, आपके ईश्वर और अवतारोंको नहीं मानते, आपके वेद-पुराणोंको नहीं मानते, लेकिन वह भी यह हरगिज़ पसंद नहीं कर सकते, कि हिन्दू अपनेको हिन्दीका ठीकेदार कहे। हिन्दी ईसाई भी जातपाँत, खान-पान और धर्म-कर्ममे हिन्दुओंसे भारी मतभेद रखते हैं ; लेकिन हिन्दी उनकी भी भाषा है। वह नहीं गवारा करेंगे कि हिन्दू हिन्दीको अपनी निजी सम्पत्ति बनावें। शायद आप कहें कि बौद्धों, ईसाइओं तथा दूसरे इस प्रकारके सम्प्रदायवालोंकी सख्या तो अत्यन्त अल्प है, इसलिये हिन्दुओं हीके ऊपर हिन्दीके संरक्षणका सारा भार पड़ जाता है। लेकिन यह ख्याल ग़लत है। आप हिन्दूके नाते वह संरक्षण नही कर रहे हैं; बल्कि हिन्दी—हिन्दी भाषा-भाषी—के सम्बन्धसे वैसा कर रहे हैं। मज़हब जातीयताका चिह्न नहीं है, वह तो बदलता रहता है। कभी इस देशमें साठ-साठ, सत्तर-सत्तर फीसदी तक लोग बौद्ध धर्मको मानते थे ; उसकी शिक्षाके

लिये उन्होंने अपने देश हीमें नालन्दा और विक्रमशिला जैसे महान् विद्याकेन्द्र तथा गाँवों-गावमें विहार एवं कला-कौशलके प्रचारालय ही स्थापित नहीं किए; बल्कि उसके लिए हिमालयके उत्तुङ्ग शिखरोंको उन्होंने राई समझा। गोबीकी विकराल मरुभूमि उनके लिए अकिंचन थी। महीनोंकी सामुद्रिक यात्राएँ उस समयके लकड़ीके डोंगोंमें उनके दिलमें भयका संचार नहीं कर सकती थीं। लेकिन आज आप देखते हैं, कि इस देशमें उस धर्मके माननेवाले लुप्त हो चुके हैं। दुनियाके और मुल्कोंमें जिस तरह मज़हब अन्तिम साँस ले रहा है, और जिस प्रकार इतना बड़ा मज़हब -जिसका प्रभाव अब भी दुनियाके एक तिहाई मनुष्योंपर है—हमारे यहाँसे लुप्त हो गया; इसे देखकर क्या सबूत है, कि उसी तरह आजके धर्म खतम नहीं हो जायँगे ? मज़हब अब कुछ समयकी चीज़ है; लेकिन हिन्दी कुछ समयकी चीज़ नहीं है। आजसे १०० वर्ष बाद सन् २०३८ ईस्वीमें आप विश्वास रखिये, आपकी सन्तानोंमें मज़हबका प्रभाव उतना नहीं रह जायेगा। उस वक्त शायद न हिन्दू धर्म रहेगा न इसलाम न ईसाइयत्। आजके रामसिंह और रहीम खानकी सन्तानें एक दूसरेके ससुर-दामाद बनेंगी—नामके लिये नहीं वास्तविक रूपमें। उस वक्त मुसल्मान बनाके हिन्दू लड़की और हिन्दू बनाके मुसल्मान लड़की ब्याह करनेकी प्रथा स्वप्न-सी हो गई रहेगी। तब हमारी उन संतानोंको यह समझना भी मुश्किल मालूम होगा, कि कुछ ही पीढ़ियाँ पहले हमारे पूर्वज अपनी भाषा हिन्दीके लिए ऐसी संकुचित दृष्टि रखते थे। सारांश यह कि भाषाके सवालमें मज़हबको किसी तरहका दखल देनेका अधिकार नहीं। हिन्दू हो चाहे मुसल्मान, जो भी मज़हबी दृष्टि-कोणसे इस पर विचार करता है; वह हमारी अगली पीढ़ियोंके उपहासका भाजन ही नहीं बनेगा; बल्कि आज भी यदि वह अपने इस दकियानूसी ख्यालको मुल्कके बाहर तुर्की और ईरान अथवा जर्मनी और जापानमें पेश करे; तो लोग आश्चर्यसे सुनेहींगे नहीं, बल्कि उनके ऊपर तरस भी खायेंगे। पिछली बार मुझे एक हमवतन मुसल्मान भाईके साथ ईरानमें एक जगह रहने का मौक़ा मिला था। वह कई सालसे ईरानमें व्यापार करते हैं, और लाहौरके एक उर्दू दैनिक समाचार-पत्रको मँगाते हैं। वह देखते थे कि कैसे मदैर (संपादक), बल्दिया (म्यूनिसिपैल्टी), इफ्तेताह (उद्‌घाटन) ताख़ीर (देर), तर्वीज (प्रचार, तज्दीद (नया करना) इत्यादि हज़ारों अपरिचित और अनावश्यक अरबीके शब्द धड़ल्लेके साथ वहाँ इस्तेमाल हो रहे हैं; और वैसा करते समय यह

ख़याल नहीं आता, कि हमारे देशकी भाषामें हज़ारों ऐसे शब्द हैं, जिनको वह अपनी इस हरकतसे देशनिकाला दे रहे हैं। हमारे दोस्त ईरानी समाचार-पत्रोंसे उन हज़ारों शब्दोंकी कटिंग जमा करके रखते थे, जिन्हें फारसी-कोषसे निकाल देनेकी ख़बर समय-समय पर अख़बारोंमें सरकार द्वारा प्रकाशित की जाती थी। वहाँ इन विदेशी शब्दोंका बायकाट सिर्फ़ सुझाव और समझाव तक ही सीमित नहीं हो रहा है; बल्कि सरकारी कचहरियों, डाकख़ानों, तार-घरोंमें आपका आवेदनपत्र स्वीकृत नहीं होगा, यदि आप परित्यक्त शब्दों (लोगुल्हाय नस्खशुदा)को इस्तेमाल करते हैं। तेहरानमें हमारे दोस्त अपने हम्मज़हब भारतीयों द्वारा कौमी एहसास (जातीय चेतना)के ख़िलाफ़की जानेवाली इस हरकतको देखकर झुँझला उठते थे। कितनी ही बार वह कहते थे—"ताज्जुब है इन लोगोंकी ज़ेहन पर, इन्हें इस तरहकी ग़ैरहिन्दी ज़बान लिखने में शरम नहीं आती।" आजकलके अंगरेज़ राज-नीतिज्ञोंकी तरह हमारे यह उर्दूभक्त भाई भी अपने सामने दो क़दमके आगे की चीज़ देखनेकी न क़ाबिलियत रखते हैं, न उसे पैदा करनेकी इच्छा रखते हैं। वह समझते हैं, कि मस्जिद और मन्दिर, ताजिया और रामलीला क़यामत तक बने रहेंगे; और हमारी तरह हमारी सन्तानें भी इन मज़हबी बक़वासोंको सुननेके लिये तैयार रहेंगी।

हिन्दी और उर्दूका प्रश्न बराबरीके हक़का प्रश्न नहीं है; क्योंकि उनमें एक है स्वदेशी और दूसरी है विदेशी चीज़। हाँ, विदेशी चीज़; क्योंकि जबतक आधे अरबीके शब्द घुसेड़े न जायँ, तबतक तो उसे उर्दू कहा ही नहीं जाता। उसमें तो हिन्दीपन और ग़ैरइस्लामीपन बना रहता है। हिन्दी जिस तरह संस्कृतके आवश्यक शब्दोंको स्वीकार करनेका अधिकार रखती है, उर्दूको अरबी लफ़्ज़ोंके स्वीकार करनेका वैसा अधिकार हर्गिज़ नहीं; यदि वह अपने तईं हिन्दुस्तानी ज़बान होनेका दावा करती है। संस्कृत हिन्दुस्तानकी पुरानी ज़बान थी, जिसकी वरासत हिन्दीको जन्मसे मिली है। भारतमें अरबी संस्कृतका स्थान लेनेका दावा नहीं कर सकती। हिन्दीमें अरबीसे उधार लिया हर एक शब्द हमारे लिये विदेशी है। विदेशी शब्द भी लिये जाते हैं; लेकिन उतने ही जितने कि हम अपने लिये उचित समझते हैं। हिन्दुस्तानके कितने ही व्यक्तियोंने इस्लाम क़बूल किया है। इस्लामका पुराना धार्मिक साहित्य अधिकतर अरबीमें है; और धार्मिक साहित्यमें कुछ अपने पारिभाषिक शब्दोंकी आवश्यकता होती है। ऐसे पारिभाषिक शब्द इस्लाम-सम्बन्धी हिन्दी-साहित्यमें भी आने ज़रूरी हैं;

यद्यपि वह ज़रूरत हर हालतमें अनिवार्य नहीं। किन्तु इसके लिये अल्ला, कुरान, ईद, हज्ज, मस्जिद जैसे शब्दोंको रखनेमें कोई बाधा भी नहीं देता। लेकिन इसका क्या अर्थ है, कि धार्मिक साहित्य हीमें नहीं, बल्कि राजनीति, समाज, विज्ञान-सम्बन्धी परिभाषाओंमें भी आप हज़ारों अरबी शब्दोंके डालनेका आग्रह करें? हाँ, यदि धर्मकी तरह राजनीति, समाज और विज्ञान सम्बन्धी कोई सिद्धान्त भी अरबसे आया है, तो उस सिद्धान्तके साथ ही कुछ अरबी शब्दोंकी खपत हम स्वीकार करते हैं; जैसे कि इंजन ड्राइवर, मशीन, रेल, ट्राम, मोटर, सिनेमा, रेडियो आदि शब्दोंको हमने योरोपीय भाषाओंसे लिया है। विज्ञान मनुष्य-जातिके लिये अनिवार्यतया आवश्यक चीज है, लेकिन वह भी इस बातका आग्रह नहीं करता, कि हम अपनी भाषामें पचास-पचास फ़ीसदी योरोपीय शब्द रखे। फिर मज़हब क्यों ऐसी ज़िद करता है? जिस तरह ईरानमें नई और पुरानी पारसी (पहलवी)के हज़ारों शब्दों द्वारा अपना स्थान छिनते देख, अरबी यह शिकायत करनेका अधिकार नहीं रखती, कि क्यों हमें हटाकर इतने पुराने शब्द लिये जा रहे हैं; उसी तरह संस्कृतसे, पाली-प्राकृतसे हज़ारों शब्द हिन्दीमें लिये जायँ, तो अरबीको उसमें बोलनेका कोई हक़ नहीं है। यह तो दादी-माँ-बेटियोंका अपना घरू प्रबन्ध है। इसमें यह विदेशिन कौन होती है? विदेशिनको अगर इज्ज़तके साथ रहना है, तो उसे अपनेको कुछ दिनोंका मेहमान समझना होगा। यदि वह मेहमानका दर्जा छोड़कर स्थायित्वका ख्याल अपने मनमें लावे, तो उसकी यह अनधिकार-चेष्टा होगी। उर्दू-भक्त भाई मेरी इन बातोंसे बुरा न मानें, हिन्दुस्तानमें यह बात उन्हें अप्रीतिकर लग सकती है, और कोई-कोई इसे अव्यवहार्य, बेमतलब तथा हानिकारक भी सोच सकते हैं; लेकिन दूसरे मुल्कोंमें सभी लोग इसे राष्ट्रीयताके पाठका क-ख समझते हैं।

उर्दू हिन्दीकी एकता होनी चाहिये, यह सिर्फ़ कहनेमें आसान है। सर तेजबहादुर सप्रू उर्दू के प्रति बेवफ़ाई देखकर बिना आँसू बहाये नहीं रहते—

"It is distressing to come across Hindu graduates and under-graduates in some parts of the U. P., who think that their duty towards Hindi necessarily means and implies that they should exclude from their thought the language and literature in which their ancestors only a generation or two ago excelled."

(Foreword to History of Urdu Literature by Ram Babu Saksena)

"युक्तप्रान्तके कुछ भागोंमें ऐसे हिन्दू ग्रेजुएटों और अन्डरग्रेजुएटोंको देखकर मुझे बहुत अफ़सोस आता है, जो कि ख्याल करते हैं; कि हिन्दीके प्रति अपने कर्तव्यका आवश्यक अर्थ यह है, कि वह अपने दिलसे उस भाषा और साहित्य (उर्दू) का ख्याल भुला दें, जिसपर कि उनके पूर्वज एक ही दो पीढ़ी पहले ज़बर्दस्त अधिकार रखते थे।"

सर तेजको इसके लिये अफ़सोस हो सकता है; लेकिन हमको तो उनके इस वचन पर बड़ा आश्चर्य होता है। हमको ही क्या, किसी आजकलके ईरानी या तुर्कको भी होगा, यदि आप उनके सामने सर तेजके सवालको रखें—

"ईरानके सारे भागोंमें ऐसे ईरानी ग्रेजुएटों और अन्डरग्रेजुएटोंको देखकर बहुत अफ़सोस आता है, जो कि ख्याल करते हैं, कि ईरानी-भाषाके प्रति अपने कर्तव्यका आवश्यक अर्थ यह है, कि वह अपने दिलसे उस भाषा (अर्बीभरी फ़ारसी) का ख्याल भुला दें, जिसमें कि उनके पूर्वज एक ही पीढ़ी पहले ज़बर्दस्त अधिकार रखते थे"।

ईरानी नौजवानोंकी तरह, हिन्दी नौजवानोंकी भी यह प्रतिक्रिया नहीं है, बल्कि राष्ट्रीय भावोंका परिपाक है; आत्मविस्मृतिसे होशमें आना है। और यह होशमें आना दो एक पीढ़ी पहले आत्मविस्मृत पूर्वजोंकी चेष्टाओंको कितना हास्यास्पद बना देता है; इसे भी सर तेजबहादुर सप्रूके शब्दों द्वारा मुझे रखनेकी आज्ञा दीजिये।

"युक्तप्रान्तके कुछ भागोंमें ऐसे ग्रेजुएटों और अन्डरग्रेजुएटोंको देखकर मुझे अफ़सोस आता है; जो कि ख्याल करते हैं, कि राष्ट्रीयताके प्रति अपने कर्त्तव्यका आवश्यक अर्थ यह है, कि वह अपने दिलसे उन रायबहादुरी व खानबहादुरी नवाब-राजा-महाराजा सर-नाइटहूडियोंकी चाह, साहबोंकी चापलूसियों और सलामियोंका ख्याल भुला दें, जिनमें कि उनके पूर्वज एक ही दो पीढ़ी पहले जबर्दस्त अधिकार रखते थे।"

मुझे भी सर तेजके अफ़सोसके साथ सम्वेदना है, लेकिन अफ़सोस कि समयकी सुईको पीछेकी ओर नहीं घुमाया जा सकता।

जिस भाषामें हमारे स्वदेशी शब्द, स्वदेशी छन्द, स्वदेशी उपमा हो, वही तो हिन्दी है। इसके विरुद्ध जो अपने देशसे ही बाहरकी नहीं, बल्कि

जिसका पैतृक सम्बन्ध भी हमारी मातृभाषासे कोई नहीं है ; उस अरबी भाषासे शब्द, छन्द और उपमा थोड़ी तादादमें नहीं, बल्कि सोलहों आना लेना चाहती है ; वह है उर्दू भाषा। आपके सामने उसकी एक छोटीसी बानगी रखता हूँ—

"गुज़श्ता सफ़हातसे मालूम हुआ होगा, कि ज़फ़रकी तबीयत पर ख़ज़न् व मलाल किस क़दर ग़ालिब है। तल्ख़ियों, नाकामियों और नामुरादियोंके हजूममें उनकी ज़िन्दगी महज़ दाग़ेतमन्ना और सरापा आरज़ू बनकर रह गई। ज़ाहिर है, कि ऐसे हसरत-ज़दे और अर्मान्-सोख़्ता इन्सानके दिल व दिमाग़, पन्द व नसीहतके लिये किस क़दर मौज़ूँ होंगे"। (मारिफ़, आज़मगढ़ १६३८, पृष्ठ १८१)

दूसरी बानगी लाहौरके 'हमायूँ' (अक्टूबर १६३८, पृष्ठ ७३७)से—

"कुछ दिनोंसे हिन्दुस्तानमें हिन्दुस्तानीका मस्ला छिड़ा हुआ है। आपको मालूम होगा, कि शुमाली हिन्दुस्तानमें आमतौर पर दो ज़बानें बोली और लिक्खी जाती हैं, यानी हिन्दी और उर्दू। हिन्दी ख़ास तौर पर हिन्दू क़ौमकी ज़बान है। लेकिन मुसल्मानाने-हिन्द उर्दूसे ख़ुसूसन् इसलिये वाबस्ता हैं, कि उनके तर्ज़-मआशरत और अख़्लाकियात् और मज़हबी जज़्बात्की उससे तर्जुमानी होती है। अब सूरत-हाल यह है, कि सयासी तफ़र्क़ाके साथ हिन्दी और उर्दूका झगड़ा भी पैदा हो गया। और तमाशा यह है कि उर्दू दुनियाका एक बड़ा अदीब और जो एक ज़बर्दस्त मज़हबी पेशवा भी है, इस बातका मुद्दई है, कि एक नई ज़बान हिन्दुस्तानीकी तरह डाली जाय"।

उर्दूका ढाँचा हिन्दी है, अर्थात्—उसका व्याकरण सुप् तिङ् प्रत्यय भारतीय हैं। लेकिन उधारके शब्दों—जो कभी-कभी सत्तर-सत्तर पचहत्तर-पचहत्तर फी सदी तक पहुँच जाते हैं—के कारण वह एक ऐसी भाषा बना दी गई है, कि जिससे उर्दूदाँ तक तंग आ रहे हैं। हाफ़िज़ जलालुद्दीन अहमद अपने 'कन्द-उर्दू' में लिखते हैं :—

"ऐसे हज़रात जो अरबी व फ़ारसीकी इस्तेदाद रखते हैं, वह जब उर्दू लिखते हैं, तो ज़्यादातर अरबीके लुग़ात और फ़िक़रे लिख जाते हैं; जिनको उर्दूदाँ तो क्या मामूली फारसीख़्वाँ भी नहीं समझ सकते। और इन हज़रातमें बकसरत वह नक़्क़ाल भी शामिल हैं, जिनको अरबी व फ़ारसीकी अधूरी व नाक़िस लियाक़त होती है, मगर महज़ इज़हारे-क़ाबिलियतके

शौक़में बड़े-बड़े लफ़्ज़ोंका इस्तेमाल करने लगते हैं; जिसका लाज़िमी नतीजा यह होता है, कि उनकी बहुत सी इबारतें मुह्मल और बेमानी हो जाती हैं।" (पृष्ठ ८)

इसी बारेमें सैय्यद सज्जाद हैदर (खुतबये-सदारत, हिन्दुस्तानी-एकेडमी १९३८ में) फरमाते हैं :

"उन फ़ारसी अल्फ़ाज़से जिन्हें हम फ़ारसी समझकर फ़ारसीमें इस्तेमाल करते हैं, अहलेईरान उनपर चौंकते हैं, और हमारी हंसी उड़ाते हैं। यानी वह अल्फ़ाज़ फ़ारसी नहीं हैं। हमने उर्दूमें उनको दूसरे मानी दे दिये हैं, और वह लफ़्ज़ बिलकुल हमारे हो गये हैं। आप उनको अपनी ज़ुबानसे निकाल दीजिये। यहाँसे निकल कर वह बिल्कुल निघरे हो जायँगे; क्योंकि फ़ारसी या अरबी उन मानीमें उन्हें क़बूल न करेगी... ....
जो आम शिकायत की जाती है, कि आजकल उर्दू लिखनेवाले जान-जान-कर गैरमानूस (अपरिचित) सख्त अरबी फारसीके अल्फ़ाज़ अपनी तहरीरोंमें ठूँसते हैं और रोज़मर्रांके सादा इस्तेमालको अपने ख़िलाफ़े-शान समझते हैं; यह एक हद तक सही है; मगर मेरा ख्याल है, कि ज़िन्दा और तरक्क़ी करनेवाली ज़बान हमेशा नये-नये लफ़्ज़ अपनेमें जज़्ब करती रहती है।"

अरबी-फ़ारसी शब्दोंको कितनी मात्रामें हिन्दुस्तानीके भीतर जज़्ब करानेकी कोशिश हो रही है, इसकी गवाही तो हिन्दीवाले और गाँवके किसान मुसलमान भी दे सकते हैं—जो हिन्दीवालों हीकी तरह ऐसी भाषाके समझनेमें समर्थ हैं। हैदर साहबने जीती जागती भाषाको, नये-नये शब्दोंके पचानेकी बात कही है, लेकिन अपने शब्दोंको छोड़कर विदेशी शब्दोंको हज़म कर लेना, यदि जीती-जागती भाषाका कर्त्तव्य है; तो मुर्दा और अभागी भाषा कौन होगी ? हर एक जीती-जागती भाषाको नये मुल्कों, नये लोगों, नये ज्ञान-विज्ञानके सम्पर्कमें आने पर कितने ही शब्द लेने पड़ते हैं, और वह लेना ठीक भी है; लेकिन हम अनावश्यक शब्दोंको क्यों लें ? नये शब्दोंको लेनेमें जब तक हमारे देशका पुराना और नया शब्द-कोष सहायता देनेके लिये तैयार है; तब तक हम क्यों दुर्राष्ट्रीयताके हानि-कारक भारी सूदपर दूसरेसे क़र्ज़ लेने जायँ ? भाषाकी एकता जातिकी एकताको क़ायम रखती है, इसलिये भी विदेशी शब्दोंको लेनेमें हमें फूँक-फूँककर पैर रखना होगा।

मैं यह मानता हूँ कि हिन्दीके लेखक बाज़ वक़्त अनावश्यक संस्कृत शब्दोंका प्रयोग करते हैं; और मैं हैदर साहबके शब्दों द्वारा ही उनसे कहना चाहता हूँ, कि इन संस्कृत शब्दोंसे—जिन्हें हम संस्कृत समझकर इस्तेमाल करते हैं—संस्कृतज्ञ उनपर चौंकते हैं और हमारी हँसी उड़ाते हैं। संस्कृतका अक्षय भांडार हमारी सहायताके लिये मौजूद है, लेकिन उसके इस्तेमालमें कई तरहकी सावधानी अपेक्षित है। उन्हें भाषामें, विशेषकर साहित्यिक भाषामें वही ठीक तरहसे इस्तेमाल कर सकते हैं, जो कि उन शब्दोंकी नब्ज़को पहिचानते हैं। बिच्छूका मंत्र न जानकर साँपके बिलमें हाथ डालनेवाले ऐसे लेखकोंका पंडित पद्मसिंह शर्मा ने अपने 'हिन्दी-उर्दू और हिन्दुस्तानी' में अच्छा ख़ाका खींचा है।

हमारे हैदर साहब अरबीके शब्दोंको उर्दूमें लेनेके लिये एक ढंग बतलाते हैं। आप कहते हैं—

"मैंने यह उसूल (सिद्धान्त) क़ायम किया है. . . . . अरबीके जो अल्फ़ाज़ फ़ारसीके ज़रिये हम तक पहुँचते हैं, उर्दू उन्हें हज़म कर लेती है, मगर जो अल्फ़ाज़ बराहरास्त (सीधे) अरबसे लिये जाते हैं. उर्दूका मेदा उन्हें क़बूल करनेसे इन्कार करता है। फ़ारसी भी सादी व हाफ़िज़की नरम व शीरीं फ़ारसी है, न कि आजकल की करख़्त (कर्णकटु) ईरानी। अब तो फ़ारसके लिये अरबीके लफ़्ज़का इस्तेमाल भी मम्नूअ (निषिद्ध) है।

उर्दू—जिससे कि आपका मतलब हिन्दुस्तानी भाषासे है—अरबीके शब्दोंको सीधे स्वीकार करनेसे क्यों इन्कार करती है? छिपाकर रखनेके बजाय आप इस बातको स्पष्ट क्यों नहीं कहते? इसका एक मात्र कारण यही है कि अरबी उस भाषा-वंशसे बिल्कुल संबंध नहीं रखती, जिससे कि हिन्दुस्तानीका संबंध है। पारसी और हिन्दी एक भाषा-वंश और उसमें भी बहुत नज़दीक—सिर्फ़ तीन-चार पीढ़ियों (हिन्दीमें अपभ्रंश, प्राकृत, पाली और वैदिक संस्कृत द्वारा और फ़ारसीमें पहलवी, पाजन्द और ज़न्द द्वारा) के अन्तरकी बहनें हैं। इसीलिये जहाँ हिन्दी फ़ारसीके शब्दोंको आसानीसे ले सकती है, वहाँ अपनी बहनकी सिफ़ारिश पर, कभी-कभी दूसरे शब्दोंको भी, हैदर साहबके कथनानुसार ले लेती है। दरअसल फ़ारसीके शब्द हिन्दीमें उतने अधिक हैं भी नहीं और उनके लिये हमें उतना ख्याल भी नहीं करना है। अस्वाभाविकतया अत्यन्त कठिन उर्दूमें भी अरबीकी अपेक्षा पारसी शब्द कितने कम आते हैं, उसके लिये हम सैयद अहमद सिद्दीक़के उस

वाक्यको देते हैं, जिसे कि पं० अमरनाथ झाने अपने एक लेखमें उद्धृत किया है—

"हज़रात ! मैं अंजुमनकी तरफ़से आपका शुक्रिया अदा करता हूँ, कि आपने इस तक़रीबमें शिरकतकी ज़हमत गवारा फरमाई। आपकी शिरकत हमारी इज़्ज़ते-अफ़्ज़ाईका मूजिब हुई और हमको उम्मीद है, कि यह दूसरी सालाना तक़रीब आपकी तवज्जुह और हमदर्दीसे अपने मक़ासिदमें मज़ीद कामयाबी हासिल करेगी"।

इस वाक्यावलीमें २३ शब्द विदेशी हैं, जिनमें सिर्फ़ ६ शब्द फ़ारसीके हैं, बाक़ी सब अरबीके। उधार लिये शब्दोंमें आमतौरसे फ़ारसी शब्दोंकी संख्या इससे भी कम होती है। बान पड़ जानेके कारण हम अरबी फ़ारसी दोनोके खिलाफ़ एक साँसमें बोल जाते हैं। असल बात तो यह है कि पारसी हमारे लिये उतनी अछूत नहीं जैसी अरबी। पारसीका शब्द-शास्त्र हमारे शब्द-शास्त्रसे भाई-भाईका सबंध रखता है।

अंगुश्त (अँगूठा), नाखून (नख) आदि ही नहीं, जौ, गन्दुम (गोधूम या गेहूँ), बिरंज (व्रीहि, चावल) आदि हज़ारों शब्द भाषातत्वके नियमोंके अनुसार कुछ हल्के से भेद रखते हैं। खेतीकी अवस्थामें पहुँचने तक वस्तुतः भारतीयों और ईरानियोंके पूर्वज एक थे।

हैदर साहब हिन्दीसे विदेशी शब्दोंको निकाले जानेके प्रयत्नको बुरा-भला कहते हैं—

"यह कोशिश कि हिन्दीसे फ़ारसीके अल्फ़ाज़ यानी विदेशी अल्फ़ाज़ ख़ारिज कर दिये जायँ, नेश्नलिस्ट शराबके नशेका नतीजा है। ईरान और तुर्कीके क़ौमपरवर भी इसी नशेसे बदमस्त हैं। फ़ारसीसे अरबी अल्फ़ाज़को देसनिकाला मिल रहा है। हिन्दीकी इस नेश्नलिश्ट तहरीक-जदीद (नवीन आन्दोलन) का क्या हश्र होगा, इसके मुताल्लिक इस वक़्त कोई अन्दाज़ा नहीं लगाया जा सकता, मगर मेरा दिल गवाही देता है, कि यह शिद्दत, यह तअस्सुब क़ायम नहीं रहेगा।"

इस उद्धरणसे आपको यह भी मालूम हो जाता है, कि हिन्दीको व्यर्थके विदेशी शब्दोंके बोझसे लादनेका जो विरोध हो रहा है, उसमें मज़हबी संकीर्णता काम नहीं कर रही है; यह तो नेश्नलिस्ट शराबके नशेका नतीजा है। मुबारक है यह नेश्नलिश्ट शराब! धन्य है यह नशा!

हमारी जातिके लिये इस नशेकी कितनी ज़रूरत है, इसके कहनेकी आवश्यकता नहीं।

नेशनलिस्ट शराबके नशेका मतलब है स्वतंत्रता, आज़ादीके लिये दीवानापन, राजनीतिक और साहित्यिक सभी तरहकी स्वतंत्रताके लिये अधीर होना। तुर्की और ईरान, और हिन्दुस्तानी भी इस नशेको छोड़कर फिर अपने पुराने दुस्स्वप्नमें चले जायँगे, इसकी गवाही जो दिल देता है, वह भ्रममें है।

बल्कि एक बात और है—तुर्की और ईरानमें जितने ज़ोरसे अरबी शब्दोंको देशनिकाला मिल रहा है, उसका तो हम शतांश भी नहीं कर रहे हैं; यह तो आप मेरे इस भाषणसे भी कमसे कम समझ सकते हैं। सभी विदेशी शब्दोंके बहिष्कारकी हम घोषणा भी नहीं कर रहे हैं। अभी कितने ही वर्षों तक हिन्दीवाले सैकड़ों अरबी शब्दोंका प्रयोग करते रहेंगे। बहु-प्रचलित शब्दोंका एकदम निकाला जाना भाषाकी कोमलता पर बहुत असर डालता है; विशेषकर ऐसे शब्दोंका जोकि हमारी भाषामें भाव प्रकाशित करनेमें एक विशेष स्थान ग्रहण कर चुके हैं। हमारा तो सीधा उत्तर है—हम अपने परिवारमे बेकारी बढ़ाकर दूसरोंको नौकरियाँ नहीं बाँटते फिरेंगे।

मेरी समझसे उस हिन्दुस्तानी भाषाका भविष्य बिल्कुल अंधकारपूर्ण है; जिसने खुशरो, वली, आतिश के द्वारा प्रयुक्त हिन्दी शब्दोंको भी निकालकर अरबी-फारसीका व्रत ले रक्खा है। लेकिन यहाँ हमारी ज़िम्मेवारी एक ओर और भी हमारा ध्यान आकृष्ट करती है। जो जाति परदेशी कवियो और प्रतिभाओंका आदर करने के लिये तैयार है; यह अपनोंका आदर क्यों न करेगी। सौदा और आतिश हमारे हैं, ग़ालिब और दाग़ हमारे हैं। निश्चय ही यदि हम उन्हें अस्वीकृति कर दें, तो संसारमें कहीं और जगह उन्हें अपना कहने वाला नहीं मिलेगा। लेकिन उन्हे निघरा करना हमारी शक्तिके बाहर है; उसी तरह जैसे ईरानी हाफ़िज़ और सादीको निघरे नहीं कर सकते। तो भी यह निश्चित है कि वह अरबी-भरी भाषा दिन पर दिन लोगोंके लिये अपरिचित होती जायगी। इस महलकी ईंटें एक-एक करके खिसकने लगी हैं। जैसा कि सर तेज बहादुर सप्रू और हैदर साहबके ऊपर उद्धृत लेखसे मालूम होता है। हमारी हिन्दी कौमने ही, इस देशमें वली, मीर, सौदा, इंशा, आतिश, नज़ीर, ग़ालिब, ज़ौक, दाग़, हाली, अकबर जैसे कवि पैदा

किये हैं। उन्होंने अपनी प्रतिभा द्वारा एक सुन्दर काव्योद्यान सजाया है। यद्यपि उनकी हिन्दी भाषा अत्यधिक अरबी शब्दोंके भरमारसे दूषित हो गई है; लेकिन वह सदोषता तो उस काल और धार्मिक विश्वासके कारण उन्हें जन्मसे मिली थी; इसमें उनका अपराध क्या ? हो सकता है, अभी हमारे दिलमें धार्मिक पक्षपात कुछ काम करे; लेकिन भविष्यकी सन्तान तो निश्चय ही हिन्दू, मुसल्मान तथा दोनोंके आजकलके पारस्परिक झगड़ोंका स्मरण भी न रक्खेगी। निश्चित है, जिस दिन मज़हबको इस मुल्कसे जवाब मिला, उसी दिन भहराकर यह सारी इमारत ज़मीन पर आ गिरेगी। शायद कितने ही भाई समझते और कहते हैं, कि मज़हबने बहुत उतार-चढ़ाव देखे हैं, वह इस युगके इस प्रचन्ड धर्मविरोध तूफ़ानको भी सह लेगा। लेकिन हमारे भाइयोंका यह विश्वास सिर्फ़ विश्वास पर आश्रित है। मज़हबको कभी इतने ज़बर्दस्त और इतने स्थिर तूफ़ानसे मुक़ाबला नहीं करना पड़ा। पैदा होते ही मज़हबने राजशक्तिका संरक्षण पाया था। आज राजशक्तिके छीननेके लिये धनियों और जांगर चलानेवालोंका सघर्ष चल रहा है। इस संघर्षमें दुनियाके छठे हिस्सेके जांगर चलानेवालोंने विजय पाई है; और वहाँसे मज़हब बोरियाबधना बाँधकर कूच करना चाहता है। अब तो धनी शोषक-श्रेणीके मज़हबका भी ख़ात्मा होनेवाला है। उर्दूवालोंका आग्रह सिर्फ़ मज़हबके ज़ोरके ख़ात्मे पर थमा हुआ है; जो कि मुझे चन्द शताब्दियोंकी बात नहीं मालूम होती।

हाँ, तो सवाल है—सौदा और ग़ालिबकी कृतियोंके लिये हमें क्या करना होगा ? मैं कह चुका हूँ कि वे हमारे हैं और हमारे रहेंगे। शताब्दियाँ बीतती जायँगी और हम ग़ालिबकी कविताओं और उनके सुन्दर पत्रोंको बड़े चावसे पढ़ेंगे। उनकी उस ज़िन्दा-दिली और मज़हबके ठेकेदारोंके लिये लिखी गई प्रतारणाओंकी हम दाद देंगे। ग़ालिबने आजसे एक सदी पहिले इन विचारोंको फैलाना शुरू किया (उर्दूये-मुअल्ला; भाग २ पृष्ठ १६३)—

"कहाँकी मर्सियाख़ानी—आज़ादीका शुक्र बजा लाओ, ग़म न खाओ। और अगर ऐसे ही अपनी गिरिफ़्तारीसे ख़ुश हो तो चुन्नाजान न सही तो मुन्नाजान सही। मैं जब बहिश्तका तसव्वुर करता हूँ; और सोचता हूँ; कि अगर मगफ़रत (क्षमा-प्राप्ति) हो गई और एक क़स्र (महल) मिला और एक हूर (अप्सरा) मिली। अक़ामत (रहना) जावदानी (अनन्त कालके लिये) है। और उसी एक नेकबख़्त (भागमती)के साथ ज़िन्दगानी। इस

तसव्वुर (सोच)से जो घबराता है, और कलेजा मुँहको आता है। है-है वह हूरन् (अप्सरा) अजीरन हो जायगी। तबीयत क्यों न घबरायेगी? वही ज़मुर्रदीन् (पन्नेका) क़स्र (प्रासाद) और तूबा (कल्पवृक्ष)की एक शाख़, चश्म-बद् दूर (नज़र न लगे) वही एक हूर।"

"ख़ूब मालूम है जन्नतकी हक़ीक़त लेकिन।
दिलके बहलानेको ग़ालिब यह ख़्याल अच्छा है॥"

"लिखते हो कि रुबाइयाँ भेज, क़सीदा भेज। मानी इसके यह कि तू झूठा। अबके तू मुक़र्रर (अवश्य) भेजेगा। भाई क़ुरानको क़सम, इन्जीलकी क़सम, तौरेतकी क़सम, जबूरकी क़सम, हनूद (हिन्दुओं)के चार वेदकी क़सम, दसातीरकी क़सम, ज़न्दकी क़सम, पाज़न्दकी क़सम, उस्तादकी क़सम, गुरूके ग्रन्थकी क़सम; न मेरे पास वह क़सीदा न मुझे वह रुबाइयाँ याद हैं।"

इन अमर कवियोंकी कृतियोंको, भाषामें बहुत फ़र्क़ हो जानेपर भी हम वैसे ही नहीं भुला सकेंगे; जैसे अश्वघोष और कालिदासको, दंडी और बाणको। मै तो बल्कि हिन्दी साहित्यकी सम्माननीय संस्थाओ और प्रकाशकोंसे प्रार्थना करूँगा, कि वह इन अमर काव्यकारोंकी कृतियोंको नागरी अक्षरोमे प्रकाशित करनेका काम हाथमें लें। हमारे इन कवियोंकी कृतियाँ उर्दूमें प्रकाशित हो चुकी है। उनके जीवन पर भी बहुतसे निबन्ध लिखे जा चुके है। अच्छा है कि उनका एक सुसम्पादित संस्करण नागरी अक्षरोंमें निकाला जाय। यह नागरी अक्षरोंका सुन्दर गुण है, जो कि अरबी शब्दोंकी बहुतायत होने पर भी हम उन्हे सुपाठ्य रूपमें प्रकाशित कर सकते हैं। अच्छा हो, यदि एक-एक कविकी सारी ग्रन्थावली क्रमसे प्रकाशित की जाय, पाठ-भेद आदि देकर शुद्ध पाठ पर पहुँचनेकी कोशिश की जाय; जैसे कि अब प्रथा चल गई है, विदेशी क्लिष्ट शब्दोंकी पादटिप्पणी भी नीचे फ़ुटनोटमें दे दी जाय। पुस्तकके आरम्भमें कविकी प्रामाणिक जीवनी तथा अन्तके परिशिष्टमें विदेशी उपमाओं और कथानकोंका स्पष्टीकरण कर दिया जाय। पहले हम चोटीके कवि ख़ुसरो, वली, सौदा, ग़ालिब, ज़ौक़, दाग़, हाली और अकबरकी ग्रन्थावलियोंको ले सकते हैं।

उर्दू भाषाके सम्बन्धमें कहते वक़्त लिपिके बारेमें कुछ कहना ज़रूरी है। उर्दू जिस अरबी लिपिमें लिखी जाती है, वह कितनी दूषित और अपूर्ण है, इसके लिये बहुत कहनेकी आवश्यकता नहीं। देशके सभी स्त्री-पुरुषोंको साक्षर होना चाहिये—यह मानी हुई बात है; और सार्वजनीन साक्षरतामें-

उर्दू कि अरबी-लिपि अत्यन्त बाधक है। दस वर्ष पढ़ने पर भी कोई ठीक-ठिकाना नहीं, कि कहाँ तो लिखा जाय और कहाँ ते, कहाँ सीन लिखा जाय और कहाँ से। ऐसी लिपि सार्वजनीन साक्षरताके लिये भारी अभिशाप है। लेकिन जैसे हमारे उर्दू-प्रेमी भाई धर्म के नामपर अरबीके हज़ारों शब्दोंको हज़म करनेका प्रयत्न कर रहे हैं, वैसे ही वे परिणामका कुछ भी ख्याल न करके अरबी-लिपिको पकड़ रखना चाहते हैं। वे समझते हैं कि इस शब्द और लिपिको छोड़ देनेपर मजहब नहीं रहेगा। मज़हब तो नहीं रहेंगे, यह निश्चित है। कितनी ही ज़िद कीजिये, ऐसी दूषित लिपि और ये ऊट-पटाँग शब्द-सम्मिश्रण, जिन्हें खुद इस्लामी देशोंने ठुकरा दिया है, एक दिन यहाँसे भी निकलके रहेंगे।

अरबी लिपि देखनेमें बहुत कुरूप है, यद्यपि आजके कितने ही सच्चे आशिक़ अपने महबूब पर इस प्रकारका लाञ्छन सुनना नहीं चाहेंगे। लेकिन इसमें सन्देहकी गुंजायश नहीं, यह तो इससे भी सिद्ध है, कि जब ईरानी दिमाग़ने अरबी अक्षरोंके आकारको सुधार कर सुन्दर नस्तालीकका रूप दिया, तो लोगोंने कुरानके लिये ही पुराने अरबी अक्षरोंको छोड़ रखा, और शताब्दियोंसे ईरान, अफ़ग़ानिस्तान, तुर्किस्तान और हिन्दुस्तानमें कितने ही सुलेखकोंने हज़ारों सुन्दर पुस्तकें नस्तालीक़मे लिखीं; जिन्हें देखकर आज भी तबीयत प्रसन्न हो जाती है। नस्तालीक़ सुन्दर है, यद्यपि उच्चारणके सम्बन्धमें उसमें भी वही सारे दोष हैं, जो कि नस्ख़में। छापेके लिये नस्ख़में ज़्यादा सुभीता है। संयुक्त और असंयुक्त अक्षरोंके लिये टाइपके खानोंकी संख्या अधिक हो जाती है, तो भी उसका टाइप मौजूद है। छापेके सुभीतेके कारण उर्दूवाले नस्तालीक़के सौन्दर्यके मोहसे लिथोमें ही छपाई करते हैं। हैदर साहब अपने उसी भाषणमें इसके सम्बन्धमे फ़रमाते हैं—

"हज़रात! जबतक आप लिथोके शिकञ्जेसे अपने अख़बारात, अपनी किताबोंको आज़ाद न करेंगे, मेरी रायमें उर्दू पूरी तरक्की नहीं कर सकती। ....लिथोके तरफ़दार और उसके शैदाई अक्सर यह कहा करते हैं, कि उर्दू नस्तालीक़में लिखी जाती है, और नस्तालीक़ लिथोमें छप सकता है। यह सही है, कि अच्छा नस्तालीक़-टाइप अब तक नहीं बन सका; और मेरा ख़याल है कि बन सकता नहीं . .... . हामियानेलिथो कहते हैं कि जब नस्तालीक़का अच्छा टाइप नहीं बन सकता, तो लामुहाला उर्दू नस्ख़में छापी जायगी और खूबसूरत और दीदाज़ेब नस्तालीक़—जिसमें हिन्दुस्तानने इतनी तरक्की की है—एककलम मादूम हो जायगा। यह एतराज़

सही है।...... ... . तुर्कोंका मज़ाक़ लतीफ़तर है। इसलिए उनका टाइप भी ख़ूबसूरत था। इस्ताम्बूलके हसीन टाइपके वह हसीन हरूफ़ न मालूम अब क्या हो गये होंगे? काश! उन्हें ख़रीदकर यहाँ मँगा लिया जाता।"

तुर्कोंने तो अपनी राष्ट्रीयताके नशेमें न जाने कितनी हसीन-हसीन चीज़ें ख़त्म कर दीं। हमारे कुछ हिन्दी मुसलमानोंके दिलने दर्द महसूस किया और इसके फलस्वरूप आप देख रहे हैं, कि जहाँ तुर्की टोपी तुर्कीसे, वर्षों हो गये, लुप्त हो गई; वहाँ हमारे दर्द-दिलने इस एक हसीन चीज़को पुराने अरबी टाइपाकी तरह पिघलकर लुप्त होने नहीं दिया। लेकिन ईरान और तुर्कीके ऊपर जो गहरा कौमियतका नशा छाया है, जिसके कारण कि दीवाना होकर वे लोग अपनी अच्छी-अच्छी चीज़ें दूर फेंक रहे हैं; उनकी रक्षाका भार क्या सिर्फ़ हमारे हम्वतियोंके ही ऊपर रह गया है? अच्छा तो होता कि मज़हबके नशेमें बदमस्त हमारे ये दोस्त तुर्की और ईरानके चरणोंमें बैठकर कुछ नवजीवनका पाठ पढ़ते; लेकिन शिक्षा क्या ग्रहण करेंगे, ये तो वहाँसे निकाल बाहर की गई रस्मोंके लिये ख़ूब अफ़सोस करते हैं, और उनसे चिमटे रहना अपना कर्त्तव्य समझते हैं।

हैदर साहब सभी कठिनाइयोंको अच्छी तरह समझते हैं; और इसलिये वह परिवर्तनको भी कुछ हद तक पसन्द करते हैं; लेकिन साथ ही उनकी कोशिश यह है कि उनका कोई सहधर्मी उनपर कुफ्र का फ़तवा न दे दे। इसीलिये वह धर्मकी गठरिया सिर पर लिये फिरते हैं। आगे आप कहते हैं—

"हमारी मत्बूआ (छपी) किताबोंमें एराब (स्वर)—ज़बर (अ), ज़ेर (इ), पेश (उ) का इस्तेमाल ज़्यादा होना चाहिये। हमारे रस्मुल्ख़त (वर्णमाला) पर यह इल्ज़ाम है, कि इसमें जो इबारत (वाक्य) लिखी जाती है, उसके सहीह पढ़नेके लिये यह ज़रूरी है, कि पढ़नेवाला इबारतके अल्फ़ाज़ (शब्दों) के सहीह तलफ़्फ़ुज (उच्चारण) से पहलेसे वाक़िफ़ हो; वर्ना (अन्यथा) मुल्कको मलक्, मलिक् और मिलक् पढ़ सकता है। यह एतराज़ बिल्कुल सहीह है; और इसे रफ़ा (दूर) करनेके लिये एराब (स्वरचिन्ह) ईजाद किया गया। हमने इस ज़रूरी चीज़का इस्तेमाल बिल्कुल छोड़ रक्खा है, और इसकी वजहसे अच्छे पढ़े लिखे आदमी इबारतके पढ़नेमें ग़लतियाँ करते हैं।..............

"मैंने एक रेज़ूल्युशन रोमन हरूफ़के रवाज देनेके मुताल्लिक पेश किया था....अब फिर आपको बहकाने और आपके दर्दसर का बाइस (कारण) होनेके लिये मैं उसी राग को अलापता हूँ। मैं नहीं कहता कि तुर्कोंकी तरह कानूनन् हिन्दुस्तानीको फ़ारसी हरूफ़ या नागरी हरूफ़में लिखना बन्द कर दिया जाय, और हर शख़्स मजबूर किया जाय, कि वह रोमनमें लिखे पढ़े। नहीं मेरी अर्ज़ यह है, कि मौजूदा फ़ारसी ख़त (वर्णमाला) और नागरी ख़त जारी रहें, मगर साथ इसके रोमनको भी रवाज देनेकी कोशिश की जाय।.......नागरी रस्मुलख़त (वर्णमाला), बशर्तेकि तमाम मात्रोंके साथ लिखा जाय, आसानीसे पढ़ा जा सकता है। बरख़िलाफ़ इसके अरबी-रस्मुलख़त् (वर्णमाला) मुख्तसरनवीसी (त्वरितलेखन) का एक उम्दा नमूना है"।

आपको इससे स्पष्ट हो गया होगा, कि विद्वान् लेखक अरबी शब्दों-के सम्मिश्रण और अरबी लिपिके दोषोंको अच्छी तरह समझता है, और साथ ही नागरी-लिपिके गुणोंसे भी परिचित है; तो भी अपने सहधर्मियोंके दुराग्रहके कारण नागरीके अपनानेके लिये प्रस्ताव न कर, रोमनके लिये हल्के दिलसे वकालत करता है। जब तक मज़हबका बोलबाला है, कमसे कम उर्दूके पक्षपातियोंमें तबतक रोमनके भी अपनाए जानेकी सम्भावना नहीं है; हालांकि मेरी समझमें बेहतर होता, यदि हमारे कांग्रेसके सूत्रधार हर एक साक्षर के लिये उर्दू और नागरी दोनोकी वर्णमालाओंको अनिवार्य करनेकी जगह नागरी और उर्दू लिपियोंको अपने भाग्यपर छोड़ देते, और रोमनको अनिवार्य कर देते। यह कहकर मैं नागरी लिपिको दोषपूर्ण नहीं बतला रहा हूँ, और न नागरी लिपिके लिये मेरा प्रेम कम है। मेरा तो विश्वास है कि यदि कुछ साधारणसे सुधार—संयुक्त अक्षरोंका परित्याग, 'अ' पर मात्रा देकर 'इ' आदिका व्यवहार तथा हलन्त चिन्हों द्वारा संयुक्त अक्षरोंके स्थानकी पूर्ति कर ली जाय, तो छापाखानेके लिये ८८ टाइपोंकी नागरी लिपि जितना उपयुक्त साबित होगी, उतना रोमन तथा दूसरी कोई संसारकी लिपि नहीं हो सकती। मैं देखता हूँ कि उर्दू वाले अपनी ज़िद पर डटे हुये हैं, और हमारे राष्ट्रीय नेता किसी न किसी तरह उन्हें प्रसन्न रखना चाहते हैं—चाहे उसमें सफलता हो चाहे न हो—इसका परिणाम हमें यह भुगतना होगा कि नागरीके साथ उर्दू अक्षरों-को भी पढ़ना पड़ेगा। कचहरियों तथा सरकारी कागज़ोंमें दोनों लिपियोंका प्रयोग हमारे ऊपर उस उर्दू लिपि पढ़नेका बोझ भी लाद देगा, जिसके

बारेमें अभी उर्दूके एक प्रतिष्ठित लेखकको कहते सुना—"इसकी वजहसे अच्छे पढ़े लिखे आदमी इबारत (वाक्य) के पढ़नेमें गल्तियाँ करते हैं।"

यहाँके इस हिन्दी-उर्दू झगड़ेके वक्त हमें यह भी ख़याल रखना चाहिये, कि हिन्दी-भाषा भारतकी "राष्ट्रीय" भाषा बनती जा रही है, और इस वक्त सोलह करोड़ नहीं, भारतकी छत्तीस करोड़ जनताको उसका ज्ञान आवश्यक है। ऐसी अवस्थामें भारतकी सभी भाषाओंमें जितना ही अधिक समान अंश होगा, उतना ही हिन्दी समझनेमें लोगोंको आसानी होगी। हिन्दी-उर्दूका प्रश्न—अर्थात् भाषामें विदेशी शब्द अधिक रहने चाहिये या संस्कृत तत्सम, तद्भव शब्द—सिर्फ हिन्दी-भाषा-भाषी प्रान्तोंका प्रश्न है। गुजराती मुसल्मान भी अपने देशभाई हिन्दुओंकी भाँति ही गुजराती भाषा और साहित्यका अध्ययन और अनुशीलन करते हैं। यही बात बंगाली मुसल्मानोके बारेमें भी लागू है। भारतके सभी प्रान्तोंकी भाषायें—तेलगू, मलयालम आदि तक भी अपने भीतर बहुत भारी संख्यामें संस्कृत तत्सम—तद्भव शब्दोंको रखती हैं। संस्कृत तत्सम-तद्भव शब्दोंके स्वीकार करनेका सिद्धान्त हिन्दीमें ही नहीं, भारतकी अन्य भाषाओंमें, शताब्दियों पहले स्वीकार किया जा चुका है। यदि हम आज उस सिद्धान्तको छोड़ते हैं तो अपनी भाषाको—जो अपनी उक्त विशेषताके कारण पढ़ने समझनेमें सरल हो सकती थी—और दुरूह बनाते हैं।

२—कवि-सम्मेलन

कवि-सम्मेलनोंकी साहित्यिक प्रचारके लिये ही नहीं बल्कि सांस्कृतिक प्रगति तथा सुरुचिपूर्ण मनोविनोदके लिये भी बड़ी ज़रूरत है। लेकिन उनके करनेके ढंगमें संशोधनकी आवश्यकता है। आजकल समय और स्थान निश्चित कर दिया जाता है, कवियोंको निमन्त्रण भेज दिए जाते हैं। चाहे सुयोग्य कवि पर्याप्त संख्यामें आयें या न आयें सम्मेलन तो करना ही है; इसलिये जो भी आया उसीको ग़ैरज़िम्मेवारीके साथ कविता-पाठकी आज्ञा दे दी जाती है। जनतामें पढ़ी जाती हरएक कवितामें हमें सुरुचिका ख्याल रखना होगा। हमें यह भी ख्याल रखना होगा, कि श्रोताओंमें स्त्रियाँ भी होती हैं। इसका यह मतलब नहीं, कि आप शृङ्गार-रसकी कविताओंको छोड़ दें। शृङ्गार-रस और चीज़ है, और कुरुचि और। कवि-सम्मेलनोंको दो बातोंका ख्याल रखते हुये संगठित करना चाहिये। या तो, आप वहाँ यह दिखलाना चाहें कि वर्तमान हिन्दी-कविताका निर्माण

कैसे-कैसे कलाकारों द्वारा हो रहा है। इसके लिये वर्तमान कवियोंकी अच्छी-अच्छी कृतियोंका वहाँ प्रदर्शन होना चाहिये। अथवा कवि-सम्मेलन का ध्येय हो सर्वकालीन हिन्दी-कविताके साहित्यिक प्रदर्शनका। उस वक्त आप हिंदीके हरएक कालके सुकवियोंकी कृतियोंकी बानगी पेश कर सकते हैं। दोनों ही प्रकारके कवि-सम्मेलनोमें गायन द्वारा कवियोंकी कृतियोंके सरस और नीरस होनेका मौका नहीं देना चाहिये। बहुतसे कवि अपनी कविताका पाठ मधुर कंठसे नही कर सकते। कविके लिये मीठे कंठका होना अनिवार्य बात नहीं है। ऐसी स्थितिमें अच्छा है, कि उस कविकी कविताको उसकी उपस्थिति या अनुपस्थितिमें दूसरा पढ़े। हरएक नाटककार अभिनेता नहीं होता, लेकिन सफल नाटककारको अभिनयके दिन दर्शक देखना बहुत पसन्द करते हैं। उसी तरह कविताके सम्बन्धमें भी चाहे कवि स्वयं काव्यको न पढ़ता हो, तो भी हम सफल कविके दर्शनके लिये लालायित रहते हैं। सिवाय सुपरिचित कवियोंकी पढ़नेके लिये नई आई कविताओंमें साहित्यिक औचित्य और सुरुचिपूर्णताको देख लेना चाहिये, तभी उन्हें पढ़नेकी आज्ञा देनी चाहिये। स्मरण रखना चाहिए, कि कवि सम्मेलन वस्तुतः कविताका अभिनय है, उसे बीचमें टोकनेसे जहाँ अभिनयमें दोष आता है, वहाँ कितनी ही बार कविता-वाचकका अपमान होनेसे झगड़ेका डर रहता है।

हिन्दीकी प्रगतिसे जहाँ उन लोगोंको ईर्ष्या हो रही है, जो कि चाहते थे कि हिन्दी हमेशा परमुखापेक्षी बनी रहे, और उसमें ऐरे-गैरे नत्थू-खैरे लेखकोंके अनुवाद ही भरे रहें। अब यद्यपि वह अँधेरी रात बीत चुकी है, और सूर्यका प्रकाश हमें मध्यान्हकी ओर ले जा रहा है; तब भी हमारे ये भाई समझते है, कि हिमालयसे सतपुड़ा और सतलजसे कोसी तक घोर अँधेरी रात छायी हुई है। वह कहते हैं, हिन्दीमें है ही क्या? लेकिन उनकी यह अवस्था बहुत दिनो तक नहीं रहेगी। हमारे ये साहित्यिक कुलीन कितना ही आँख मीचें, उन्हें अपनी गलती स्वीकार करनेमें देर न लगेगी।

४—व्याकरणमें संशोधन

(१) हिन्दीके व्याकरण पर मैं कुछ विशेष कहनेकी इच्छा नहीं रखता; तो भी यहाँ कुछ बातोंपर ध्यान दिलाना आवश्यक है। दिन पर दिन हिन्दीके व्याकरणका विस्तार होता जा रहा है। भिन्न-भिन्न स्थानीय बोलियोंके क्षेत्रमें हिन्दीका प्रचार जितना ही गम्भीरतापूर्वक होता जा रहा है, उतना ही अधिक हिन्दीपर उन भाषाओंकी छायाका पड़ना जरूरी है।

सभी बोलियोंके साथ समन्वय करनेका प्रयास हमारी भाषाके लिये हानिकारक साबित होगा ; क्योंकि उसका मतलब होगा, हर जगहके प्रचलित नियमोंको अपने व्याकरणमें लेना। ऐसा करने पर आपकी भाषाके व्याकरणका जितना ही विस्तार होता जायगा, उतनी ही वह कठिन और असार्वजनीन होती जायगी ; उसके शुद्ध लिखने-बोलनेका ठीका कुछ परिमित व्यक्तियोंके ऊपर रह जायेगा। तेईस शताब्दी-पूर्व पाणिनीने ऐसी ही ग़लती की थी, जबकि उन्होंने गान्धारसे मगध तक प्रचलित सभी बोलियोंकी छायासे हुये परिवर्तनोंको अपने व्याकरणके अन्तर्गत लानेका उद्योग किया था। इसीके कारण आज संस्कृतका व्याकरण दुनियाकी सभी भाषाओंसे जटिल और विशाल हो गया; और वह कतिपय विशेषज्ञोंकी चीज़ रह गया। हमें उस ग़लतीको फिरसे दुहराना नहीं चाहिये। और कुछ कहनेसे आप यह अर्थ न लगायें, कि मैं भी उर्दूके पुराने मर्मज्ञोंकी तरह, किसी टकसाली "उर्दूये-मुअ़ल्ला" के लिये दिल्लीके लाल-किलेकी चहारदीवारी आपके लिये तैयार करना चाहता हूँ। व्याकरणकी पूर्णताके लिये एक तो वह रास्ता है, जिसे कि पाणिनिने लिया और जिसके कारण अपवादोंकी संख्या बढ़ानी पड़ी। इस रास्तेको पकड़नेसे "मैंने जाना", "मैने गया" जैसे प्रयोगोंको भी वैसे ही स्थान देना होगा, जैसे "मुझे जाना है," और "मैं गया" को। अच्छा यह होगा कि हिन्दी व्याकरणको भारी भरकम बनानेकी अपेक्षा हम उसके कलेवरको और छोटा करनेकी कोशिश करें। पिछले सौ सालोंमें हमने कई नियमोंकी वृद्धि ज़रूर की है। गालिब अपने समयमें लिखते हैं "मैं समझा था" (उर्दूये-मुअ़ल्ला, हिस्सा-दोयम् पृष्ठ २६०) ; और आज यह प्रयोग हमारे लिये अशुद्ध हो गया है। आप यदि हिन्दी-मिडिल-परीक्षाकी उत्तर पुस्तकोंको देखें, तो 'ने' की ग़लती सिर्फ़ युक्तप्रान्तके पूर्वी भाग (भोजपुरी तथा पूर्वी-अवधी क्षेत्र)में ही नहीं मिलेगी, बल्कि वह ब्रजभाषा तथा पश्चिमी अवधी तकमें मिलेगी। ऐसी अवस्थामें यह प्रश्न विचारणीय हो जाता है, कि सबको डंडेके ज़ोरसे 'ने' का प्रयोग सिखलाया जाय, अथवा इसे छोड़ दिया जाय ? ग़ालिबके ऊपरके वाक्यमें 'ने'के अभावमें कोई सौन्दर्य-क्षति तो दीख नहीं पड़ती।

यदि भाषाके सरल करनेके फायदेको समझें, तो कई अपवादों और व्यर्थके नियमोंको छोड़कर हम अपनी भाषाको अधिक सुगम और सार्वजनीन बना सकते हैं। निम्न बातोंको मैं केवल विचारार्थ रख रहा हूँ।

(१) हिन्दीमें बहुवचन बनाते समय कई स्थानोंपर बहुवचन-सूचक प्रत्ययोंकी आवश्यकता नहीं होती और कई जगहोंपर उन्हें अनिवार्यतया

लाना पड़ता है। उदाहरण-स्वरूप "मर्द आता है", "मर्द आते हैं" में नाम-के साथ विशेष प्रत्यय न लगानेपर भी काम चल जाता है ; किन्तु "स्त्री आती है" को बहुवचनमें हमें "स्त्रियाँ आती हैं" कहना पड़ेगा। यहाँ भी नामसे बहुवचन प्रत्यय क्यों न हटा दिया जाय, अथवा दकनी-भाषाकी तरह "औरतां गये", "किताबां रक्खे थे" क्यों न कर दिया जाय?

(२) क्रिया-लिङ्ग भी हिन्दीको दुर्बोध बनाते हैं। इसके कारण उन बोलियोंके बोलनेवाले अक्सर गलती कर बैठते हैं जिनके यहाँ क्रियामें कोई लिङ्ग नहीं। जिस तरह संस्कृतमें "बाला याति" (बालिका जाती है) और "बालो याति" (बालक जाता है) होता है उसी तरह क्यों न हम भी "बाला जाता" और "बाल जाता है" स्वीकार कर लें। आखिर महिलाओं के "हम जाते हैं, हम गाते हैं" लिङ्ग-विरुद्ध प्रयोगका हम स्वागत कर ही चुके हैं। यह मै मानता हूँ कि हिन्दी क्रियाओमे लिङ्ग-आनेका कारण है: सहायक क्रियाओं ("है" "था" आदि)के साथ कृदन्तीय "क्त" और "शतृ" के प्रयोगों द्वारा क्रियाका काम लेना। और हिन्दीमें लिङ्गविरुद्ध प्रयोग पहले कानों को बहुत खटेगा, किन्तु हरएक नया प्रयोग पहले कुछ न कुछ खटकता ही है। मेरा ऐसा ख्याल है, कि कमसे कम राष्ट्रीय हिन्दीके लिये ऐसे प्रयोग साधु मान लिये जायँ। इससे दूसरे प्रान्तोंके हिन्दोपाठियों-को विशेष सुविधा होगी।

(३) संबंध-कारकका चिन्ह ("का, की, के" आदि) संबधवान्‌के लिङ्गके अनुसार बदलता रहता है। "उसका लड़की" न कहकर "उसकी लड़की" कहने का अनिवार्य नियम भी विचारणीय है।

(४) धातुसे क्रिया बनानेमें संस्कृत, प्राकृत हीमें नहीं बल्कि ब्रजभाषा और स्थानीय बोलियों तकमे उपसर्गोंका प्रयोग बड़ी खूबीसे होता है। ब्रजभाषामें अब भी प्रचलितसे "बजरे" क्रियाक प्रयोग होता है। हिन्दीमें यदि कहीं उपसर्गोंका उपयोग है भी तो वह स्वतंत्र क्रिया रूपमें उपसर्गोंका त्याग करके, जैसे "बिसरा", पालीमें "सरति" (याद करता है) भी आता है।

(५) हिन्दीमें मूल धातुओंसे क्रियाओंका रूप बनाना तो हमने एक प्रकारसे छोड़ ही दिया है। इससे दो-एक सहायक क्रियाओंकी जहाँ हमें सैकड़ों बार पुनरुक्ति करनी पड़ती है, वहाँ वाक्यमें शब्द भी बढ़ जाते हैं। संस्कृत, पालीमें "चलति" (चलता है) होता है। इसी प्रकार बोलियोंमें

भी "चलइ" रूप होता है। क्यो न हम भी "एकाक्षरलाघवेन वैयाकरणाः पुत्रोत्सवं मन्यन्ते" (एक अक्षर कम हो जानेसे वैयाकरणोंको पुत्रके जन्म होने जैसी खुशी होती है) के अनुसार मूल धातुसे बने हुए क्रिया-रूपोंका अधिक प्रयोग करे। व्रजभाषामें तो ऐसे प्रयोगोका बाहुल्य है। उदाहरण स्वरूप पं० श्रीधर पाठक का निम्नलिखित पद देखें :—

"प्रकृति यहाँ एकान्त बैठि निज रूप सँवारति।
पलपल पलटति भेस छनिक छवि छिन-छिन धारति।"

(काश्मीर-सुषमा)

सहायक क्रिया "है" को संस्कृत ही नहीं, रूसी आदि कितनी ही और भाषाओंमे भी छोड़ देते हैं। "एष भ्राता" (संस्कृत) "एतद् ब्रात्" (रूसी—यह भ्राता) कहने से "है" का बोध अपने आप हो जाता है। दकनामें भी "अपने गाँवमे किते घराँ" से "कितने घर हैं" का बोध हो जाता है। "है" की पुनरुक्ति कभी-कभी खटकने लगती है। बड़ी प्रसन्नताकी बात है कि हमारे सम्भ्रान्त लेखक और कविगण इसे छोड़ने लगे हैं। 'पन्त' तथा 'निराला' की कविताओंमें इस प्रकारके प्रयोग तथा उदाहरण बहुत मिलते है।

(६) शब्दोंके लिङ्ग—हिन्दीमे शब्दोके लिङ्गका भी झगड़ा है। और यह झगड़ा अपने ही शब्दों तक सीमित न हो उधार लिये हुये शब्दोंमे भी आता है। "ट्रेन गई" "गवनमेन्ट टूट गई", "स्टेशन, इंजन चले गये" बोला जाता है। यहाँ मैं सर्वथा लिङ्ग-भेद मिटानेकी सिफ़ारिश तो नहीं करूँगा, लेकिन जिन शब्दोंके वाच्य वास्तवमे लिङ्ग-भेद नहीं रखते, उनके लिये हलन्त तथा दूसरे स्वर वाले शब्द पुल्लिङ्ग समझे जायें। शब्दान्तके स्वर 'आ' (टाप्) 'ई' (ङीप्) से स्त्री-लिङ्गका नियम यदि बन जायें, तो बहुत सुभीता हो जाय; ट्रेन तथा गवनमेन्टको स्त्री लिङ्ग करते हुए हमारे दिमागमें 'गाड़ी' और 'सरकार आलिया' का ख्याल घूमता रहता है। हर्षका विषय है कि हिन्दी-साहित्य-सम्मेलनके प्रधान-स्तंभ बाबू पुरुषोत्तमदास टंडन इस ओर प्रयत्न कर रहे हैं। ग़ालिबके समय भी यह लिङ्ग-भेदका झगड़ा एक बला हो गई थी—

"गुलशन् बाज़के नजदीक मुअन्नस् (स्त्रीलिङ्ग) और बाज़के नज़दीक मुज़क्कर (पु० लि०) हैं। 'क़लम', 'दही', 'ख़लअ़त', इनका भी यही हाल है, कोई मुअन्नस् कोई मुज़क्कर बोलता है। मेरे नजदीक 'दही'

और खिलअत मुज़क्कर हैं, और 'कुलम' मुश्तरक (उभयलिङ्गी) चाहो मुज़क्कर कहो, चाहो मुअन्नस्।"

(उर्दूये-मुअल्ला, हिस्सा दोयम् पृष्ठ ४२)

(७) स्वर्णिम, 'स्वप्निल' जैसे भावपूर्ण शब्दों—जिनके सदृश प्रयोग संस्कृत तथा बोलियों तकमें पाए जाते हैं—के प्रयोगके लिये हमें 'पन्त' और 'निराला' का कृतज्ञ होना चाहिए। हमारी भाषामें कोमलता तथा लोच लानेके लिये ऐसे शब्दोंकी बड़ी आवश्यकता है। आजसे तीस वर्ष पहले इन्हीं शब्दोंका अभाव ही कारण था, जिससे कि लोग समझ रहे थे, कि खड़ी बोलीमें सुन्दर कविता हो ही नहीं सकती। अब तो हमारी भाषा वहाँ पहुँच गई है, जहाँकि ब्रजभाषाकी नवनिर्मित घनाक्षरी और सैवैया फीकी मालूम होने लगी हैं।

(उच्चारण)—

(१) हम दूसरी वर्णमालाओं पर आक्षेप करते हैं, कि उनमें एक उच्चारणके लिये अनेक वर्ण और अनेक उच्चारणके लिए एक वर्ण हैं। हमारी वर्णमालामें भी ऐसे दोष पाये जाते हैं, जैसे 'ऋषि' का हमारा उच्चारण 'रिशि' होता है, तो भी लिखनेमें हम "ऋ" और "ष" दोनोंको चिपटाए हुए हैं। पश्चिमी हिन्दीकी बोलियोंमें 'ष' का उच्चारण 'श' होता है, और उसीको हमने सर्वत्र स्वीकार किया है। मध्य-हिन्दी (अवधी) और पूर्वी-हिन्दी (भोजपुरी, मैथिली और मगही) में किसी वक्त 'ष' का उच्चारण 'ख' होता था; लेकिन अब वहाँके हिन्दी भाषा-भाषी भी 'श' को ही स्वीकार कर चुके हैं। पश्तो भाषामें अब भी पश्तो और पख़्तो दोनों उच्चारण मौजूद हैं, इसीलिये वहाँ "ष" को (शीनके ऊपरकी तरह नीचे भी तीन बिन्दु देकर) वर्णमालामें रखना पड़ा है। आजकी हिन्दीमें तो उसकी कोई आवश्यकता नहीं।

(२) 'पञ्च', 'घण्टा' में हमारा उच्चारण 'पञ्च', घण्टा' नहीं होता। हम यहाँ सीधा 'न' का उच्चारण करते हैं, फिर ऐसे सन्धिप्रयोगोंकी हिन्दीमें क्यों स्थान दिया जाय और क्यों अनुस्वारका पररूप किया जाय? वस्तुतः अनुस्वार च, ट, त वर्गीय वर्णोंके आरम्भमें 'न' का उच्चारण देता है; और सिर्फ कवर्ग, पवर्गमें ही उसका पररूप होता है।

(३) शुद्ध उच्चारणके लिये अतिरिक्त चिह्नोंकी आवश्यकता होती है। यह ज़रूरी नहीं है, कि लिखनेमें इन चिन्होंका अनिवार्य रूपमें प्रयोग किया

जाय ; लेकिन छापेमें तो इनका प्रयोग ज़रूर होना चाहिये। 'गुण' 'कणिका' का उच्चारण 'गुॅण', 'कॅणिका' है। इसी तरह बहुतसे शब्दों में अनुनासिक और अनुस्वारके भेद करने की आवश्यकता है। हमारी लिपि की पूर्णताके लिये छापेमे इनका ध्यान रखना चाहिये।

(४) उच्चारणके अनुसार लिखनेमें हिन्दीमें हलन्त वर्णोंका बहुत अधिक प्रयोग करना पड़ेगा ; क्योंकि हमारे यहाँ हर दो-दो तीन-तीन व्यञ्जनो पर सिर्फ़ एक स्वर उच्चरित होता है। करनाको उच्चारण करते वक्त हम कर्ना बोलते हैं। यदि स्वरपात (Syllable)को शुद्धतासे लिखे, तो प्रत्येक शब्दमें दो एक हलन्त चिह्नोंकी आवश्यकता होगी। लिखनेमें तो खैर हम इस जहमतको नही उठा सकते ; लेकिन छापनेमें हम इसके लिये न्यायतः बाध्य हैं ; तो भी वर्तमान स्थितिमें इस नियमकी हम उपेक्षा कर सकते हैं—जहाँ तक हमारे शब्द-कोषमें देशी शब्दोंका सम्बन्ध है। किन्तु विदेशी शब्दों—विशेषकर वे शब्द जो कि अपरिचित या अल्प-परिचित हैं—के तत्सम रूपमें हमें इसका ख़्याल ज़रूर रखना चाहिये। विदेशी वैयक्तिक और भौगोलिक नामोंमें इसके कारण बहुत गड़बड़ी हो सकती है, वहाँ हमें अकारान्त और हलन्त वर्णोंका ध्यान अवश्य रखना चाहिये।

(५) उच्चारणके लिये अक्षरोंमें बिन्दुओंका प्रयोग आवश्यक है, विशेषकर विदेशी तत्सम शब्दोंके लिये, लेकिन कभी-कभी बिन्दीका प्रयोग हम अनावश्यक भी करने लगते हैं। यदि किसी उच्चारणके लिये हमें स्वतंत्र वर्ण मिलता हो, तो बिन्दीका प्रयोग हमें नहीं करना चाहिये। उदाहरणस्वरूप 'लड़का' लिखते समय हम 'ड' के नीचे बिन्दी लगाकर काम निकालते हैं ; किन्तु उसी उच्चारणके लिये हमारे यहाँ 'ळ' मुँह बन्द ल मौजूद है। वैदिक संस्कृत, पाली और मराठीमें इसका अबतक प्रयोग होता है। हम क्यों न इसका प्रयोग हिन्दीमें भी करें।

५—लिपिसुधार

लिखने और छापनेके अक्षरोंमें सभी देशोंमें भेद हो गया है ; और यह अनिवार्य भी है। हाथसे लिखते वक्त हमारा ध्यान सबसे ज़्यादा जल्दीकी ओर होता है। हिन्दीमें इसका प्रभाव प्रत्यक्ष दीखने लगा है। बहुतसे लेखक शिरोरेखाको छोड़ मुड़िया लिखते हैं, और बहुतसे वर्णोंको मिलाकर लिखते जाते हैं। ऐसे लिखनेमे हमें आपत्ति न होनी चाहिये। हमारी लिपि जिस वक्त बनी थी, उस वक्त यह ख़्याल न था कि एक दिन सीसेके टाइप बनेंगे।

हाथके कम्पोज़ करनेके टाइप ही नहीं, मशीनसे कम्पोज़ होनेवाले मोनोटाइप, लाइनोटाइप और टाइपराइटर मौजूद होंगे। इनके कारण आज हमारे सामने नई समस्याएँ उपस्थित हुई हैं। छापेके सुभीतेके लिये अपनी लिपिमें सुधार करते वक्त उसके सौन्दर्यका ख्याल रखना अत्यावश्यक है। नागरी लिपि इतनी सुन्दर है, कि दुनियाकी बहुत कम लिपियाँ उसका मुक़ाबला कर सकती हैं। भारतमें तो उसके टक्करकी कोई लिपि है ही नहीं, इसलिये कोई सुधार करते वक्त हमें अपनी लिपिके सौन्दर्य-रक्षाका ध्यान अच्छी तरह रखना होगा। छापेमें बड़ी आसानी हो जाय, यदि हम संयुक्त अक्षरोंका काम हलन्त वर्णोंसे लें, और अन्य स्वरोंका काम 'अ' पर मात्रा देकर। इन सुधारोंको अपनानेसे छापेके टाइप और टाइपराइटर दोनोंके ख्यालसे नागरी वर्णमाला संसारकी सभी वर्णमालाओंसे सुगम और संक्षिप्त हो जायगी। उदाहरणार्थ छापाख़ानेमें अंग्रेज़ीके लिये १४७ टाइपोंकी आवश्यकता होती है; और आजकल नागरीके लिये उससे भी अधिक ४८६ की। उक्त सुधारसे हिंदीमें संख्या १०४ रह जायगी:

(क) अंग्रेज़ी टाइप (संख्या १४७)—

A	B	C	D	E	F	G	A	B	C	D	E	F	G
H	I	K	L	M	N	O	H	I	K	L	M	N	O
P	Q	R	S	T	V	W	P	Q	R	S	T	V	W
X	Y	Z	Æ	Œ	U	J	x	Y	Z	Æ	Œ	U	J
1	2	3	4	5	6	7		¼	⅔	¾	☞	¶	‡
8	9	0	@	℔	℈	£	–	2{	3{	4{	$	‖	†
⌐	‿	¬	Rs			k	1	2	3	4	/	§	*

&	]	æ œ	( )		Mid. Sp	' !	?	;	..	ﬂ
ﬄ	b	c	d	e	i	s	f	g	...	ﬀ
ﬃ									..	ﬁ
Thin spac. / Hafr spac.	l	m	n	h	o	y p	,	w	En Quadrats.	Em Quadrats.
z / x	v	u	t	Thick Space	a	r	q / .	: / -	Quadrats	

(ख) वर्तमान हिन्दी-टाइप (कलकतिया, संख्या ४८६)
अपर केस (संख्या १२८)

कु	कू	ॐ	कै	खु	खू	खे	खै	धु	धू	धे	धै	नु	नू	नृ	नै
गु	गू	गे	गै	घु	घू	घे	घै	पु	पू	पे	पै	फु	फू	फे	फै
चु	चू	चे	चै	छु	छू	छे	छै	बु	बू	बे	बै	भु	भू	भे	भै
जु	जू	जे	जै	झु	झू	झे	झै	मु	मू	र्मो	मै	यु	यू	ों यं	यै
टु	टू	टे	टै	ठु	ठू	ठे	ठै	रु	रू	रे	रै	लु	लू	ले	लै
डु	डू	डे	डै	ढु	ढू	ढे	ढै	वु	वू	वे	वै	शु	शू	शे	शै
णु	णू	णे	णै	तु	तू	ते	तै	षु	षू	षे	षै	सु	सू	से	सै
थु	थू	थे	थै	दु	दू	दे	दै	हु	हू	हे	है	ञु	ञू	ञे	ञै

लोअर केस (संख्या ७१)

<table>
<tr><td>ख</td><td>थ</td><td>च</td><td>छ</td><td>ज</td><td>झ</td><td>ि</td><td>ं</td><td>ट</td><td>ठ</td><td>ड</td><td>ढ</td><td>श</td><td>ष</td><td>फ</td><td>भ</td></tr>
<tr><td>उ</td><td>ग</td><td>ए</td><td>ने</td><td>·</td><td>:</td><td colspan="2" rowspan="3">ा</td><td colspan="2">में</td><td>मैं</td><td>है</td><td>॰</td><td>॰</td><td>ो</td><td>ौ</td></tr>
<tr><td>ऊ</td><td rowspan="2">ब</td><td colspan="2" rowspan="2">क</td><td colspan="2" rowspan="2">द</td><td colspan="2" rowspan="2">मे</td><td rowspan="2">श</td><td rowspan="2">ष</td><td rowspan="2">ि</td><td rowspan="2">ी</td><td>ो</td><td>ौ</td></tr>
<tr><td>इ</td><td>ो</td><td>ी</td></tr>
<tr><td>ई</td><td rowspan="2">ल</td><td colspan="2" rowspan="2">म</td><td colspan="2" rowspan="2">न</td><td colspan="2" rowspan="2">है</td><td rowspan="2">से</td><td rowspan="2">के</td><td rowspan="2">ये</td><td rowspan="2">प</td><td rowspan="2">ह</td><td rowspan="2">स</td><td rowspan="2">एन काड</td><td rowspan="2">एम काड</td></tr>
<tr><td>ऋ</td></tr>
<tr><td>ह्न</td><td rowspan="2">व</td><td colspan="2" rowspan="2">य</td><td colspan="2" rowspan="2">त</td><td colspan="2" rowspan="2">थिक स्पेस</td><td colspan="2" rowspan="2">श्र</td><td colspan="2" rowspan="2">र</td><td>श्र</td><td>।</td><td colspan="2" rowspan="2">काड</td></tr>
<tr><td>आ</td><td>ऽ</td><td>।</td></tr>
</table>

दाहिना केस (संख्या १२४)।

क़्	फ़्	ञ्र	ङ	घ	ग	ख	क	[illegible]	[illegible]	ञ्ञ	ञ्च	ड्डं	ङ्ग	ङ्ख	ङ्क
[illegible]	[illegible]	घृ	ञ	झ	ज	छ	च	इ	उ	ऊ	ए	ल्य	ड्य	ठ्य	ट्य
ध्र	ध्र	घृ	ण	ढ	ड	ठ	ट	[illegible]	[illegible]	[illegible]	[illegible]	ॡ	ऌ	ॠ	ऋ
ह्ल	ह्व	ह्न	न	ध	द	थ	त	[illegible]	[illegible]	[illegible]	[illegible]	ढ़े	ढ़	ड़े	ड़
ह्म	ह्य	ह्व	म	भ	ब	फ	प	[illegible]	[illegible]	[illegible]	[illegible]	मृ	नृ	दृ	तृ
ह	स	ष	श	व	ल	र	य	,	’	;	‘	!	?	`	॰
[illegible]	[illegible]	[illegible]	[illegible]	[illegible]	[illegible]	[illegible]	[illegible]	१	२	३	४	५	६	७	८
-	=	≡	)	(	.ऽ	–	—	९	०	।	॥	)	[]	.	...

ग

बायाँ केस (संख्या १५२)

क्र	ख्र	ग्र	घ्र	द्र	प्र	श्र	स्र	क्रृ	ख्ृ	गृ	तृ	हृ	पृ	शृ	सृ
क् क्य	ख् ख्य	ग् ग्य	ज् ज्य	त् त्य	ष् ष्य	द्य	ड् ड्य	न् न्य	प् प्य	ब् ब्य	ठ् ठ्य	ल् ल्य	श्य	स्य	भ् भ्य
क्क	च् च्च	ज् ज्ज	ट्ट	ड्ड	त् त्त	द्द	ञ / त्र	प्प	ब्ब	ब्व	म्म	ट् ख्य	ल्ल	ब्ध	ष्ण
क्व	ख्व	ग्व	ज्व	त्व	द्व	द्ध		क्त	बृ	वृ	भृ	म्र	भ्र	ए ण्ड	ण्य
क़	ख़	ग़	ज़	फ़	स्व	श्व	ज्ञ	क्ख	क्न	क्ल	ग्न	च्छ	ठ	ञ	ह्म
न्द	न्त	त्प	न्म	त्थ	द्ध	स्स	म् म्ब	न् न्थ	म्प	न्ह	त्म	त्त	प्र	ह्न	न्न
ब्द	त्त	मृ	ङ्ग	म्ब	म्भ	म्ह	ठ् ठ्य	स्तु	ल् ल्क	ल्द	ल्प	ह्म	श्व	ह्ल	म्म
श्न	श्ल	ष्ट	ष्ठ	ष्ट्र	ष्ट्व	ट्र	श् श्य	स् स्त	स्थ	र्न	स्म	॰ य	द्	॰	इ

सुधरा हिन्दी-टाइप—(संख्या ८८)

अ	ा	ि	ी	ु	ृ	े	ै	ो	ौ	ं
ः	˘	ुं	ूं	ुँ	ूँ	˜	ॄ	ॢ	—	=
≡	ʼ	ʃ	ऽ	-	—	(	)	[	]	!
क	ख	ग	घ	ङ	च	छ	ज	झ	ञ	,
ट	ठ	ड	ढ	ण	त	थ	द	ध	न	’
प	फ	ब	भ	म	य	र	ल	व	श	स
˘	;	-	।	ळ	ह	ष	॰	✻	×	+
१	२	३	४	५	६	७	८	९	०	…

६—स्थानीय भाषायें

हिमालयसे सतपुड़ा और अम्बालासे पूर्णियाँ तक फैला-हुआ प्रदेश हिन्दी प्रान्त है। यहाँकी साहित्यिक भाषा हिन्दी है। उर्दूवालोंके दुराग्रहसे अरबी शब्दोंकी भरमार और लिपिके कारण यद्यपि हिन्दीने उर्दूका रूप धारण करके एक बड़ी समस्या उपस्थित कर दी है; लेकिन सौभाग्यसे यह समस्या निर्भर करती है धर्म पर; जो कि अब संसारमें अन्तिम दम तोड़नेकी अवस्थामें पहुँच गया है। साहित्यिक हिन्दीके प्रचारका मतलब यह नहीं कि इस विशाल हिन्दी-प्रान्तके करोड़ों स्त्री-पुरुषोंमें साहित्यिक हिन्दीके अतिरिक्त कोई दूसरी बोली बोली ही नहीं जाती; बल्कि अम्बाला कमिश्नरीमें हरियानी, राजपूतानामें मारवाड़ी-मेवाड़ी, युक्त-प्रान्तमें कौरवी (बुलन्दशहर, मेरठ, मुजफ्फरनगर, सहारनपुर, देहरादून जिलोंकी बोली); व्रजभाषा, बुन्देलखण्डी, अवधी, बनारसी (काशिका), भोजपुरी (मल्ली); बिहारमें भोजपुरी, मैथिली, मगही और मध्यप्रान्तमें छत्तीसगढ़ी, बघेलखण्डी, नीमाडी और मालवी बोलियाँ। इन बोलियोंका होना हमारी हिन्दीके लिये संकटकी चीज़ नहीं है। दुनियाकी सभी भाषाओंमें

अनेक स्थानीय भाषाएँ पाई जाती हैं। बँगलामें पूर्वी पश्चिमी बंग-भाषाओंका ही भेद नहीं है; बल्कि चट्टग्रामी-भाषा तो साहित्यिक बँगलासे इतनी ज्यादा दूर है; जितनी कि हिन्दीसे मैथिली भी नहीं। हिंदीकी समृद्धि और सार्वजनिक प्रचार होना आवश्यक है। हिन्दी-भाषाभाषी प्रान्तोंकी साहित्य और संस्कृति-सम्बन्धी एकता आजकलकी नई कल्पना नहीं है। वह शताब्दियो पहिलेसे चली आ रही है। यद्यपि प्राकृतकालमें सौरसेनी और मागधीका भेद था, किन्तु वह भेद उतना ही था जितना कि पटना और गया जिलेकी मगहीका। शासक राजवंशोंकी भिन्नताके कारण कई टुकड़ोंमें बँटे होनेपर भी हमारी साहित्यिक और सांस्कृतिक एकता अक्षुण्ण रही। अब तो हमारे सामने शासकोंके वंशका प्रश्न भी नहीं है। यह आवश्यक है कि सभी हिन्दी-भाषा-भाषी प्रान्तो और रियासतोंको मिलाकर एक हिन्दी प्रान्त बना दिया जावे। यदि भाषाने हमें एकता प्रदान की है, तो हम क्यो अपने प्रान्तके इस विच्छेदको स्वीकार करें। इसे तो अंग्रेज़ोंने अपने सुभीतेके लिये बनाया था। एक ही प्रान्तमें सोलह करोड़ जनता जमा हो जायगी; इसलिये प्रबन्ध करनेमें दिक्कत होगी यह भी क्या कोई दलील है? शासनके सुभीतेके लिए जातिको खण्ड-खण्ड नहीं किया जा सकता। शासन जातिकी भलाईके लिए है, जाति शासनके सुभीतेके लिए नहीं। सोवियत्-संघमें ग्यारह स्वतन्त्र प्रजातन्त्र हैं। जिनमे अकेले रूसी-सोवियत्-संयुक्त-साम्यवादी-रिपब्लिक सारे क्षेत्रफलका $\frac{3}{4}$ अर्थात् सारे भारतवर्षके क्षेत्रफलका प्रायः ६ गुना; और जन संख्यामें भी सोवियत् जनसंख्या का $\frac{2}{3}$ है। वह पोलैन्डकी सीमासे कैनेडाके पास तक फैला हुआ है। उसी तरह हमें भी एक हिंदी प्रान्त बनाना चाहिए।

स्थानीय भाषाओंकी ओर हमें कुछ और अधिक सहानुभूति रखनेकी आवश्यकता है। हमारे हिंदीके व्याकरणमें 'ने' और 'को' संबंधी स्त्रीलिङ्ग और पुल्लिङ्गकी जो अधिकांश भूलें होती हैं; उसका कारण है स्थानीय भाषाओंकी अपनी विशेषता। उनकी इन विशेषताओंके प्रभावको स्वीकार करते हुए हमें अपने व्याकरणमें कितने ही संशोधनोंकी जरूरत है; इसके बारेमें मैं कुछ कह चुका हूँ। स्थानीय भाषाओंके साहित्यको भी उन्नत करनेकी ओर हमारा ध्यान जाना चाहिए, खासकर ऐसा साहित्य जिससे जनतामें जागृति हो और नवजीवनका संचार जल्दी आसानीसे किया जा सके। अभी कुछ वर्षों तक साधारण जनताके अन्तस्तल तक स्वल्प प्रयाससे हमे अपने विचारों को पहुँचाना है। इसमे स्थानीय भाषाओंका सहारा हमें अवश्य लेना

पड़ेगा। जिन लोगोंको स्थानीय भाषाओंमें साधारण जनताके सामने भाषण देनेका अनुभव है; वे जानते हैं कि उनके वैसा करनेसे जनता कितनी आसानीसे उनके भाव समझ लेती है। स्थानीय भाषाओंमें काव्यों और नाटकोंको प्रोत्साहन देना चाहिए। साहित्यिक संरक्षकता न प्राप्त होनेसे ये कविताएँ भावपूर्ण, रसपूर्ण होने पर भी बाज़ वक्त साहित्यिक औचित्य और सुरुचिका अतिक्रमण करती हैं। साहित्यिक मर्यादा और सुरुचिकी रक्षा तभी हो सकती है, जब कि हम इन भाषाओंकी ओर अपना ध्यान दें। छपराका नाटककार भिखारी एक जन्मजात नाटककार है। उसके नाटकों और अभिनयोंमें मौलिकता है; लेकिन साहित्यिक मर्यादा और सुरुचिके कहीं-कहीं उल्लंघनके कारण उससे उतना काम नहीं हो सका; जितना कि होना चाहिए। भिखारी यदि सोवियत्‌के किसी भागमें पैदा हुआ होता, तो वह जनकलाकारके अत्यन्त सम्मानित पदसे भूषित होता; और उसकी कृतियाँ सोवियत्‌की अनेक भाषाओंमें अनुवादित हुई होती। बनारसके पास सारनाथमें सरजू कवि बनारसी भाषामें बहुत सुन्दर कविता करता है। हमारी उपेक्षासे ही ऐसे लाल धूल हीमें पड़े रह जाते हैं। हम उनकी प्रतिभाकी अवहेलना करते हैं; और दुनियामें प्रतिभाकी अवहेलनासे बढ़कर किसी जातिके लिए दूसरा महापाप नहीं हो सकता।

हमको डरना नहीं चाहिए, कि स्थानीय भाषाओंको प्रोत्साहन देनेसे हिंदीकी हानि होगी। हिंदीके लिए सारे प्रान्त और साहित्यिक कार्य, पदार्थ-विज्ञान, दर्शन, समाज-विज्ञान, इतिहास, भूगोल यात्रा, सैनिक-विज्ञान आदि स्थान सुरक्षित हैं।

उपसंहार

हिंदीभाषाके सर्वांशमें उन्नत होनेका समय आ गया है। भाषाकी उन्नतिका मतलब है, जातिकी उन्नति। हमारे प्रान्तमें साक्षरताका आन्दोलन चल रहा है। कुछ ही वर्षोंमें चन्द बूढ़ोंको छोड़कर हमें सबको साक्षर बनाना है। और फिर इस साक्षर जनताके सामने हमें उपयोगी साहित्य रखना है। कला-सम्बन्धी साहित्य ही नहीं, अब उनके लिये हमें कृषि-विज्ञान, ग्राम-उद्योग तथा दूसरे उपयोगी विषयके सुगम-सुगम ग्रन्थ तैयार करने हैं। विदेशी भाषाओंमें इन विषयोंके हज़ारों ग्रन्थ बन चुके हैं, लेकिन हिन्दीमें ग्रामीण और किसान जनताके लिए उपयोगी ग्रन्थोंकी बहुत कमी है। मधुमक्खी पालना, रेशमके कीड़ोंका पोसना आदि कितने ही लाभदायक

छोटे-छोटे व्यवसाय हैं, जिनपर हमारी भाषामें ग्रन्थ नहीं हैं। हम हिन्दी साहित्यिकों का कर्त्तव्य है, कि इन कमियोंको शीघ्र पूरा करें।

हमारी जातिकी तरह हमारी भाषाका भी भविष्य उज्ज्वल है, इसमें जरा भी सन्देहकी गुंजायश नहीं। लेकिन इसके साथ ही साथ हमारा दायित्व बढ़ जाता है; और अपनी जिम्मेवारियोंके अनुसार हमें और योग्य बननेकी आवश्यकता है।*

---

*बिहार प्रांतीय साहित्य सम्मेलनके सभापति पदसे श्री राहुल सांकृत्यायनका भाषण। राहुल जीके विशेष आदेशसे यह भाषण नई, सुधरी हुई लिपिमें छपा था।

सारनमें*

हमारे प्रान्तमें हिन्दुस्तानीमें प्रकाशित पुस्तकों और पत्रोंने फिर हिन्दी प्रेमियोंके मनमें एक क्षोभ पैदा कर दिया है। मैंने पिछले वर्ष अपने रांची साहित्य-सम्मेलनके भाषणमें हिन्दी-उर्दूके झगड़ेपर काफी कहा था। उस वक्त मुझे पटनामें कुछ प्रामाणिक सज्जनोंने बताया, कि हम हिन्दी-उर्दूको तोड़-मरोड़कर एक नई भाषा नहीं बनाने जा रहे हैं; बल्कि हिन्दीकी नई पुस्तकोंमें दो-चार पाठ शुद्ध उर्दू के रखेंगे। मैंने समझा और सन्तोष किया, कि इससे न हिन्दी की हानि होगी और साथ ही दोनों भाषाओंके समझनेका मौका मिलेगा। लेकिन अब जो पाठ्य पुस्तकें प्रकाशित हुई हैं और हिन्दुस्तानी कमेटी और टेक्सबुक कमेटी धड़ाधड़ जिनपर अपनी स्वीकृति देती जा रही है, उसे देखकर किसी भी हिन्दीभाषा-भाषी राष्ट्रीयता-अभिमानीको क्षोभ और क्रोध आये बिना नहीं रहेगा।

आगे बढ़नेसे पहिले मैं अपनी स्थितिको साफ़ कर देना चाहता हूँ। मैं इस भाषाके प्रश्नको न हिन्दू-धर्मकी दृष्टिसे देखता हूँ, न हिन्दू-संस्कृतिकी दृष्टिसे। मैं समझता हूँ और दृढ़ विश्वासके साथ, कि अन्य धर्मों की तरह भारतमें हिन्दू और इस्लाम-धर्म भी एक दिन नाम शेष मात्र रह जायेंगे। लेकिन हमारी हिन्दी भाषा तब भी जीवित रहेगी; और आजसे बहुत अधिक उन्नत—संसारमें अपनी सख्याके अनुसार प्रतिष्ठाकी भागी—होके रहेगी। रूसमें आज रूसी सनातनी (ग्रीक चर्च)का ज़ोर नहीं है, ईसा और भगवानका नाम पिछले बाईस वर्षोंमें ही लोग भूलने लगे हैं। लेकिन रूसी भाषा इन बाईस वर्षोंमें काव्य और उपन्यासके ही क्षेत्रमें नहीं, बल्कि विज्ञानकी हरएक शाखामें, दुनियाकी अत्यन्त समृद्ध तीन-चार भाषाओंमें मानी जाती है; इसी तरह सोवियत-संघकी अरमनी, जार्जियन, मंगोल, ताजिक, आदि भाषायें भी धर्मके लोपान्मुख होने पर भी बहुत तेज़ीसे आगे बढ़ी है। ऐसी अवस्थामें भाषाके साथ—खासकर हिन्दीके पक्ष-समर्थनके वक़्—धर्मकी आड़ लेनेकी जरूरत नहीं।

---

*सारन हिन्दी-साहित्य-सम्मेलन (१६३८)के सभापतिका भाषण।

संस्कृतिका एक अपना स्वतंत्र अस्तित्व और व्यक्तित्व है। उसके लिए न धर्म अनिवार्य चीज़ है न पूँजीवाद पर आधारित आजकी सामाजिक व्यवस्था। संस्कृति, जातिके सहस्राब्दियोंके आन्तरिक और बाह्य अनुभवोंकी हमारे जातीय जीवनकी खमीर है। क्या वजह है कि एक हिन्दुस्तानी कट्टर मुसलमानको भी तुर्की, अरब और ईरानके संगीतको सुनकर, वह स्वाद नहीं आता जो कि भारतीय संगीतको सुनकर; उसे ईरान, और तुर्कीके दस्तरखानोंपर वह स्वाद नहीं आता जो कि भारतीय खाने से? इससे पता चलता है कि शताब्दियों और सहस्राब्दियोंमें जो स्वाद हमने सीखा है वह हमारे लिए एक प्रबल वस्तु है। भाषाके बारेमें भी सहस्राब्दियोंकी देन हमें मिली है। उस देनको हम सहसा इन्कार नहीं कर सकते। वह सम्भव और वांछनीय दोनों नहीं है। लेकिन आज हमारे प्रान्तके कुछ सज्जन इस महत्त्वपूर्ण बातको बहुत हल्की नज़रसे देखते हैं। उनकी दृष्टिमें अपने चिर-प्रचलित हज़ारों शब्दों और मुहावरों को छोड़कर उनके स्थान पर अरबीके शब्दों को करना जीवित भाषाकी पाचन शक्तिका द्योतक है।

मैं अपने एक पिछले भाषणमें कह चुका हूँ, कि किस तरह ईरान और तुर्कीमें हज़ारों वर्षसे घुल-मिल गये अरबीके शब्दोंको निकाल फेंकनेको, उन देशोंमें भाषाकी सजीवताका सूचक माना जाता है। मुझे विश्वास है कि यदि ईरानकी तरह सारा हिन्दुस्तान भी महमूद गज़नवी और महमूद गोरी के विजयोंके साथ मुसलमान हो गया होता, तो आज भाषाके क्षेत्रमें हमारे यहाँ भी वही प्रतिक्रिया हुई होती, जो ईरान और तुर्की में देखी जाती है। पिछले १५ सालोंमें जिस धर्राटेके साथ उर्दू वालोंने अपनी भाषाका दरवाज़ा अरबी शब्दोंके लिए खोल रखा है, उसे उपेक्षा नहीं राष्ट्रीय विश्वासघातका कार्य समझा जाता। और मामला यहीं तक खतम नहीं होता, बल्कि ईरानकी तरह आज हमारे यहाँके तारघरों और कचहरियोंमें भी नव नव दस-दस सौ वर्षोंसे हज़म हो गये हज़ारों निष्कासित शब्दोंकी जब सूचियाँ छपके टँगतीं और निष्कासित शब्दोंका व्यवहार करनेवाले तारों और आवेदनपत्रोंको लेने से इनकार कर दिया जाता। दूसरे देशोंमें जिसे दुर्राष्ट्रीयता समझी जाती है, उसीको राष्ट्रीयताके नामपर हमारे मत्थे मढ़ा जाता है, मानो औचित्य और अनौचित्य का भारतके लिए अलग मान होना चाहिये।

जिस वक्त हमारे राष्ट्रीय नेता भाषाके प्रश्नपर विचार करते हैं, उस वक्त उनके सामने केवल एक ही बात विकराल पिशाच बनकर खड़ी रहती है, कि कैसे मुसलमानों को सन्तुष्ट किया जाये। आज २०-२२ वर्षोंसे हमारे

में नेता जी—जानसे इसके लिए कोशिश कर रहे हैं, मगर "मर्ज़ बढ़ता गया ज्यों-ज्यों दवा की"। इधर १६३६के अन्तमें भी उनका मनोरथ पूर्ण होते देखा नहीं जाता। रोगके असली निदानको न देखनेपर यही परिणाम होता है। राष्ट्रीय एकता हमारे लिये अत्यन्त आवश्यक चीज़ है, लेकिन राष्ट्रीय एकताका सबसे अधिक सहायक है जातियों और सम्प्रदायों-का लोप करना। हमारेमें नेता लोग भीगी बिल्ली बन जाते हैं ये, जब कहा जाता है कि एकताके लिए रोटी-बेटीका एक होना ज़रूरी है। भाषाके सम्बन्ध-में लम्बे-लम्बे फतवा देने वाले महापुरुषोंको हिन्दू-मुस्लिम एकताके इस ठोस उपायके प्रयोगकी हिम्मत कहाँ होगी? वे तो ब्राह्मण-राजपूत, कायस्थ या भूमीहारकी रोटी-बेटीके लिए तैयार नहीं है; हालांकि देख रहे हैं कि हमारे प्रान्तके राजनैतिक जीवनकी जघन्य गन्दगियाँ तीन-चौथाई नष्ट हो जाये, अगर हमारे नेता अपनी सन्तानोंका ब्याह जात-पाँत तोड़कर कर लें। यहाँ वे अपनी-अपनी बिरादरियोंके भयके मारे काँपते हैं। हिन्दी भाषाको उन्होंने अनाथा, बेयारो मददगार समझा है, इसीलिये उनकी कलम और ज़बान इधर बेरोक-टोक चल जाती है।

मुझे राँची और पटनामें कुछ हिन्दी-भाषी तथा हिन्दी-प्रेमी ईसाई तरुणों और वृद्धोंसे मिलनेका मौका मिला था। उनकी दृष्टि पर अन्तर्राष्ट्रीयता-का प्रभाव है, इसलिए राष्ट्रीयता और भाषाके सम्बन्धमें वे वही मान वही कसौटी रखते हैं, जो कि यूरोप और एसियाके भिन्न-भिन्न देशोंमें माना जाता है। कोई समय था, जब हमारे देशके ईसाई गृहस्थ तथा धर्म-प्रचारक, राष्ट्रीयताकी भाँति हमारी भाषा और साहित्यसे भी उपेक्षा—और कभी-कभी विरोधका भाव रखते थे; लेकिन राष्ट्रीयता-विमुख धर्म-की क्या गति होती है, इसे उन्होंने चीन और दूसरे मुल्कोंमें अच्छी तरह देखा और तबसे वे देशके साहित्य और राष्ट्रीयतामें हर तरहसे योग देना अपना अनिवार्य कर्त्तव्य समझते हैं। हिन्दी भाषा-भाषी बहुत कम इस बातकी ओर ध्यान देना चाहते हैं, कि हिन्दी भाषा और साहित्यके प्रति स्नेह और सम्मान, आत्मीयता और भावुकता रखने वाले लाखों अहिन्दू भी हैं; जो कि साम्प्रदायिक मुसलमानोंकी तरह दुर्राष्ट्रीयताके गहरे गढ़ेमें नहीं गिरे हुये हैं। मेरे पटना और राँचीके ईसाई तरुण और वृद्ध मित्र कह रहे थे, कि हिन्दू राष्ट्रीय नेता साम्प्रदायिक मुसलमानोंको खुश करनेके लिए 'हिन्दुस्तानी'के रूपमें, भाषा-सम्बन्धी रिश्वतको देना

भले ही पसन्द करते हों, पर हम तो इसे शुद्ध राष्ट्रीय और साहित्यिक दृष्टि से ही देख सकते हैं।

मुश्किल तो यह है, कि हमारे प्रान्तके नेता साठ-साठ सत्तर-सत्तर सालके युक्त प्रान्तके तजुर्बेसे लाभ उठाना नहीं चाहते। राजा शिवप्रसादने कोशिश की थी, कि विदेशी शब्दोंसे भरी उर्दू भाषा नागरी-लिपिमें लिखकर गद्य-साहित्यसे बहुत कुछ वंचित उस समयके हिन्दी साहित्य के मत्थे मढ़ी जाय। उस समय जनताकी कोई पूँछताछ नहीं थी, सरकार अपने शिक्षा-विभागके एक बड़े अधिकारी राजा शिवप्रसादको हर तरहकी मदद देनेको तैयार थी—लेकिन तो भी वह भाषा चल न सकी। यह भी स्मरण रखना चाहिये, कि यह वह समय था जबकि आधुनिक हिन्दीके गद्य-पद्य साहित्यका भी अभी श्रीगणेश ही हुआ था। जब उस समय हिन्दीके नाम पर यह खोटा सिक्का चलाना सम्भव नहीं हुआ, तो आज जबकि पिछली आधी शताब्दीसे अधिककी हिन्दी साहित्यकी संचित महार्घ निधियाँ हमारे पास हैं, जबकि जनतामें जागृति है, और जनता अपने अधिकारको कुछ समझती और रखती है; ऐसे समय फिर इस उल्टी गंगाका बहाना क्या बुद्धिमानीकी बात समझी जायेगी ? १६०७के आसपास आजकी "हिन्दुस्तानी" की भाँति, लेकिन इससे कम विदेशी शब्दों वाले कामन-रीडर युक्तप्रान्तमें चलाये गये थे। वर्षोंके तजुर्बेके बाद और लाखों विद्यार्थियोंके करोड़ों अनमोल वर्षोंके बरबाद करनेके अनन्तर, यह पता लगा, कि इससे विद्यार्थियोंको न हिन्दी हीका पर्याप्त ज्ञान होता है न उर्दू हीका। और तब फिर हिन्दी और उर्दूके अलग-अलग पाठ्य-ग्रन्थ बनने लगे। हमारा प्रान्त फिरसे राजा शिवप्रसाद और कामन-रीडरके वर्षोंके असफल अनुभवोंको दुहराने जा रहा है और सो भी राष्ट्रीयताके नाम पर, और सबसे अत्यधिक संख्यामें पढ़ने वाले बिहारके विद्यार्थियोंके ऊपर।

हमारे कितने ही मित्र एक दो प्रकाशकों पर "हिन्दुस्तानी" पुस्तकोंके छापनेके लिए बहुत नाराज़ हुये हैं। चन्द्रबली पाण्डेने बिहारमें हिन्दुस्तानी पर लिखते हुये बेसमझे-बूझे बिहारी लेखकोंके प्रति एकाध शब्द लिख दिये, जिसे नहीं लिखना चाहिये था और नागरी प्रचारिणी सभा जैसी प्रामाणिक संस्थाको छापनेसे पहिले ऐसी पुस्तकको देख लेना जरूरी था। लेकिन हमारे यहाँके प्रकाशकके लिए तो "बिल्लीके भाग्यसे छींका ही टूट पड़ा।" उन्होंने "बिहार और हिन्दुस्तानी"के नामसे एक पोथी ही छाप मारी। उसमें प्रान्तीयताको उभारनेके लिए भरपूर कोशिश की गई है। पुस्तकके

प्रस्तुतकर्त्ताको अपनी थैलीसे मतलब है। उनके लिए प्रान्त और हिन्दी भाषा चूल्हे-भाड़में जाये। लेकिन इसमें हमें किसी एक आदमीको दोष देनेको जरूरत नहीं, सारी दुनियामें पूँजीवाद वैयक्तिक स्वार्थको देशके ऊपर रखता है। चैम्बरलेन साहेबको हम इसके लिए बराबर जली-कटी सुना रहे हैं। हमारे पुस्तक-प्रकाशक, पूँजीपति, इस दोषसे कैसे मुक्त हो सकते हैं ? युक्तप्रान्त एक हिटलरके नेतृत्वमें बिहारको मलियामेट करना चाहता है; इसलिए हमारे चेम्बरलेनने मातृभूमिके वास्ते मर-मिटनेके लिए अपील की है। चेम्बरलेनके भाई-बन्दोंके गोले-बारूदके कारखाने आज २४ घंटे धाँय-धाँय कर रहे हैं, और उनके पौबारह हैं। देशभक्तिकी देशभक्ति, और नफाका नफा। बहती गंगामें कौन न हाथ धोवेगा ? हमारे प्रकाशक-जीने इस प्रान्तकी दोहाईसे प्रान्त-भक्ति और अपनी पुस्तकोंका विज्ञापन दोनों होते देखा, तो फिर वे उससे क्यों बाज आने लगे ?

असल बात तो यह है, कि हमारे स्कूली पुस्तकोंके प्रकाशक —चाहे वे युक्त प्रान्तके हों या बिहारके, पंजाबके हों या मध्य, प्रान्तके—साहित्य-भक्तिके लिए प्रकाशनका रोजगार नहीं कर रहे हैं। वे रोजगार कर रहे हैं नफेके लिए। टेक्स्टबुक कमीटीयोंसे अपनी पुस्तक मञ्जूर करानेके लिए कैसे-कैसे "सुकर्म" किये जाते हैं, क्या इसे आप लोग नहीं जानते ? जब उन्होने देखा, कि हिन्दी भाषाके बिगाड़नेमें जितना ही हम एक दूसरे का कान काटेंगे, उतना ही नफेमे रहेंगे; तो वे फिर इस अखाड़ेमें क्यों न उतरते ? कौन चाहेगा कि उसकी पुस्तकको हिन्दुस्तानी कमिटी या टेक्स्टबुक कमिटी अस्वीकृत कर दे। आज इन प्रकाशकोंको मालूम हो जाय, कि टेक्स्टबुक कमिटी और हिन्दुस्तानी कमिटी शुद्ध पुस्तकोंको ही मञ्जूर करेंगी, तो ये दिनको रात ही नहीं बल्कि उसमें तारे भी खिला देंगे।

मेरे इस भाषणकी भाषासे मालूम होगा, कि मैं हिन्दीमें घुल-मिल गये अरबीके शब्दोको निकालनेका पक्षपाती नहीं हूँ; लेकिन, पाचन शक्तिकी दोहाई देकर हिन्दीके प्रचलित शब्दोको निकाल फेंकनेकी मनोवृत्तिको मैं कभी क्षम्य नहीं समझता। आप पाठशाला-प्रेस पटनाके छपे 'साहित्य-प्रमोद' (तीसरा धर्म)के (तीसरी श्रेणी अंतिम तृतीयांश)के पुराने संस्करणके आजके हिन्दुस्तानी युगके संस्करण (तीसरा दर्जा तीसरी तिहाई)से तुलना करें :—

पुराना संस्करण	नया संस्करण	
तीसरी श्रेणीके लिये	तीसरे दर्जेके लिये	(भीतरी आवरण)
बिना जिल्द	बगैर जिल्द	(„)
विषय-सूची	सबक़	(पृ० २)
बाल विनय	बच्चोंकी दुआ	(पृ० १)
महाराज	जनाब	(पृ० ५)
प्रेम	मुहब्बत	(पृ० ४)
जल-अन्न	आब-हवा (आबोदाना)	(पृ० १६)

यहाँ हिन्दी शब्दोंको हटाकर ये शब्द रखे गये हैं।

इसी पुस्तकमें पहले संस्करणमें छपी हिन्दी कविताओंको कैसे भोथे चाकूसे जबह किया गया है, इसे भी देखें—

विद्या मति बल हमको देकर—इल्म अकल ताकत हमको दो। (पृ० १)
नाथ हमारे दुःख भगाओ—तकलीफ़ों को दूर भगाओ। („)
तारे भी दीप दिखाते—तारे चिराग दिखलाते। (पृ० १५)
मन हरषाता है कैसा—.खुश हुई तबीयत कैसी। (पृ० १६)
जिससे हो उपकार देशका—हो मुल्ककी भलाई जिससे। (पृ० २)

अन्तिम उदाहरणको देखकर तो एक कहावत याद आती है। तेलीने जाटको चिढ़ानेके लिये कहा "जाटरे जाट तेरे सरपर खाट"। जाटने जवाब दिया "तेलीरे तेली तेरे सरपर कोल्हू"। कहा "तुक तो नहीं मिली"। "तुक नहीं मिली तो क्या, कोल्हूसे दबकर मरेगा तो सही"। हिन्दुस्तानी भाषा तैयार करनी है या हिन्दी कविताको देखना है।

इन्डियन प्रेसने हिन्दुस्तानीकी दौड़में बाजी मारनेके लिए (New Method Arithmetic for VIII & IX Classes) छापा है। उसकी हिन्दी-स्थानापन्न हिन्दुस्तानीकी बानगी लीजिए। "मगर इस बातका ख्याल रहे, कि जज़रमें दसवीं कसरकी अदद मुरब्बा अददसे गिनतीमें आधे हो, अगर जरूरत हो तो बायें तरफ नुक्ताके बाद सिफर रख दिये जायँ" (पृ०—१२२)।

पटनाकी बाल-शिक्षा-समिति अपनेको प्रतिद्वन्दियोंसे पीछे रखकर कैसे इहलोक-परलोकसे वञ्चित रहती! उसके भूगोलसे कुछ हिन्दुस्तानी शब्द सुनिये :—

भूगोल विद्या नहीं	—	इल्म जोगराफिया।
प्राकृतिक भूगोल नहीं	—	तब्बई (?) जोगराफिया।
पूर्वी गोलार्द्ध नहीं	—	पुर्वी निस्फ-.कुर्रा।
हिन्द महासागर नहीं	—	बहरे-आजम हिन्द।
दिशा नहीं	—	सिम्त।
द्वीप नहीं	—	जज़ीरा।
विषुवत्-रेखा नहीं	—	खती स्तवा।

अभी तो "इब्तदाये इश्क है"। "बिहारमें राष्ट्र-भाषाका श्रीगणेश" है। विश्वबन्दियों, देश पूज्यों, त्याग-वीरोंकी दोहाई देकर यह श्रीगणेश हुआ है। बेवकूफ हैं वे, जो *"रामचन्द्रजी बादशाह होंगे" "कल रामचन्द्रजी शाही तख़्तके दावादार होंगे (मालिक नहीं)" "रामचन्द्रजी इस मुल्कके बादशाह होंगे" देखकर तिलमिलाते हैं। उनको बिहारके भूतपूर्व अर्थ-मन्त्री बाबू अनुग्रहनारायणसिंहके इस फतवेको पढ़ना चाहिए† "उनमें बादशाह राम......आदि शब्दोंका व्यवहार किया गया है। मैंने कहीं भी उपरोक्त शब्दोंका व्यवहार—नहीं पाया।" मैं जो यहाँ सेवाघर झाकी लिखी 'श्रीरामचन्द्रजी' पुस्तकमें रामचन्द्रके साथ बादशाह शब्दको अपनी आँखों एक बार दो-दो जगह देख रहा हूँ, यह अनुग्रह के कथनानुसार साफ़ झूठ है या मेरी आँखो पर जादू कर दिया गया है। भले मानसोंके पास यदि सब बातको पूरी तरह देखनेका समय नहीं होता, तो इतनी जल्दी फतवा देने की क्या जरूरत थी?

बिहारमें जो हिन्दुस्तानी कमिटी यह सारा तूफान रच रही है, उसके सभापति हैं डा० राजेन्द्रप्रसाद। सदस्योंमें सच्चिदानन्द सिंह और डा० ताराचन्दको देखकर तो कोई आश्चर्य नहीं होता, लेकिन अफसोस यह है कि डा० राजेन्द्रप्रसाद और आचार्य बद्रीनाथ वर्मा वहाँ कर क्या रहे हैं? यदि उनके पास हिन्दुस्तानी कमिटीकी कार्रवाइयों और उसकी

---

*श्रीरामचन्द्रजी (पृ० ५-६) (Mahmud series for adults) edited by Ramlochan Saran, Pustak-Bhandar, Laharia Sarai, Patna.

†Search Light, Indian Nation तथा बिहारके दूसरे पत्रोंमें प्रकाशित उक्त पत्रके ब्लॉक से।

स्वीकृतियों और अस्वीकृतियोंको देखने तथा रोकनेके लिए पर्याप्त समय नहीं है, तो डा० बाबूराम सक्सेनाकी तरह उन्होंने भी क्यों नहीं इस्तीफा दे दिया !

भाइयो ! यह निश्चित है कि हम अपने हाथोंको हरिश्चन्द्र, और बालकृष्ण भट्ट, प्रेमचन्द और रायकृष्णदास, श्रीधर और मैथिलीशरण, प्रसाद और पन्त, महादेवी और सुभद्रादेवीके खूनसे नहीं रँगेंगे; पिछले ६० वर्षोंके हिंदीके इतिहास पर कोलतार नहीं पोतेंगे ।

साहित्यचर्चा

मातृ भाषाओंकी समस्या

श्री परमेश्वरीलाल गुप्त एक तरुण साहित्यिक हैं। उन्होंने अपने पड़ोसके एक अपढ़ कवि विश्रामकी कविताओं (बिरहों)पर एक लेख "विशाल भारत"में लिखा था। मैंने इस कविके बारेमें कुछ और जाननेके लिये उनके पास लिखा, जिसके उत्तरमें उन्होंने यह भी लिखा—"विश्रामके (न) पढ़े-लिखे होनेसे मेरा तात्पर्य अक्षर-ज्ञानसे था। इस प्रदेशमें विश्राम सरीखे न जाने कितने कवियोंने ऐसे बिरहे लिखे हैं, जो किसी भी महाकविकी रचनाओंसे टक्कर ले सकते हैं, पर वे सब अज्ञात और उपेक्षित हैं। इस विषयमें मैं थोड़ा प्रयत्न कर रहा हूँ। "शुकदूत", "दयाराम", "वन-जरवा", "चनैनी" सरीखे कुछ काव्य और महाकाव्योंका पता लगा है, जो बिरहियों-की जिह्वा पर हैं। उनका संकलन परिश्रम एवं व्ययसाध्य कार्य है। पर उसे तो शायद मैं कर लूँ, पर उनका प्रकाशन एक प्रश्न है। उपर्युक्त महाकाव्य—एक-एक—ढाई सौ, तीन सौ पृष्ठोंसे कमके न होंगे। भूमिका, व्याख्या आदि लेकर बहुत बड़े हो जायेंगे। उन्हें प्रकाशित कौन करेगा? वैसे छोटे-छोटे लेख तो मैं लिखूँगा ही; पर बिना उनके प्रकाशनके भोजपुरी अथवा काशिकाका साहित्यिक बन्ध्यात्व (?) कैसे दूर होगा। लोग इन भाषाओंको साहित्यकी दृष्टिसे निर्जीव समझते हैं। मैं आजकल इस ओर थोड़ा प्रयत्नशील हूँ।"

परमेश्वरी बाबूके इस पत्रने कई प्रश्न हमारे सामने रखे हैं। हिन्दी साहित्यके संबंधमें नहीं, मातृ-भाषाओंके साहित्यके बारेमें। काशिका (बनारस संपूर्ण तथा मिर्ज़ापुर, जौनपुर, आज़मगढ़के कितने ही भागोंमें बोली जानेवाली भाषा), भोजपुरी, अवधी, बुंदेलखंडी आदि भाषाओंको ग्रामीण भाषा कहना बतलाता है, कि लोग इनकी अहमियतको नहीं समझते। ग्रामीणका अर्थ है असभ्य, असंस्कृत, फूहड़ अथवा दयापात्र भिक्षुक भाषा। जिस वक्त सिर्फ अपनी ही भाषा बोल-समझ-सकनेवाले इन प्रान्तोंके किसी आदमीको देखते हैं, तो हमारे शिक्षितोंके मनमें यही

भाव पैदा होता है। हमारे कितने ही उत्साही साहित्यिकोंने कितने ही ग्रामीण गीतोंको बड़े उत्साहके साथ संग्रह किया, मगर इस भावसे प्रेरित होकर कि इन ग्रामीण असंस्कृत अनामिका कविताओंको नष्ट नहीं होने दें। यह वैसा ही है, जैसाकि पिछड़ी जंगली जातियोंके म्युजियम-निर्माणकी चाह रखनेवाले कितने ही मानवतत्त्व शास्त्री करते हैं। वह भूल जाते हैं, कि यह भाषायें मृत नहीं जीवित हैं। यह अधिकारच्युत हैं। शोषकोंको हटाकर आज जनताको अधिकार-प्राप्त हो जाने दीजिये, फिर देखिये कल ही यह भाषायें कितनी नागर, सभ्य और ललित दिखाई देने लगती हैं। जनताकी राजनीतिक परतंत्रताको जो लोग सनातन—त्रिकालव्यापी—मानते हैं, वह निराशावादी तथा म्युजियम-निर्माता छोड़ और कुछ नहीं हो सकते।

हमारी निराशावादिता समझती है, यह भाषायें मरने जा रही हैं, इसलिये जल्दी करनी चाहिये, और मूल कारणोंके बारेमें माथापच्ची न करके जो रतन चुन लिये जा सकें, उन्हें चुन लेना चाहिये। संग्रहके लिये जल्दी करना जरूरी है, सुस्ती किसी काममें नहीं होनी चाहिये; मगर यह ख्याल करके नहीं कि यह भाषायें मरने जा रही हैं। इन भाषाओंका समय आ रहा है। इनकी सहायताके बिना शत-प्रतिशत जनता दस-पाँच वर्षोंमें साक्षर-शिक्षित नहीं हो सकती। कोई स्वतंत्र समझदार जाति पराई भाषामें आजके ज्ञान-विज्ञानके प्राप्त करनेकी चेष्टा नहीं करेगी। माफ कीजिये यह कहनेके लिये, कि हिन्दी भी हममेंसे अधिकोंकी मातृभाषा नहीं, सीखी हुई भाषा है, और ऐसी सीखी कि चौदह वर्ष लगानेपर कितने ही बिहारी हिन्दीके व्याकरणपर अधिकार प्राप्त नहीं कर सकते। सोवियत् मध्य-एसियाने उज्बेकी, तुर्कमानी, ताजिकी, किर्गिजी आदि अपनी "ग्रामीण" मातृभाषाओंको साहित्यिक भाषा बना, अभूतपूर्व उन्नति करके हमारे लिये रास्ता दिखला दिया है।

हाँ, यहाँ "अखण्ड युक्त-प्रान्त", "अखंड बिहार"का सवाल उठाया जा सकता है। मगर उसे स्वीकार करनेका परिणाम?—कभी भी सारी जनताको स्वल्प समयमें शिक्षित न होने दिया जाये। परिणामतः अधिकांश लोग 'नागरिक' अधिकारसे वंचित, 'ग्रामीण' बने रहें, और दूसरे—जोंकें—उनके नामसे उनके ऊपर शासन करती रहें। एक भाषा-भाषी जनताका एक प्रान्त या प्रजातंत्र न बनने दिया जाये, जिसमें आन्तरिक

झगड़े बर्करार रहें। नहीं, यह हर्गिज़ नहीं होने जा रहा है; भारत और संसारका अबकी बार स्वतंत्र होना इन भाषाओंके लिये भी कुछ मतलब रखता है, और वह यही कि इनके स्वतंत्र अस्तित्वको स्वीकार किया जाय—मल्ली (भोजपुरी)-भाषाभाषी आरा-छपरा मोतीहारी-बलियाके सम्पूर्ण तथा गोरखपुर-आजमगढ़-गाजीपुर जिलोंके कितने ही भागोंको मिलाकर एक अलग मल्ल प्रजातंत्र क़ायम किया जाये; काशिका (बनारसी) भाषाभाषी बनारस-आदि ज़िलोंको मिलाकर काशी प्रजातंत्र कायम किया जाये। यदि इस तरहसे युक्त और न्याय्य इस योजनासे 'अखंड बिहार'का नारा टकराता है, तो वह झूठा नारा है, उससे बहु-संख्यक बिहारियोंका ही नहीं देशका भी कल्याण नहीं है, और ऐसे नारेको तिलांजलि देनी होगी।

फिर सवाल होता है, हिन्दीका। हिन्दीको हम अन्तर-प्रान्तीय भाषा मान सकते हैं, पर वह हमारी मातृभाषा नहीं है, और उसे कभी किसीभी मातृभाषाको मारकर पूतना बननेका अधिकार नहीं है। हिन्दी भाषाको शिक्षित होनेकी कसौटी बनाना ग़लत है। मातृभाषाओंके अधिकारको स्वीकार कर लेनेपर भी जनता-युगमें हिन्दीको क्षति बिल्कुल नहीं पहुँचेगी, उसके अनेक साहित्यिक तब भी दूसरे भाषाक्षेत्रोंमें पैदा होते रहेंगे। और क्षति तो तब हो, जब भारतकी एकता पर प्रहार हो।

गुप्तजीने ही अपने पत्रमें विश्राम जैसे कितने ही विस्मृत कवियोंका ख्याल करके बहुत खेद प्रकट किया है। मगर यहाँ यह समझनेकी गलती नहीं करनी चाहिये, कि इन विस्मृत कवियोंकी कवितायें अकारथ गईं। यदि उनकी कविता वास्तविक कविता रही, तो उसने अनेक हृदयोंको झंकृत किया होगा, जिसके ही परिणाम-स्वरूप नये विश्राम पैदा हुये और पैदा होते रहेंगे। हम आज पुस्तकोंके छप जानेके कारण समझ लेते है, कि अब यह कीर्ति चिरस्थायी हो गई। मगर जिस वक्त हम उन पुस्तकोंको भविष्यकी दस शताब्दियाँ पारकर देखनेकी कोशिश करते हैं, तो मालूम होता है; कि इनमें बहुतके नाम भी उस वक्त तक बाकी रह न जायेंगे। फिर पुराने विश्रामों हीके लिये इतनी चिन्ताकी आवश्यकता क्या ? जिस अनामिका कविता-स्रोतने विश्रामको पैदा किया, वह सूखा नहीं है। विश्राम जैसे कवियोंको पैदा करनेवाली भाषा बन्ध्या नहीं हो सकती।

गुप्तजीने संग्रहके छपानेकी दिक्कत पेश की। इसके लिये यही कहना होगा "सर्वेपदा हास्तिपदे निमग्नाः।" थैली और शोषणका राज्य ख़तम

कीजिये, और सारी दिक्कतें दूर हो जायेंगी। दागिस्तानके निरक्षर कवि सुलेमान स्ताल्कीको विश्वकवि कमकर-क्रान्तिने ही बनाया। यदि उसपर आशा और विश्वास नहीं है, तो डिस्ट्रिक्ट बोर्डोंको भस्म कर डालिये, यदि वह इन संग्रहोंके छपानेको अपनी शिक्षा-योजनामें शामिल नहीं करते।

मातृभाषाओंके उत्साही सेवकोंको मैं कहूँगा, वह अपनेको अनाथ न समझें। भविष्य उनके ही हाथमें है। संग्रहका काम बहुत मुश्किल है। संग्रह करके उसकी दो-दो प्रतियाँ आप लिख सकते हैं— प्रति तैयार करनेमें उस विषयके विशेष जानकारोंके सलाह-परामर्शसे भी फायदा उठा लें। एक प्रति डिस्ट्रिक्ट बोर्डके पास भेज दें कि इसे छपवाइये, नहीं छापे तो जल्दी मशालोंके जलूसका प्रबंध सारे भारतमें करना होगा, और डिस्ट्रिक्ट बोर्डोंको सुधारना या मारना होगा।

मातृ-भाषाओंका प्रश्न (१९४६)

मातृ-भाषाओंके बारेमें कहनेसे पहले हिन्दीके बारेमें हम अपनी स्थिति साफ़ कर देना चाहते हैं, क्योंकि इसको ही लेकर कितने भाई बेसमझे-बूझे तरह-तरहकी कल्पनायें उड़ाने लगते हैं। आजके युगने जहाँ भिन्न-भिन्न भाषा-भाषी जातियोंको आत्म-चेतना प्रदान की है; ज्ञानके प्रसारको बढ़ाया है;, वहाँ साथ ही साथ उन भिन्न भिन्न जातियोंको एक दूसरेके बिल्कुल निकट कर दिया। रेलों जहाज़ों-विमानोंने देशोंकी दूरियोंको शून्य सा बना दिया है, और आज भिन्न-भिन्न देशोंके प्रान्तोंके व्यक्ति उसी तरह एक दूसरेके पास आने, रहने का मौक़ा पाते हैं, जितना कि किसी वक्त पड़ोसी गाँवों और महल्लोंके लोग। आज कलकत्ता बम्बई-कानपुर-अहमदाबाद-जमशेदपुर-जमालपुर जैसे कल-कारखानों वाले शहरोंको देखनेसे मालूम होता है, कि किस तरह वहाँ भिन्न-भिन्न प्रान्तोंके मजूर-मजूरिनें एक जगह रह एक ग्रामके वासी बन गये हैं, जिसके कारण वह आपसमें सम्बन्ध स्थापित करनेके लिए एक सम्मिलित भाषाकी उपयोगिताको समझने ही नहीं लगे हैं, बल्कि वह सरल हिन्दीका इस्तेमाल भी करते हैं। आजके युगमें सम्मिलित भाषाकी उपयोगिताको न समझना वस्तुतः बड़े आश्चर्यकी बात होगी, इसीलिए हिन्दीके सम्मिलित साझेकी भाषा होनेसे हम इन्कार नहीं करते।

रोज़के आपसी वार्तालापकी तरह साहित्यिक दानादानके साधनके तौरपर भी भारतमें हिन्दीका एक बहुत ही महत्वपूर्ण स्थान है और रहेगा; इसे भी हमें मानना पड़ेगा। इसलिए हिन्दी साहित्यके प्रचार और विस्तारकी हम किसीसे कम कामना नहीं करते, बल्कि इस बातके तो हम और भी जबर्दस्त पक्षपाती हैं, यह कौरवी सम्बन्धी हमारे विचारोंसे मालूम होगा।

मातृ-भाषायें है

हम तो सिर्फ़ इतना ही चाहते हैं, कि लोग इस बातको स्वीकार करें कि मेरठ कमिश्नरी (कुरु-जनपद)के पौने चार ज़िलोंको छोड़कर बाकी लोगोंकी अपनी निजी मातृ-भाषाएँ हैं। यदि आप इस बात को मान लेते

हैं, तो आगेका काम बिल्कुल सरल हो जाता है। पांचाली (रुहेलखण्डी), ब्रज (शौरसेनी), बुन्देलखण्डी (दशार्णी), बघेलखण्डी (चेदिका), वात्सी (दक्षिण-अवधी), काशिका (बनारसी), मल्लिका (भोजपुरी) आदिमेंसे एक-एकके बोलनेवालोंकी संख्या लाखों नहीं करोड़-करोड़ तक पहुँचती है, और ये इन लोगोंकी मातृभाषायें हैं। मातृभाषाकी हमारी परिभाषा है, जिसके बोलनेमें अनपढ़से अनपढ़ आदमी और बच्चा तक भी व्याकरणकी ग़लती नहीं कर सके। आप बरसानेके पांच वर्षके बच्चेके सामने अपनी ब्रजभाषाको बोलें, बच्चेने व्याकरणका नाम भी नहीं सुना होगा, लेकिन यदि आप कहीं अशुद्ध बोलेंगे, तो वह तुरन्त हँस पड़ेगा। बच्चेने मांके दूधके साथ अपनी मातृ-भाषा और भाषाके साथ उसके व्याकरणको अप्रयास सीखा है। आप इन भाषाओंको हिन्दीसे अभिन्न नहीं कह सकते। यदि ऐसा होता तो अवधी, काशिका, मल्लिका आदि भाषायें बोलनेवाले मिडल तक ही नहीं बी०ए० तक पढ़कर भी व्याकरणकी भारी भूलें नही करते। मेरे इस कथनका सबूत ढूँढ़ना हो, तो मिडल तथा अपर तकके परीक्षार्थियोंकी प्रश्नोत्तर कापियाँ देख लें, अथवा स्वयं अपने रोज़के तजर्बेका ही इस्तेमाल करें। सहवास या मजबूरीसे मामूली बातोंको ग़लत-सलत समझ समझा लेनेको आप भाषाकी अभिज्ञता नहीं कह सकते।

मातृ-भाषाओंको उपयोगिता

मानव-जातिके आज तकके अर्जित तथा प्रतिदिन प्रतिक्षण बढ़ते विस्तृत ज्ञान-दर्शन, साइंस, राजनीति—के हम उत्तराधिकारी हैं और उस ज्ञानको प्राप्त करना तथा उसे काममें लाना हमारे जीवित रहनेके लिये सबसे ज़रूरी शर्त है। यह ज्ञान सदा भाषाके लिबासमें रहता है, भाषाके माध्यम द्वारा ही प्राप्त हो सकता है। प्रश्न है, क्या आप ज्ञानको बिना समय और श्रमके भारी व्ययके सिखलाना चाहते हैं? आप 'हाँ' कहेंगे। मगर आपकी 'हाँ' व्यर्थ है, जब तक कि आप अवधी, काशिका, मल्लिका भाषा-भाषियोंके सामने यह शर्त पेश करते हैं, कि पहले वे आठ वर्ष तक हिन्दीको सीखें, फिर उन्हें ज्ञान-मन्दिरमें प्रवेश करनेका अधिकार होगा। मुश्किल तो यह है, कि शहरके कुछ हिन्दी वाले तथा वर्षोंके परिश्रमके बाद हिन्दी बोलने वाले हमारे शिक्षित लोग गाँवके ग़रीबोंकी कठिनाइयोंको बिल्कुल ही ख्यालमें नहीं लाना चाहते।

मातृ-भाषाओंको ज्ञानका माध्यम बनानेमें शिक्षाकी प्रगति कितनी तेज़ीसे हो सकती है, इसका सुन्दर उदाहरण सोवियत-मध्य-एसियाकी तुर्कमान, उज़बेक, किर्गिज़, कज़ाक जातियाँ हैं, जो १६१७ ई०से पहिले शिक्षामें भारतीयोंसे भी अधिक पिछड़ी हुई थीं। ज़ारशाही दिलसे चाहती ही न थी, कि उनमें शिक्षा सार्वजनीन हो; इसलिये उसने अपने स्कूलोंमें रूसीको माध्यम रक्खा था। शिक्षित शहरी तरुण तुर्की (टर्कीकी साहित्यिक भाषा)-को शिक्षाका माध्यम बनाना चाहते थे, जो कि मध्य-एसियाकी इन जातियों-की मातृ-भाषाओंके समीप होते हुये भी उनकी मातृ-भाषा न थी। रूसीमें यदि ज्ञानके दानादानमें समर्थ होनेके लिए दस सालकी शर्त थी, तो तुर्कीमें आठ साल की। जब दोनों ही शत-प्रतिशत जनताको साक्षर ही नहीं शिक्षित देखनेके लिए उत्सुक नहीं थे, तो फिर उन्हें मातृ-भाषाओंकी ओर नज़र दौड़ानेकी ज़रूरत ही क्या थी? मगर जब १६१७ ई०की रूसी-जनक्रान्ति-के जनताको साक्षर शिक्षित करना ज़िन्दगी और मौतका सवाल हो गया, तो क्रान्तिके नायकोंका ध्यान जनताकी बोलियों—तुर्कमानी, उज़्बकी, किर्गिज़ी और कज़ाक़ीकी ओर गया। उस वक्त इन भाषाओंकी न कोई लिपि थी, न कोई लिखित साहित्य। इसके विपरीत रूसी और तुर्की साहित्य विशाल थे। मगर जनताके पथ-प्रदर्शक भली भाँति समझते थे, कि सारी जनताको रूसी या तुर्की भाषापर अधिकार करनेके लिए मजबूर करनेकी अपेक्षा यह कहीं अच्छा है, कि रूसी, तुर्की तथा दूसरी समुन्नत भाषाओंमें सुरक्षित ज्ञानको तुर्कमानी आदि भाषाओंमें उलथा करके जनताके सामने रक्खा जावे। उन्होंने ऐसा ही किया और आज पच्चीस वर्ष बाद मध्य-एसियाकी कैसी कायापलट हुई यह हमारे सामने है। जिस उज़्बकी भाषामें आजसे पच्चीस वर्ष पहले एक भी छपी पुस्तक न थी, आज वह ताशकंदके विश्वविद्यालयके भिन्न-भिन्न विषयवाले कालेजोंमें शिक्षाका माध्यम है। उसमें अनेकों दैनिक, साप्ताहिक और मासिक पत्र-पत्रिकायें निकलती हैं। हज़ारों-हज़ार पुस्तकें छपती हैं, कुछ ज़िद्दी बूढ़े-बूढ़ियोंको छोड़ वहाँ कोई निरक्षर ही नहीं, अशिक्षित भी नहीं है।

हम "मातृ-भाषा माईकी जै"के नामपर लोगोंको पागल नहीं बनाना चाहते, बल्कि जब हम विशाल जनताको चन्द सालोंमें साक्षर और शिक्षित करनेकी बात सोचते हैं, तो यह छोड़ "नान्यः पन्था विद्यतेऽयनाय" साफ़ मालूम होता है। यदि विदेशी साम्राज्य-वादियोंकी भाँति हम भी चन्द सेठों-बाबुओंको शिक्षित बना उन्हें शासक बनाना चाहते हैं और चाहते हैं कि

६० फी सदी जनता अशिक्षित रह अपने शासकोंकी मनमानीमें दख़ल न दे; तो मातृ-भाषा छोड़ दूसरी भाषाको शिक्षाका माध्यम बनानेकी शर्त बिल्कुल ठीक है; लेकिन यहाँ यह भी स्मरण रहना चाहिये, कि आजके कल-कारख़ानों के बारीक मशीनोंको शिक्षित मजूर ही चला सकते हैं, आजकलके पेचीदा हथियारोंको अशिक्षित सिपाही नहीं इस्तेमाल कर सकते।

पिंजरापोलकी गायें नहीं जीवित माध्यम

कितने ही लोग सोचते हैं कि इन ग्रामीण बोलियोंमें कितने ही सुन्दर गीत, कहानियाँ, मुहाविरे और शब्द पाये जाते हैं। इन बोलियोंके लिए मृत्युका वारण्ट कट चुका है, इसलिये इनमें उपलब्ध साहित्यिक तथा भाषा-तात्त्विक सामग्रीको जल्दी-जल्दी जमा कर लेना चाहिये। उनकी दृष्टि-में मातृ-भाषाओंका बस इतना ही मूल्य है, अथवा वे इतनी ही दयाकी पात्र हैं। मगर वे भारी भ्रममें हैं, जो मृत्युके वारण्टकी बात सोचते हैं। ब्रज-भाषाके लिए मृत्यु का वारण्ट कट चुका है! अवधी मरण-शय्यापर लेटी है! मैथिली सपना बनने जा रही है! जाकर पूछिये इन भाषाओंके बोलनेवाले करोड़-करोड़ नर-नारियोंको और सूर, तुलसी, विद्यापतिसे भी पूछिये। यदि सूर, तुलसी, विद्यापतिकी मुँह देखी करना चाहते हैं, तो क्या मल्लिका (भोजपुरी), बुन्देली, बघेलीको जीनेकी अनधिकारिणी समझते हैं? जाकर पूछिये तो सवा करोड़ मल्लों (भोजपुरियों)को और चेकोस्लावाकिया तथा बेल्जियम जैसी जन-संख्या रखनेवाले बुन्देलों और बघेलोंको। मनमाना मृत्युका वारण्ट निकालनेकी धृष्ठता न कीजिये यदि यह भाषायें, "बोलियाँ" अब तक नहीं मरीं, तो नज़दीक भविष्यमें वे नाम-शेष नहीं होने जा रही हैं। उनके तुलसियों, सूरों, विद्यापतियोंकी आपने अब तक क़दर नहीं की या भुला दिया, तो अब भी उनकी उर्वरता गई नहीं है। भविष्य उनके हाथमें है।

हम गीतों, कहानियों, मुहावरोंके जमा करनेके विरोधी नहीं, बल्कि ज़बर्दस्त समर्थक हैं। लेकिन उन्हें म्युज़ियमकी निर्जीव वस्तुओं अथवा पिंजरापोलकी अन्तिम घड़ियाँ गिन रही लूली लँगड़ी गायोंके रूपमें नहीं। हम उन्हें देखना चाहते हैं जनपदीय बोलीके रूपमें, यानी लोगोंमें बोली जाती, कचहरियोंमें लिखी जाती, प्राइमरी पाठशालाओंसे कालेजों, विश्व-विद्यालयों तक शिक्षाका माध्यम बनती—संक्षेपमें अपने घरमें अपनी मालकिन बनती। जनताकी भाषायें घरकी मालिक बननेपर ही जनता घर-की मालिक बन सकती है।

साहित्यका सवाल

मातृ-भाषाओके माध्यमकी बात करते ही झट लोग सवाल कर बैठते हैं: पाठ्य-पुस्तकें कहाँ हैं? जिन पुस्तकोंके पढ़ने, ख़रीदनेवाले लाखों विद्यार्थी हो, उनके तैयार होनेमे कितनी देर लगेगी?

लेखक—ले लीजिए लेखकोंकी बात। पन्त, इलाचन्द जोशी, हेमचन्द जोशी जैसे लेखकोंकी मातृ-भाषा पूर्वी पहाड़ीको लेखकोंकी दरिद्रता क्या? वही बात बनारसीदास चतुर्वेदी, हरिशङ्कर शर्मा, किशोरी-लाल गोस्वामीकी मातृ-भाषा व्रज, सियारामशरण, मैथिलीशरणकी मातृ-भाषा बुन्देली. निराला, देवीदत्त शुक्ककी मातृ-भाषा कोसली (उत्तरी अवधी), निर्मल, श्रीनाथसिंहकी मातृ-भाषा वात्सी (दक्खिनी अवधी), चन्द्रबली पाण्डे, अयोध्यासिंह उपाध्याय, विश्वनाथप्रसाद मिश्रकी मातृभाषा काशिका (बनारसी), उदयनारायण तिवारी, शिवपूजन सहाय, मनोरञ्जन-प्रसादकी मातृभाषा मल्लिका (भोजपुरी), राकेश, उमेश मिश्र, अमरनाथ झाकी मातृभाषा मैथिली, आदि आदिके बारेमें समझ सकते हैं। जहाँ एक बार इस बातको आपने मान लिया, कि मातृभाषायें शिक्षाकी माध्यम हों, वहाँ लेखकाको पैदा करनेकी फ़िक्रमे दुबले मत हूजिये—हिन्दीके बहुत अधिक लेखक ऐसे हैं, जिनकी मातृभाषा हिन्दी नहीं, बल्कि व्रज, कोसली, काशिका, मल्लिका आदि हैं।

प्रकाशन तथा प्रकाशक—वे तो सैकड़ोंकी संख्यामे आपके पीछे-पीछे दौड़ते फिरेंगे। और फिर प्रतियोगितामे मैट्रिक तककी पुस्तकोका तैयार हो जाना तो एकाध सालका काम है।

परिभाषिका शब्द—हिन्दीके लिए भी तो वह एकसा ही सवाल है। संस्कृतका शब्द-भण्डार मातृ-भाषाओके लिये भी खुला है। जर्मन भाषा-की भाँति मातृभाषायें कितनी ही परिभाषाओंको अपने (बोली) कोषसे बनायेंगी, पावगाड़ी (बाईसिकल), अगिनबोट (स्टीमर) उन्होंने बनाये भी हैं। और फिर रेडियो, रेल जैसे कितने ही अन्तर्राष्ट्रीय शब्दोंको वैसे ही लिया जा सकता है।

मातृ-भाषाओंको माध्यम बनानेका अधिकार! यह पिछली कांग्रेस मिनिस्ट्रियाँ भी कर सकती थीं। फ्रांटियरकी कांग्रेस मिनिस्ट्रीने "पश्तो"-को पाठशालाओंमे माध्यम बनाया। कोई भी राष्ट्रीयतावादी मिनिस्ट्री बुन्देलखण्डमें बुन्देली, व्रजमे व्रजभाषाको शिक्षाका माध्यम बना

सकती है, इसमें अँगरेज़ महाप्रभुओंको बाधा देनेकी जरूरत नहीं, यदि आप समझते हैं, कि इस लड़ाईके बाद भी दुनिया तो बदलेगी, मगर हम और हमारे प्रभु इसी तरह बने रहेंगे, तब भी।

प्रान्तोंका फिरसे बँटवारा

हाँ, हमारे देशमें प्रान्तोंका बँटवारा अभी तक शासकोंके अनुसार हुआ था, अब उसे जनताके सुभीतेके अनुसार करना होगा। तीन प्रान्तोंकी जगह ३० प्रान्तोंके हो जानेमें अँगरेज़ प्रभुओंकी आपत्तिके ख्यालसे मत मरे जायँ, यदि आप समझते हैं कि अँगरेज़ी साम्राज्यवाद वैसा ही अक्षुण्ण रहेगा, भारत सफ़ेद आई-सी-एसोंकी चक्कीके नीचे वैसा ही पिसता रहेगा, तो भी फ़िक्र करनेकी ज़रूरत नहीं, कि तब तीनकी जगह तीस आई-सी-एसोंको लाट साहब बननेका मौक़ा मिलेगा।

नये प्रान्त या जनपद

भारतकी अखण्डता मिट जानेका अफ़सोस! यदि आज ग्यारह प्रान्तों और छ सौ से ऊपर देशी राज्योंके रहते भी वह अक्षुण्ण है, तो उस वक़्त भी उसकी गुञ्जाइश है। जब बङ्गला, उड़िया, गुजराती, मराठीको आप अखण्डताके नारेसे आत्म-हत्या, आत्म-गोपन करनेके लिए तैयार नहीं कर सकते, तो बेचारी ब्रजभाषा, बुन्देली, मल्लिका, मैथिलीसे कौन अपराध बन पड़ा है। फिर भाषाओंको हमने नहीं गढ़ा है, वह विश्वके विकासक्रममें स्वयं आ मौजूद हुई हैं और भावुकताके नामपर नहीं, अपनी उपयोगिताके नामपर जीने देनेकी माँग कर रही हैं।

हाँ, तो हिन्दी-उर्दूवाले प्रान्तों (पंजाब, सिन्ध, युक्त-प्रान्त, मध्य-प्रान्त, बिहार) तथा रियासतोंको निम्न जनपदोंमें बाँटना होगा:

भाषा	जनपद	राजधानी
१ हिन्दकी	पश्चिमी पञ्जाब	रावलपिण्डी
२ मध्य-पञ्जाबी	मध्य-पञ्जाब	लहौर
३ पूर्वी पञ्जाबी	पूर्व पञ्जाब	लुधियाना (?)
४ सिन्धी	सिन्ध	कराची
५ मुल्तानी	मुल्तान	मुल्तान
६ काश्मीरी	काश्मीर	श्रीनगर
७ पश्चिमी पहाड़ी	त्रिगर्त	काँगड़ा

भाषा	जनपद	राजधानी
८ हरियानी	हरियाना	दिल्ली
९ मारवाड़ी	मारवाड़	जोधपुर
१० वैराटी	विराट	जयपुर
११ मेवाड़ी	मेवाड़	चित्तौड़
१२ मालवी	मालवा	उज्जैन
१३ बुन्देली	बुँदेलखण्ड	झाँसी
१४ व्रज	शूरसेन (?)	आगरा
१५ कौरवी	कुरु	मेरठ
१६ पाँचाली	रुहेलखण्ड	बरेली
१७ गढ़वाली	गढ़वाल	श्रीनगर
१८ कूर्मांचली	कूर्मांचल	अलमोड़ा
१९ कौसली	कोसल (अवध)	लखनऊ
२० वात्सी	वत्स	प्रयाग
२१ चेदिका	चेदी	जबलपुर
२२ बघेली	बघेलखण्ड	रीवाँ
२३ छत्तीसी	छत्तीसगढ	बिलासपुर
२४ काशिका	काशी	बनारस
२५ मल्लिका	मल्ल	छपरा
२६ वज्जिका	वज्जी	मुजफ्फरपुर
२७ मैथिली	विदेह (तिर्हुत)	दर्भंगा
२८ आंगिका	अंग	भागलपुर
२९ मागधी	मगध	पटना
३० संथाली	संथाल परगना	जसीडिह

इस सूचीमे कुछ और भाषायें बढ़ सकती हैं। ग्रियर्सनका प्रयत्न आरम्भिक था, इसलिए उनके भाषा तथा क्षेत्र-विभाजन भी प्रारम्भिक थे। उन्होंने भोजपुरीके भीतर ही काशिका (बनारसी) और मल्लिका दोनोंको गिन लिया है, जो व्यवहारतः बिल्कुल गलत है। प्रान्तोंके बटवारेमें जहाँ स्टैण्डर्ड भाषाका सवाल उठा कि सीधे छपरा और बनारसकी बोलियोंका दावा आपके सामने आयेगा और मल्ल तथा काशी-जनपदोंके निवासी अपनी-अपनी भाषाओंकी अलग-अलग सत्ता स्वीकार कराके रहेंगे।

प्रान्तोंके पुनर्विभाजनके सम्बन्धमें यह मालूम होना चाहिए कि सवा करोड़ मल्लवासी (छपरा, बलिया, आरा, मोतीहारी, देवरिया, दिल्दारनगर वाले) इसके लिये सबसे अधिक उतावले हैं। उनका प्रान्त बिहार तथा युक्त प्रान्तमें बँटा हुआ है, जिसमें युक्त प्रान्तमें उनके साथका व्यवहार अच्छा नहीं कहा जा सकता। मातृ-भाषाओं और जनपदोंकी माँग उनके वास्तविक पृथक् व्यक्तित्वके बलपरकी जाती है। यहाँ न विकेन्द्रीकरणका सवाल है और न बीस करोड़की भारी भरकम संख्याके न सँभाल पानेका सवाल। बीस करोड़ क्या चालीस करोड़ भी एक मातृ-भाषा-भाषी होते तो सिर्फ़ संख्याके भारी होनेसे उसे खण्ड-खण्ड करना उचित न होता। और विकेन्द्रीकरण! यहाँ तो हम वस्तुतः केन्द्रीकरण कर रहे हैं, जब कि हम भिन्न-भिन्न प्रान्तोंमें बिखरे मल्ली भाषियों, भोजपुरियोंको एक जनपदमें सङ्गठित करते हैं, "कहींकी ईंट कहीं का रोड़ा, भानमतीने कुनबा जोड़ा" की जगह एक भाषा-भाषियोंको एक जनपदके रूपमें केन्द्रित कर देते हैं।

कौरवी और हिन्दी

सभी जनपदों (प्रान्तों)के बीच राजनीतिक, साहित्यिक, सांस्कृतिक सम्बन्ध स्थापित करनेके लिये एक अन्तर-प्रान्तीय भाषाकी आवश्यकता अनिवार्य है, यह हम बतला चुके हैं। हिन्दी (फ़ारसी, अरबीके शब्दोंकी भरमारके साथ यही उर्दू है) इस कामको आज कर रही है। और भविष्य्में उसे और अधिक करना होगा। हम पसन्द करेंगे कि प्राइमरीके आगे बढ़नेपर हर एक विद्यार्थीको हफ्तेमें दो-तीन घण्टे हिन्दीका पढ़ना आवश्यक कर दिया जाय—ऊपरके २० जनपदोंमें उसे अनिवार्य द्वितीय भाषा मान लेनेपर भी शायद किसीको आपत्ति न होगी; किन्तु यह प्रश्न सारे भारतसे सम्बन्ध रखेगा, और बङ्गाल-अन्ध्र-द्रविड़-केरल आदिमें से किसीको आपत्ति भी हो सकती है, इसलिए अनिवार्य करना न करना जनपदोंके ऊपर छोड़ देना चाहिए। हिन्दीके द्वितीय भाषाके तौरपर अधिक प्रचार होनेसे कालेजों तथा उच्च खोजोंकी हिन्दी पुस्तकोंका भली प्रकार उपयोग हो सकेगा, यद्यपि उसमें छात्रको परीक्षामें अपनी मातृ-भाषामें उत्तर देने की पूर्ण स्वतन्त्रता होनी चाहिए।

लेकिन हिन्दी सिर्फ़ अन्तरप्रान्तीय भाषा ही नहीं है, वह कितनोंकी मातृ-भाषा है, इसे युक्त-प्रान्तके शहरोंके रहनेवाले पाठक अच्छी तरह जानते हैं। मातृ-भाषाको माध्यम स्वीकार करनेका मतलब है, हमें

मुरादाबाद, बरेली, आगरा, दिल्ली, लखनऊ, प्रयाग आदि शहरोंके हिन्दी-भाषा-भषियोंको अपनी मातृ-भाषा द्वारा शिक्षा देनेके लिए उन-उन जगहोंपर विशेष स्कूलोंका प्रबन्ध करना होगा। सोवियत्‌ने भी ऐसा किया है। वहाँ उस जनपदकी राजकीय भाषाके तौरपर हिन्दीको नहीं स्वीकार किया जा सकता।

कौरवी—किन्तु एक बात और न भूलिये कि हिन्दी शहरके चन्द कामचोर सफ़ेदपोशोंकी ही मातृ-भाषा नहीं है, उसके बोलनेवाले २० लाखसे अधिक गाँवकी साधारण किसान, मजूर, शिल्पकार जनता भी है; वह मेरठ, मुज़फ़्फ़रनगर, सहारनपुरके तीन पूरे ज़िलों तथा देहरादूनके निचले तथा बुलन्दशहरके उत्तरी भागके इन पौने चार ज़िलोंके गाँवोंकी जनताकी मातृ-भाषा है। हाँ, उसे "गँवारी" कह लीजिये, लेकिन जानते हैं अपनी गँवारी बोलीके साथ साहित्यिक भाषाका अटूट सम्बन्ध बना रहना उतना ही आवश्यक है, जितना शहरी बाबू लोगोंका गाँवके कमेरोंके साथ। सुनिये जर्मन लेखक अल्बर्ट श्वाइट्ज़र क्या कहता है—

"The difference between the two languages (The French and the German) as I feel it, I can best describe by saying that in French I seem to be strolling along the well kept paths in a fine park, but in German to be wandering at will in a magnificent forest. Into literary German there flows continually new life from the dialects with which it has kept in touch. French has lost this ever fresh contact with the soil. It is...something finished, while German in the same sense remains something unfinished."

हिन्दीको उसकी उर्वर प्रसव-भूमिके साथ सम्बन्ध जोड़ना होगा, उसे कौरवीके पास जाना होगा; तभी उसकी कृत्रिमता, सदा संस्कृत या अरबी-फ़ारसीसे ऋण लेनेकी प्रवृत्तिको हटाया जा सकता है। उसके विरुद्ध जीवट-हीन प्रचारको तीव्र और सजीव बनाया जा सकता है। आज हिन्दीको आम फ़हम (सहल) बनानेका नुस्ख़ा हमारे नीम-हकीम बतलाते हैं, उसमें उर्दूमें प्रयुक्त होनेवाले कुछ अरबी-फ़ारसी शब्दों ('आम' अरबी है और 'फ़हम' फ़ारसी)का ज़बर्दस्ती डाल लेना। हिन्दीको उर्दूकी ओर घसकाकर या उर्दूको हिन्दीकी ओर घसकाकर सरल नहीं बनाया जा सकता, बल्कि

दोनोंको सरल बनानेका रास्ता एक ही है, वह है उनका अपनी जननी भाषा– कौरवी—के नज़दीक जाना। "अखंड हिन्दी" राज्यवादियोंको भी मानना पड़ेगा, कि आज हिन्दी उस जगह पहुँच गई है, जहाँ उसे अपने मूल स्रोतसे सम्बन्ध किये बिना उसकी अधूरी वर्णन-शक्ति, अधूरे भाव-प्रकाशनको दूर नहीं किया जा सकता। आज मल्लाह, माँझी, लोहार, कुम्हारके सैकड़ो हथियारों और क्रियाओंका वर्णन क्यों हमारे उपन्यास-कहानी- लेखक अपने ग्रन्थोंमें नहीं करते? मै समझता हूँ हिन्दीके सम्बन्धमे सबसे ज़रूरी एक पञ्चवार्षिक योजना इस कामके लिए बनानी है कि कौरवी-के अलिखित गीत, कविता, कहानी, कहावत, मुहावरों, शिल्प शब्दोका विस्तृत सग्रह किया जावे। हिन्दीके उपन्यास कहानी-लेखकोंको, सामाजिक जीवनके चित्र खींचनेवालोंको कुरु ज़िलोंके गाँवोंमें चन्द मासोंका प्रवास अपनी शिक्षाका एक अङ्ग बनाना चाहिये।

मातृ-भाषाओंको उनका हक देते ही हिन्दी-उर्दूकी समस्या हमारेहयाँ भी उसी तरह बेकार हो जायगी जैसे वह बङ्गालमें है।

सन्यासी अखाड़ोंकी जन-तन्त्रता

ऐतिहासिक विक्रमादित्य मेरे विचारसे आजसे १६ शताब्दी पूर्व हुआ था, यद्यपि उसके नामसे चिपका दिये गये संवत्‌की २०वीं शताब्दी समाप्त हो रही है। विक्रमादित्यके शासन और युगकी कई भव्य देनें हैं, विक्रमादित्य चन्द्रगुप्त और उसके पिता समुद्रगुप्तके आगमनके साथ हिंदो-(यवनो,) (हिन्दीस्तानी यूनानो)से चले आते विदेशी शासनका शक शासनके साथ ही साथ अंत होता है। मौर्योंके बाद भारतीयोका सबसे बड़ा साम्राज्य इसी समय स्थापित होता है, और वह भारतके एक बड़े भू-भागपर अपने शासन और विद्या-प्रेम द्वारा हर क्षेत्रमे एक नई प्रगति पैदा करता है। ललित-कला, नृत्य-कला, चित्र-कला और सगीत-कला एक नया अति कोमल प्रभावशाली रूप धारण करती है। उच्च वर्गके सुख और विलासको उस ऊँचे तलपर पहुँचा देती हैं कि वह स्वर्गकी नकल नहीं होता बल्कि स्वर्ग उसकी नकल बन जाता है।

विष्णु, शिव और दूसरे देवता, उनके अंतःपुर, उनका दरबार, भूमिके सम्राटोके प्रति चित्र मात्र रह जाते हैं। यह समय है जिसमें असंग, वसुबंधु, दिङ्नाग जैसे महान् दार्शनिक पैदा हुए, कालिदास जैसा महान् कवि और आर्य भट्ट (वृद्ध) जैसा महान् ज्योतिषी। उस समयकी प्रथम सम्मानित प्रथायें आज भी हमारे नागरिक जीवनका अंग बनी दीख पड़ती हैं, पान (तांबूल) मसाला और बहुतसे आभूषणों तथा शृङ्गारोका प्रचार तभीसे हुआ। शायद हरिदास और तानसेनसे पहिले अपने संगीतके तारको भी पकड़कर चला जाये तो हम वहीं पहुँचेंगे।

लेकिन विक्रमादित्यके पितृवंशकी यह भव्य देनें हमारे देशको मुफ्त नहीं मिलीं, इसके लिये हमें सबसे भारी कीमत अदा करनी पड़ी। यवन और शक जैसे विदेशी शासक भी जो कार्य नहीं कर सके थे, वह कार्य विक्रमादित्य पिता-पुत्रने किया। यौधेय जैसे कितने ही प्रजातंत्र अब भी भारतके कितने ही भागोमें राजाके बिना केवल जनता द्वारा सुचारु रूपेण संचालित होते चले आ रहे थे। इस शासनने उन जनतांत्रिक गणों (प्रजातंत्रो)को निर्दयतापूर्वक वध कर उन्हे ज़मीनके भीतर इतना नीचे

दबा दिया कि सारा देश इस बातकी क्षीण स्मृति भी रखने लायक नहीं रह गया, कि भारतमें कभी जनता सीधे अपना शासन करती थी। इस कामके लिये विक्रम-वंशी शासकने कई नये हथियार आविष्कृत किये, कई पुरानी धारणाओंको हटाकर नई धारणायें स्थापित कीं, इन्द्र और उसकी सभा ज़रूरतसे ज़्यादा जनतांत्रिक मालूम हुई, इसलिये उसकी जगह विष्णु और शंकरके निरंकुश दरबार कायम किये गये। अप्सराओंका एक-एक दिनके लिये अलग-अलग पति चुनना मात्रासे अधिक स्त्री-सत्ताक मालूम हुआ, और उसकी जगह विष्णुके अन्तःपुरका निर्माण हुआ। और तो और, स्वयं अब तक चले आते धर्मकी सहसा कायापलट हो गई, और तबसे देशमें उस हिन्दु धर्मकी स्थापना हुई, जिसकी बहुत-सी बातें पहिले वाले धर्मसे कोई सम्बन्ध नहीं रखतीं। रंतिदेव (दशपुर नृपति)की पाकशालामें प्रतिदिन पकने वाली २२००० गौओंकी जगह अब गोरक्षा सबसे बड़ा धर्म माना जाने लगा। नये नये पुराण बने, जिन्होंने पुराने ऋषियोंके नामपर नये धर्मके नामसे चलाये जाने वाली हर एक बातकी पुष्टि की। यह श्रेय विक्रम-वंश ही को है। उसने भारत महीसे जनतांत्रिक भावनाको शताब्दियोंके लिये उच्छिन्न-मूल कर दिया। अब विश्वके शासनकी ज़िम्मेवारी जैसे विष्णु (ईश्वर)ने ले ली थी, वैसे ही इस भूमिके शासककी ज़िम्मेवारी विष्णुकी ही ओरसे उसके अंश राजाको मिली। आकाशीय ईश्वरके शासनमें हस्तक्षेप करनेका अधिकार जैसे किसीको नहीं है, उसी तरह विष्णुके अंश इस राजाके काममें भी किसीको दखल देनेकी ज़रूरत नहीं है।

शताब्दियोंसे चले आते हरएक अधिकारको ईश्वर-अंश राजा भारतीय जनताको पैरों तले रौंदता हुआ उसे और-और नीचे गिराता गया। विक्रम (गुप्त) वंशके उत्तराधिकारी मुखरवंश (मौखरि)ने नई धाराको और आगे बढ़ाया। परम माहेश्वर, परम भट्टारक महाराजाधिराज हर्षवर्धनने अपनी विद्या और आदर्श प्रेमसे उसकी पुष्टि की। प्रतिहार और गहड़वार वंशने उस परम्पराको १२वीं शताब्दके अंत तक पहुँचाया। इन ८ शताब्दियोंके बाद जनता अब वह नहीं रह गई थी, जिसने लिच्छिवियोंके रूपमें मगध साम्राज्यको बहुत दिनों तक अपने मंसूबोंमें असफल बनाये रखा, जिसने पंजाबके मल्लों और दूसरे गणोंके रूपमें सिकन्दरको पीछे मुड़नेके लिये मजबूर किया था। अब वह निरीह भेड़ थी, जिसे कोई भी भेड़िया कान पकड़ कर अपने इच्छानुवर्तनके लिये मजबूर कर सकता था।

लेकिन अब इन मेड़ोंके ऊपर नये मेड़िये आये, हो सकता है—यदि इन मेड़ियोंने विष्णुका अवतार होना स्वीकार कर लिया होता, तो तुलसीदासजी की उक्ति "कोउ नृप होउ हमैंका हानी" पूर्णतया चरितार्थ होती। लेकिन तुर्क शासक विष्णुका अवतार क्यों बनने लगे, उन्होंने तो ढूँढ़-ढूँढ़ कर विष्णु और उनके साथी समाजियोंके नामकी हर एक चीज़को नष्ट-भ्रष्ट किया। हिन्दू सामतों, छोटे-बड़े अवतारोंने अपने दिव्य बलपर धर्म-विरोधियोका मुकाबिला किया, मगर वे सफल नहीं हुए, यह हमें इतिहास बतलाता है।

जनताकी ओर !

देवताओंका ध्वंस १३वीं शताब्दी भर चलता रहा। हिन्दुस्तानी ईरानकी तरह यदि इस्लामको समूह रूपसे स्वीकार कर लिया होता, तो रंग-रूप दूसरा ही होता। मगर यह वक्त और तरहसे बहुत ही हानिकारक सिद्ध हुआ। इनकी जात-पाँतकी व्यवस्थाने उसमें बाधा डाली। नये शासक भी धर्म परिवर्तन करानेकी जगह शासन द्वारा अपने जीवनको सुखी और विलास-पूर्ण बनानेमें लग गये। देवताओंकी ओरसे उठी जातीय-आस्था फिर धीरे-धीरे लौटने लगी। हताश होकर बाहर भाग गये बौद्ध-नेता हाथ मल-मल कर पछताने लगे। भारतसे बाहर शरण न होनेके कारण पिट-पिटाकर जो देशके ही भीतर रह गये थे, उन धार्मिक संप्रदायोमें फिर जीवनके लक्षण दिखाई देने लगे। शंकराचार्यके सन्यास (दशनामी) संप्रदायके लिये मार्ग निष्कंटक हो गया, और उसे धार्मिक दिग्विजयके लिये शंकराचार्यकी झूठी दिग्विजयोंकी ज़रूरत नहीं रह गई। वेदान्त-केशरी खाली मैदानमे गरजने लगा, बौद्ध चौरासी सिद्धोंके नामलेवा गोरखपंथी नाथ पहिले इतने नैराश्य-पूर्ण समयमें ही अपना वेश परिवर्तन कर चुके थे। इस सिंह-गर्जनाके ज़मानेमें उन्होंने भी वेदान्तके झंडेको मानना शुरू किया, और अपनी विशेषताको कुछ रहस्यवादी गीतो तथा योग क्रियाओं तक ही सीमित रखा।

ज्ञान और योग साधारण जनताके लिये उतने आकर्षक नहीं हो सकते। योग उसकी आँखोंमें कुछ चका-चौंध भले ही पैदा करदे, मगर वह जनताको अपनी गोदमें नहीं बैठा सकता। इसके लिये एक नये मार्गकी ज़रूरत थी, पुराना तरकश ढूँढ़ा गया, वहाँ एक (खूंटा) भोथा, मुर्चा खाया बाण मिला। यह था भक्तिका तीर। १३वीं शताब्दीके पराजित भारतकी अधिकार-शून्य, दिशा-ज्ञान शून्य-जनतामें भक्तिकी बाढ़ आ गई।

८४ सिद्धोंके (नाथोंके) आकर्षक लोक गीतोंने कंठी और तिलक धारण किया, चारों ओर वैष्णवी नवधा भक्तिकी विजय-दुंदुभी बजने लगी। जगह-जगह नये-नये मठ-मंदिर स्थापित होने, साधु और महंतोंके सिंहासन और चरण-पादुकायें फिर सोने और चाँदीकी बनने लगीं। लेकिन लक्ष्मी अकेली तो नहीं आ सकती, उसे सदा उलूक वाहनोंकी ज़रूरत होती है। ऐश्वर्य-मदमत्त चौधरी और महंत फिर मनमाना करने लगे, विष्णु-अवतार अब हिंदु नहीं थे, कि उलूकों पर अंकुश रखते। जहाँ भीतर ही भीतर यह भयंकर व्याधि पैदा होगई, वहाँ अनुयायियोंके भी चेलों और संपत्तिके लिये भिन्न-भिन्न धार्मिक-सम्प्रदायके नेताओंमें विरोधाग्नि प्रज्वलित हो उठी। तीर्थों, मेलो और दूसरे स्थानों पर ये प्रतिद्वंदिता छिट-पुट साधुओंकी खून-खराबियोंमें परिणत होने लगी।

मुसलमान शासकोंको हिन्दू-सम्प्रदायोंके इन भीतरी और बाहरी घातक बीमारियोंको हटानेके लिये उपाय सोचनेकी ज़रूरत न थी। काफ़िर खुद कट-कर मर जायँ उनकी बलासे। १५वीं सदीमें यह अवस्था थी, जबकि साधुओं-के रूपमें संगठित हिंदु-सम्प्रदायोंको अपनी सत्ताको बचानेके लिये कुछ सोचने पर मजबूर होना पड़ा। क्षीरशायी विष्णुको निद्रा छोड़ इस भूमिकी ख़बर लेनेकी ज़रूरत न थी। विष्णुके अवतार लुप्त या नपुंसक हो चुके थे। नये शासक किसी तरह हाथ बटांनेके लिये तैयार न थे। "ब्रह्म सत्यं जगन्मिथ्या" दुनियाँकी मायाको झूठा बतलाकर मठोंमें माया जमा करनेके लिये ज़बर्दस्त हथियार ज़रूर था, मगर वह इन घातक बीमारियोंको हटा नहीं सकता था। इक्के-दुक्के व्यक्ति या टुकड़ीने प्रतिद्वंदीसे बचनेके लिये दुनियाँके ठोस लोहे-के हथियारोंको हाथमें लेना शुरू किया। उससे उन्हें सफलता दीख पड़ने लगी। वेदांत-शास्त्रकी अपेक्षा लोह-शस्त्रपर उसकी श्रद्धा बढ़ी, उनके तजर्बेने यह भी बतला दिया कि बिखरे हुए शस्त्र उतने प्रभावशाली नहीं होते जितने कि संगठित।

यह कारण था, जिसने कि साधुओंमें शस्त्र-धारियोंका सैनिक संगठन पैदा किया। इस संगठनमें शस्त्र और सैनिकता ही मुख्य चीज़ नहीं थी, इसमें एक और ख़ास चीज़ थी। जिस तरह इसने आकाशके देवताओं और आकाशीय दर्शनसे मुंह मोड़ पृथ्वीके मानव और उसके सबसे बलिष्ठ लोह-शस्त्रपर विश्वास किया, उसी तरह उसने पुराने यम-नियमोंकी जगह नये सामाजिक-यम-नियम बतलाये। स्वामी, दास, महागुरु, अकिंचन शिष्यकी जगह पारस्परिक भ्रातृभावको जीवनका आदर्श बना आपसमें ज़बर्दस्त एकता पैदा

करने का प्रयत्न किया। अब उसने विष्णु और एकतंत्रताकी जगह जन (साधु-मडली)की प्रधानता मानी। एक आदमीके पीछे चलकर मरनेसे निराश मनुष्य अब अपनी जमातके पीछे चलकर मरनेके लिये तैयार होने लगे। उनके यम-नियम हुये—

१ "तेरी मेरी करना नहीं," अर्थात् संपत्तिमें मेरा तेरा न लगा, उसे सारी जमात (संघ)का समझना।

२ "गाँजा तमाखू पीना नहीं," अर्थात् नशाखोरीसे बचना।

३ "यह अखाड़ा छोड़ दूसरे (सैनिक संगठन)में जाना नहीं।"

४ "लोहा लकड़ी उठाना नहीं," अर्थात् आपसमें मार-पीट नहीं करना।

५ "जिसके पास रहना उसकी सेवा करना," अर्थात् अपने ऊपरके अधिकारीकी आज्ञा मानना।

६ "खाने पीनेकी मौवा, धरे ढकेकी सौगध," अर्थात् जमातकी चीज़की खाने-पीनेकी छूट है, लेकिन चुराने-छिपाने तथा उसे वैयक्तिक संपत्ति बनानेकी सौगंध है।

सन्यासी अखाड़ोंमें आज भी दी जाने वाली यह छः प्रतिज्ञायें उन सूत्रों-को बतलाती हैं, जिनपर इस नये संगठनकी नींव रखी गई। इसमें सपत्तिका वैयक्तिक नहीं सांघिक होना और उसके भोगमें सबका समान अधिकार, यह दो शर्तें साफ दिखलाई पड़ रही हैं।

भोग साम्य ही नहीं, धनकी उत्पत्तिमें भी भाग लेना व्यक्तिका कर्तव्य माना गया था, और साधु-सेना (दंगली-साधु) बक़ायदा व्यापार* करके संघके लिये धन उपार्जित करती थी।

---

* सघने सर्व प्रथम अपना व्यापार केन्द्र ज्वालामुखी (कांगड़ा)में कायम किया, वहाँसे तिब्बत, भूटान, काश्मीरके केशर, कस्तुरी, मेवा आदि माल खरीदकर आठों .. दरियाओं द्वारा...ले जाया आया करते थे। नावोंके द्वारा सारे भारतमें इनका व्यापार चलता था,...किंतु...औरंगज़ेबने जज़िया कर लगाकर अत्याचार करना आरम्भ किया, जिसके फलस्वरूप उन लोगोंने ज्वालामुखी और पञ्जाबको छोड़कर अपने-अपने शहरमे आढ़तकी निजी दुकानें...खोलदीं, इन दंगली गोस्वामियोंने काशी, दक्षिणी हैदराबाद, पूना, कल्याणी, कच्छ मांडवी, उदयपुर, मालवा वगैरहमें अपनी स्थायी जगह बनाई, "दशनामी सन्यासी" गोस्वामी महादेव गिरी (प्रयाग) कृत।

ये सैनिक संगठन सन्यासी अखाड़ोंके हैं। यद्यपि अखाड़े उदासियों और निर्मला साधुओंके भी हैं, मगर मुख्यतः "वैष्णव और सन्यासी" दो ही अखाड़े भारी ऐतिहासिक महत्व रखते हैं, और आज भी ज़्यादा शक्तिशाली हैं। ऊपर हम बतला चुके हैं कि किस तरह सम्प्रदायके भीतरकी गंदगी नालायक महन्तोंकी निरंकुशता, दुराचार, और दूसरे सम्प्रदायोंकी भिड़ंतके लिये,—इस तरहके सैनिक संगठनकी ज़रूरत पड़ी। यहाँ यह ध्यान देनेकी बात है कि साधुओंका इस तरहका सैनिक संगठन भारतकी एक निजी विशेषता नहीं है। मध्य-कालमें युरोपमें भी ईसाइयोंने अपने इस तरहके सैनिक सगठन स्थापित किये थे। जापानमें भी १४वीं शताब्दीके बाद कई शताब्दी तक साधुओंके इस तरहके सैनिक संगठन मौजूद थे। तिब्बतमें १४ वीं सदीमें भिन्न-भिन्न बौद्ध सम्प्रदायोंकी जो भयंकर प्रतिद्वंदिता बढ़ी, उसके फल-स्वरूप वहाँ भी साधुओंके संगठन हुए। और आज भी, तिब्बतके शासक और एक सम्प्रदायके महन्त दलाईलामाके पीछे साधुओंका इस तरहका सैनिक संगठन मौजूद है।

अखाड़ोंका भीतरी संगठन

मैं अभी कह चुका हूँ कि साधुओंके इस सैनिक संगठनमें वैष्णवों और सन्यासियोंके अखाड़े ज़्यादा महत्व रखते हैं। यह तो नहीं कहा जा सकता कि इन दोनोंमेंसे किसका संगठन पहिले शुरू हुआ। एक बात साफ़ मालूम होती है, जहाँ वैष्णव (वैरागी) अखाड़ेको सारे वैष्णव साधु मानते हैं, वहाँ सन्यासी (दशनामी) अखाड़ोंके बारेमें यही बात नहीं कही जा सकती। दशनामी सन्यास मार्गकी स्थापनाके आरम्भ (९वीं शताब्दी)से लेकर १५वीं शताब्दी तक उनका संगठन अधिकतर वैयक्तिक तथा ज्ञान वैराग्य मूलक था। वेदांतके अद्वैत ब्रह्मवाद, साधन-चतुष्टय और षट्-संपत्तिमें अखाड़ोंके घोर भौतिक शक्तिवादकी गुंजाइश नहीं थी। पुरानी परम्परा दार्शनिकों, विद्वानों और सुशिक्षित, सुसंस्कृत व्यक्तियोंकी थी, जब कि नई प्रेरणा भौतिकवादी होनेसे भौतिक हथियारोंको चलानेमें समर्थ, अशिक्षित, असस्कृत किंतु देह और हिम्मत में मज़बूत आदमियोंको अपना वाहन बनाने जा रही थी। अखाड़ेके प्रवर्त्तकोंने संभव है तत्कालीन शंकराचार्यों, शंकरके अनुयायियोंको अपने साथ ले चलनेकी कोशिश की हो, मगर इसमें उन्हें सफलता नहीं मिली जान पड़ती। ज़्यादासे ज़्यादा इतना ही फ़ायदा हुआ कि अखाड़ेमें आनेके लिये हरेक दशनामी साधु स्वतंत्र

था, केवल दंडी सन्यासियोंको छोड़कर यही बात वैरागी साधुओंके बारेमें नहीं कही जा सकती। वैरागी साधुओंके वहाँ न वैसे प्रभावशाली शंकराचार्य थे, और न वैसे शिक्षित, संस्कृत व्यक्तियोकी परम्पराके बोझसे वे लदे ही थे। उन्होंने भक्ति-मार्ग, सगुण उपासना और लोक गीतोंके द्वारा आकृष्ट-कर जिन लोगोंको दीक्षा दी थी, उनमें भौतिक हथियारोंके चलानेकी क्षमता ज़्यादा थी। वैरागियोंमें—रामानंदी, हरिव्यासी निम्बार्कीय, माधवाचार्यीय—सभी साधुओं और उनके मठोंके लिये अनिवार्य है कि वह अपने सातों अखाड़ोंमेंसे किसी एकके साथ सबद्ध ज़रूर हों। जहाँ हर एक आगतुक वैरागीको पूछनेपर ये बतलाना ज़रूरी है कि उसका किस अखाड़ेसे सम्बन्ध है, वहाँ हर एक दशनामी सन्यासीका किसी एक अखाड़े (मढ़ी)से सम्बन्ध रखना ज़रूरी नहीं है।

सन्यासियोंमें जो व्यक्ति आगे कहे जाने वाले नियमोंके अनुसार अखाडे में शामिल होना चाहते हैं वही सात अखाड़ों और ५२ मढ़ियोंमेंसे एकके साथ अपना सम्बन्ध जोड़ते हैं। वैरागी अखाड़ोंका इतिहास भी महत्व रखता है, लेकिन वह इस लेखका विषय नहीं हो सकता। हम दशनामी अखाड़ोंके बारेमें ही संक्षेपमें लिखना चाहते हैं।

अखाड़ोका संगठन इस प्रकार है। इस सैनिक संगठनमें आये सभी साधु सात जमातों जत्था-बदियों या सेनाओंमें संगठित हैं, जिन्हें अखाड़े + कहते हैं। हरेक अखाड़ा समय समयपर होने वाले पराक्रमी नेताओं या

+ दशनामी अखाड़ोंके नाम निम्न प्रकार हैं :—

(१) निर्वाणी, (२) निरंजनी, (३) जूना, (४) अटल, (५) आवाहन, (६) अग्नि, (७) आनन्द, यद्यपि हर अखाड़ोंके आठों दावों और ५२ मढ़ियोंके एक हीसे नाम हैं, मगर उनके व्यक्तित्वकी परिचायक कितनी ही बातें हैं। उनके अनुयाइयोंकी जटा और पगड़ी बाँधनेके तरीकोंमें अन्तर होता है। हरएक अखाड़ा अपना अलग इष्टदेव रखता है। उदाहरणार्थ निर्वाणीके इष्टदेव हैं कपिल, सगर पुत्रोंको भस्म करने वाले, निरंजनीके कार्तिकेय, देव सेनापति, जूनाके दत्तात्रय, रुद्रावतार, अटलके गणेश, गजानन-विघ्न विनाशक, आवाहनके दत्तात्रय और गजानन, अग्निके अग्नि, सर्वसंहारक, आनंदके सूर्य, महाप्रतापी देवता। इन देवताओंको देखनेसे मालूम होता है कि अखाड़े सौम्य भावोंको नहीं सैनिक भावोंको जाग्रत करनेवाले देवताओंको ही पसंद करते हैं। आजकल संपत्ति और

किसी प्रसिद्ध स्थानके नामपर ५२ टुकड़ियोमें बँटा है, जिन्हें मढ़ी कहा जाता है। हर अखाड़ेकी ५२ मढ़ियाँ अलग-अलग नाम नहीं रखतीं। अखाड़ोका एक और विभाग है, जिसे दावा कहते हैं। इनकी सख्या ८ है। ५२ मढ़ियाँ इन्हीं ८ दावोमें बँटी होती हैं।

भरती

अखाड़ोमें भरती आम तौरसे १७-१८ सालके तरुण साधुओंकी होती है। कभी-कभी ११–१२ सालके लड़के तक भी ले लिये जाते हैं। क्योंकि छोटे रहनेपर वे अखाड़ोकी सेवाओंको नहीं कर सकते, इसलिये और छोटे लड़कोंको लेनेका रिवाज नही है। कभी कभी ३०से ऊपर उम्र वाले साधु भी लिये जाते हैं। बहुधा वे अखाड़ेकी शिक्षा-दीक्षा ग्रहण करनेमें समर्थ नहीं होते। इससे थोड़ी अड़चन रहती है। अखाड़े किसीको स्वयं शिष्य नहीं बनाते। वहाँ गुरु दीक्षा देने वाले गुरु-शिष्यका सम्बन्ध नहीं, साधक और सिद्ध (गुरु)का संबन्ध होता है। इस तरह अखाड़ा

प्रभावमें सबसे ज्यादा बढ़े-चढ़े हैं निर्वाणी और निरंजनी अखाड़े। एक एक स्थानपर इनके पास करोड़ों तक की संपत्ति है।

निर्वाणी अखाड़ेके नागोंकी संख्या ५००के करीब है; और केन्द्र प्रयाग है। इसके अतिरिक्त कनखल, ओंकार, काशी, त्र्यंबक, कुरुक्षेत्र, उज्जैन, उदयपुर, ज्वालामुखी, मरः अकोलाः आदिमें उसके स्थान जागीरें तथा स्थायी सपत्ति हैं।

निरंजनीका भी केन्द्र प्रयाग है। हरिद्वार, काशी, त्र्यंबक, ओंकार, उज्जैन, उदयपुर, ज्वालामुखी आदिमें इसकी भी भारी संपत्ति है। इसके नागो—नियम बद्ध सैनिकों—की सख्या सारे भारतमें ५००के करीब है।

जूना प्रभाव और सपत्तिमें तीसरे नंबरपर आता है। इसके नागोंकी सख्या ३००के करीब है। किन्तु इसकी एक खास विशेषता है कि इसके नीचे अवधूतानियों (साधुनियो)का संगठन है। इसका केन्द्र काशी है। प्रयाग, हरिद्वार, ओंकार, त्र्यबक, उज्जैन आदिमें इसकी शाखायें और सम्पत्ति है।

अटलमें नागोंकी संख्या १००के करीब है। इसका सम्बन्ध निर्वाणी अखाड़ेके साथ है, तो भी यह अपनी सत्ताको निर्वाणी अखाड़ेमें बिल्कुल खो नहीं चुका है। काशी इसका केन्द्र-स्थान है। बड़ोदा, हरिद्वार, त्र्यंबक, उज्जैन आदिमें इसकी शाखायें हैं।

आवाहन आजकल निरंजनीके साथ रहता है। काशीमें इसका केन्द्र

पहिलेसे साधु बने तरुणोंको ही अपने भीतर लेता है। यदि किसीको कोई गृहस्थ तरुण साधु बननेके लिये मिलता भी है, तो उसे अखाड़ेसे बाहर किसी सन्यासीसे शिष्य कराकरके ही अखाड़ेमें लिया जाता है। इस तरह पहिलेसे साधु बना व्यक्ति यदि अखाड़ेकी सेवामें जाना चाहता है, तो उसकी भरती या तो भारतमें फैली जगह-जगह अखाड़ोंकी शाखायें करती हैं, या जमात और झुंडी करती हैं। अकेले फिरने वाले नागा भी उसे भरती करनेके लिये साथ ले सकते हैं, लेकिन भरती तब तक पक्की नहीं होगी, जब तक कि जमात या झुंडी अथवा स्थान उसके लेनेकी स्वीकृति नहीं दे देता। भरतीके लिये सबसे पहिले उपस्थित मंडली है, और हरिद्वार आदिमें शाखायें। इसके भी नागोंकी संख्या १००के करीब है।

अग्नि अखाडेमें अब सन्यासी नागे नहीं हैं, यह नागोंका ही नहीं बल्कि चारों पीठोंके ब्रह्मचारियोंका संगठन मात्र रह गया है। इसका केन्द्र-स्थान काशी है।

सूर्य उपासक आनन्द अखाड़ा बहुत कुछ लुप्त-सा हो गया है। तो भी काशीमें इसके कुछ साधु रहते चले आ रहे हैं।

सन्यासियोंके दशनाम -(१) तीर्थ, (२) आश्रम, (३) सरस्वती, (४) भारती, (५) गिरि, (६) पुरी, (७) बन, (८) पर्वत, (९) अरण्य, (१०) सागर-अखाड़ोंकी स्थापनासे भी पहिलेसे ही चले आते थे। इनमें पहिले चारनाम वाले दंडी सन्यासी भी मिलते हैं। दंडी सन्यास सिर्फ ब्राह्मणोंके ही लिये रिज़र्व है। एक अखाड़ेमें ८ दावे होते हैं जिनको गिरि और पुरी दावोंके रूपमें दो भागोंमें बाँटा गया है। पर्वत और सागरको लेते हुए गिरि दावे चार हैं, जिनमें निम्न २७ मढ़ियाँ हैं—

१. रामदत्ती दावा—(१) रामदत्ती, (२) दुर्गानाथी, (३) बलभद्रनाथी, (४) जगजीवननाथी, (५) संजानाथी
२. ऋद्धिनाथी दावा—(१) ऋद्धिनाथी, (२) ब्रह्मनाथी, (३) पटबरनाथी, (४) छोटा ज्ञाननाथी, (५) बड़ा ज्ञाननाथी, (६) अघोरनाथी, (७) भावनाथी, (८) बड़ा ब्रह्मनाथी
३. चार मढ़ी दावा—(१) ओंकारी, (२) यति, (३) परमानन्दी, (४) चांद बोदला
४. दस मढ़ी दावा—(१) सहजनाथी, (२) कुसुमनाथी, (३) सागरनाथी, (४) पारसनाथी, (५) भावनाथी, (६) सागर

उम्मीदवारकी जात-पातके बारेमें पूछती है। आज अंग्रेज़ सरकार हिन्दुओंकी जिन जातोंको सैनिक जाति कहती है, उनके लिये अखाड़ेका भी दरवाज़ा पहिलेसे खुला हुआ है। ब्राह्मणोंमें कुछ प्रान्तके ब्राह्मण अयोग्य समझे जाते हैं। यही बात एक-दोको छोड़कर खत्रियोंके बारेमें भी है। अछूतोंके लिये अखाड़ोंका दरवाज़ा खुला नहीं है। जातके बाद फिर शारीरिक परीक्षा की बारी आती है। तरुण शरीर और मनसे स्वस्थ है कि नहीं? पैतृक रोग तो नहीं? संक्रामक रोग तो नहीं? अंग-हीन, काणा, लूला, लंगड़ा, गन्जा आदि तो नहीं? इन परीक्षाओंमें ठीक उतरने पर फिर उसे अखाड़ेके इष्ट-देवताके सामने जमात या जुंडी "तेरी मेरी करना नहीं" आदि ६ प्रतिज्ञायें दिलाती है।

दर्जे

१ वस्त्र-धारी—शपथ लेनेके बाद आदमी अखाड़ेमें शामिल समझा जाता है, और उसे वस्त्र-धारी (गुरु भाई-भंडारी भी) कहा जाता है। वह

बोदला, (७) नगेन्द्रनाथी, (८) विशम्भरनाथी, (९) रुद्रनाथी, (१०) रतननाथी

इन २७ मढ़ियोंके अतिरिक्त लामा मढ़ी भी गिरि दावोंमें गिनी जाती है,

पुरी (भारती, सरस्वती, तीर्थ, आश्रम, वन, अरण्य—को लेते हुये) -दावे ४ हैं, जिनकी २५ मढ़ियाँ निम्न प्रकार हैं—

५. वेकुंठी—(१) वैकुंठी, (२) मुलतानी (केशोपुरी), (३) मथुरापुरी, (४) केवलपुरी, (५) दशनामी, (६) तिलकपुरी (मेघनादपुरी), वन की चार मढ़ियाँ भी इसमें हैं—(१) श्यामसुंदर वन, (२) बलभद्र वन, (३) रामचन्द्र वन, (४) शंखधारी वन

६. सहजावत दावा—(१) सहजपुरी

७. दरियाव दावा—(१) गंगा दरियाव, (२) भगवानपुरी, (३) भगवंतपुरी, (४) पूरनपुरी, (५) हनुमंतपुरी, (६) जड़ भरतपुरी, (७) नीलकंठपुरी, (८) ज्ञाननाथपुरी, (९) मनी-मेघनाथपुरी, (१०) बोध अजोध्यापुरी, (११) अर्जुनपुरी

८. भारती दावा—(१) नरसिंह भारती, (२) मन मुकुन्द भारती, (३) बिसंभर भारती, (४) बहुनाम भारती।

सवेरे उठकर अपने सिद्ध गुरुको दतौन-पानी देगा, झाड़ू देकर रहनेकी जगह साफ करेगा। जमातके ऊँटों-घोड़ोंके खिलाने-पिलानेका काम करेगा, पहिले ये ऊँट आदिका काम वस्त्रधारी स्वयं करते थे, पर अब यह काम नौकरोंसे लिया जाता है। पुजारीका काम भी वस्त्रधारी ही करता है। पहिले वस्त्रधारीकी शिक्षाका काफ़ी समय तलवार, लेजिम, भाला, गदका-फरी, बन्दूक आदि चलानेमें बीतता था, मगर अब उनपर बहुत कम समय दिया जाता है। अपने ऊपरके अधिकारी (सिद्ध)के अनुशासनमें रहना वस्त्रधारी-का सबसे आवश्यक काम समझा जाता है। सिद्ध भी अपने साधकपर पुत्रवत् स्नेह रखता है। यदि उसका कोई वस्त्रधारी बीमार होगया तो, यात्रा करती हुई भी जमात एक-आध दिनके लिये ठहर जाती है, हाँ यदि कुंभ-पर •पहुँचने वाली तिथि न छूटती हो; नहीं तो कोई सुश्रूषा करने वाला आदमी दे अपने किसी भी स्थान (मठ)पर छोड़ सकती है। बीमारो और बुढ़ापेके लिये अखाड़ोंका बहुत सुन्दर प्रबन्ध रहता है। बुढ़ापेमें लोगोंको काशी या किसी दूसरे शाला-स्थानमें रहनेका इन्तज़ाम किया जाता है। जहाँ तक खाने-पहिरनेका सम्बन्ध है अखाड़ोंमें आज भी पहिले-पहिल आये वस्त्रधारीसे लेकर श्रीमहन्त तक सबके साथ एकसा वर्ताव करना अनिवार्य समझा जाता है। वहाँ किसी तरहके भेद-भावको बर्दाश्त नहीं किया जा सकता। चूँकि सभी पद लोगों द्वारा चुने जानेपर ही मिलते हैं, और सबसे ऊँचे पद (जमातके आठों श्री महन्तोंका दर्जा) तो सिर्फ़ ३-४ वर्षोंके लिये एक चढ़ावसे दूसरे चढ़ाव तकको ही मिलता है, इसलिये भेद-भाव करके अपनी सर्वप्रियता नष्ट करनेके लिये कोई भी तैयार नहीं होता। वस्त्रधारी, नागा, थानापति, जुंडी-महन्त, कारबारी और जमातके श्रीमहन्त तकके मर जानेपर उनकी सारी सम्पत्ति अखाड़ेकी समझी जाती है।

२ *नागा या दिगम्बर*—वस्त्रधारी अपने सिद्ध गुरुके आधीन दस-बारह या अधिक वर्षों तक अखाड़ेकी सेवा करता है, उसकी सीखोंको सीखता है। फिर जब उसका सिद्ध गुरु, जुंडी या जमात उसे नागा बननेके योग्य समझती है, तो उस समयका इन्तज़ार किया जाता है, जबकि उसे नागा बनाया जा सकता है। यह समय हरिद्वारका कुंभ (मेष संक्रान्ति जो कि १९३७ ई०में गुज़रा है) प्रयागका कुंभ (मकर-संक्रान्ति जो कि १९४० ई०में गुज़रा है) गोदावरीका कुंभ (सिंह संक्रान्ति जो १९४४ ई०में आ रहा है), उज्जैन का कुंभ (१९४२ ई० गर्मियोंमें आयेगा) इन चारों कुंभोंके अतिरिक्त प्रयागको यह खास महत्व प्राप्त है, कि वहाँ

अर्ध-कुम्भोंके समय भी नागा बनाये जा सकते हैं। अपने अखाड़ेके नागासे लेकर ऊपरके आठों श्रीमहन्तों तकके संघको (शंभु-पंच) कहते हैं। अखाड़ेकी यह सबसे ऊपरकी जमात है, जिसका फैसला एक कुम्भसे अगले कुम्भ तकके लिये सर्वोपरि माना जाता है। नागा बनाना भी शंभु-पंचका ही काम है, इसके बाद सदा विचरण करने वाली जमात या पंच सर्वोच्च अधिकार रखती है। कुम्भके समय अखाड़ेका शंभु-पंच पड़ा हुआ है, एक दिन अखाड़ेका कोतवाल उसके आठों दावोंमें घूमकर कह आता है, कि अमुक समय तक हरएक दावा अपने-अपने नागा बनने वाले उम्मीदवारका नाम दे दें। पहिलेसे निश्चित किया गया लेखक सभी उम्मीदवारोंका नाम लिख लेता है। फिर दूसरे दिन नियत स्थानपर हरएक सिद्ध गुरु या उसका प्रतिनिधि अपने-अपने साधक वस्त्रधारीको लिये शंभु पचके सामने उपस्थित होता है। उस वक्त उम्मीदवार कच्छेके ढंगकी धोती पहिने रखता है, उसके ऊपर ब्रह्म-गाँती होती है, और सिरपर साफ़ा, सभी कपड़े गेरुवामें रंगे होते हैं। एक-एक कुंभमें कितने नागा बनते हैं यह आप १६३७ ई०के हरिद्वार वाले कुंभमें निर्वाणी अखाड़ेके नागा बने हुये २५–३०की संख्यासे जान सकते हैं। सारे पंच नागासे लेकर श्री महंत तक वहाँ उपस्थित होते हैं। फिर शरीरकी परीक्षा होती है, आयुकी परीक्षा की जाती है, सिद्ध अपने साधकको नागा बनानेकी सिफ़ारिश करता है। पंच इसपर स्वीकृत करने या न करनेका अधिकार रखता है। स्वीकृत हो जानेपर कोतवाल फिर हर दावेमें खबर दे आता है, लेकिन अभी भी वस्त्रधारी नागा (दिगम्बर) नहीं है। कुंभके स्नानके दिन जब अखाड़ा जलूसके साथ चलता है, तो आगे-आगे घोड़ेपर भगवेका निशान, फिर सूर्य प्रकाश, भैरव प्रकाशके भाले और उसके पीछे दिगम्बर (बिल्कुल नंगे) नागे चलते हैं। उस वक्त अभी परीक्षामें उत्तीर्ण नागेको वस्त्रधारी-के रूपमें ही प्रायः जलके किनारे तक आना पड़ता है। स्नानके वक्त वस्त्र-धारीका कपड़ा फेंककर वहाँ उसे नंगा कर दिया जाता है। स्नानसे लौटकर पंच अपने अखाड़ेके इष्ट देवताके सामने (तेरी मेरी करनी नहीं) आदि शपथोंको दोबारा लेता है। अब वह वस्त्रधारियोंके वर्गसे निकलकर नागों-के वर्गमें सम्मिलित होरहा है। इस वक्त वस्त्रधारी अपने उस भाईसे कुछ मज़ाक भी करते हैं। किसी समय नागोंको स्त्री-संभोगकी प्रवृत्तिसे बचानेके लिये निरिंद्रिय बनानेका रिवाज़ भी था; जिसके लिये उनका तंग तोड़ने अर्थात् अंडकोशीय शिराके भेदने—का रिवाज़ था। आजकल यह भयंकर

प्रथा दशनामी नागोंमें नहीं पाई जाती। इसके लिये उन्हें जितना भी साधुवाद दिया जाए अच्छा है। लेकिन जिस वक्त यह प्रथा थी, उस वक्त तंग तोड़नेका अवसर यही था। साथी वस्त्रधारी अब भी उसी बातको लेकर नये नागोंका परिहास करते हैं।

अखाड़े, जमात और जुंडीकी संपत्तिमें सभोंकी तरह नागा को भी भोगनेका बराबरका अधिकार होता है। उसे पंच और महतके अनुशासनमें रहना होता है। स्थान (मठ) जुंडी या जमात जहाँपर भी पंचका हुकुम होगा, वहीं रहकर उसे सेवा करनी होगी। नागा होनेके लिये किसी समय हथियार चलानेका कौशल और युद्धमें नेतृत्वकी स्वाभाविक क्षमता बहुत जरुरी चीज़ें थी। पर अब उन बातोंकी ज़रूरत न होनेसे उनके दैनिक जीवनमें बहुत कुछ परिवर्तन आगया है। नागा लोग अखाड़े और उसके गाँवके निरीक्षक बनाये जाते हैं। वे थानापति (मठोंके कार्यकर्त्ता) नियुक्त हो सकते हैं। बढ़ते-बढ़ते जुंडी महंत तथा सारे पंचके श्रीमहंत तक बन सकते हैं।

३. थानापति—नागासे अगली सीढ़ी थानापति या अखाड़ेक किसी शाखाका कार्यकर्त्ता बनना है। अखाड़ोंने पहिले ही एकतंत्रताको घातक समझ लिया है, इसीलिये उनकी सारी व्यवस्थामें एकतन्त्रता-का कहीं नाम नहीं है। थानों (मठों)के कार्य-कर्त्ता होते हैं। जुन्डी और पंच-के महन्त होते हैं। मगर कहीं पर भी सिर्फ एक आदमी महन्त नहीं हो सकता। हर पदके लिये आठ व्यक्तियोंका निर्वाचन होता है। और उनमें कोई भी प्रधान नहीं समझा जाता। किसी भी बातके निर्णयमें आठोंका समान अधिकार होता है। अखाड़ोंकी जन-तांत्रिक गहराईको आप इन ८ थानापतियोंके थानापतित्वसे समझ सकते हैं। यदि पंच कोई पत्र किसी मठके पचके पास भेजता है, तो उसे आठों थानापतियों और स्थानमें मौजूद सभी नागाओंके सामने सुनाया जाता है, निर्णयमें भी वही बात है। दो कुंभोंके बीच सदा यात्रा करता हुई जमात या (पच) भी किसी बातका निर्णय सिर्फ अपने आठ श्रीमहन्तों द्वारा ही नहीं कर सकते, बल्कि वहाँ मौजूद नागेसे लेकर सभी अखाड़ेके सदस्य राय देनेमें समान अधिकार रखते हैं।

अखाड़ोंकी भिन्न-भिन्न शाखाओंमें भारी सपत्ति है। जिसका ज़िक्र मैंने पहिले किया है। यदि आप कनखल जायें तो वहाँकी ज़मीन और मकानोंमें सबसे अधिकका मालिक निर्वाणी अखाड़ेको

पायेंगे । यदि हरिद्वारमें जायें तो हरिद्वार और मायापुरमें मीलों तककी भूमि और गृह-पंक्तियां निरजनी अखाड़ेकी हैं। इनके अलावा पचासो गाँवोंमें उनकी ज़मींदारी है। कनखल हरिद्वारके निर्वाणी और निरजनी अखाड़े लाखों नहीं करोड़ोंकी सपत्तिके स्वामी हैं। और इनका प्रबन्ध कैसे होता है ? श्री पञ्च द्वारा निर्वाचित ८ थानापत महन्तोंके द्वारा, इन महन्तोंके चुननेमे प्रान्त या जात-पातका कोई भेद नहीं। जो अखाड़ेका नागा बन चुका है, उसे थानापति बननेका अधिकार है। किसी समय अखाड़ेकी सारी जायदाद अखाड़ेके नामपर होती थी, मगर जब राज्य शासनमे व्यक्तिवादकी भरमार हो गई, सरकारी क़ानूनमें सम्पत्तिका स्वामी सघ नहीं व्यक्ति माना जाने लगा, तो सांघिक सम्पत्तिको सरकारी कागज़ोमें क्यो स्वीकार किया जाता, लेकिन तो भी अखाड़ोंने बहुत हद तक अपनी सम्पत्तिको बचानेमें सफलता पाई है। अखाड़ोकी सम्पत्ति उनके महन्तोके नाम भी काग़ज़ों में दर्ज देखी जाती है, मगर अखाड़ेके बाहर वाले मठाधीशोंकी भाँति वो इस सम्पत्तिको बेंच और बरबाद करनेमें कभी कृतकार्य नहीं हुये इसका सबसे बड़ा कारण है समान अधिकार वाले ८ महन्तों का होना, आठोंका एक ही बार बेईमान और विश्वासघाती होना सम्भव नहीं अखाड़ेकी सम्पत्तिके प्रबन्ध और अदालती कारंवाईका काम आठों महन्तोंमें से किसी एकको दे दिया जाता है। जब कोई थानापति मर जाता है या निकाल दिया जाता है तो श्री पञ्च अखाड़ेके किसी नागाको निर्वाचित कर उस स्थानके लिये भेजता है।

थानापतिकी योग्यता—उसे किसी अखाड़ेका नागा या भूतपूर्व महन्त होना चाहिये ! अपनी सेवाओंसे पञ्चका विश्वासपात्र होना चाहिये, जिससे कि स्थानकी सम्पत्तिका प्रबन्ध कर सके।

थानापतिको गद्दी देनेका कोई जलसा या समारोह नहीं होता। पञ्च अपनी मुहरके साथ नियुक्तिकी सूचना भर स्थानको दे देता है। एक मर्तबे थानापति महन्त हो जानेपर अक्सर वह जन्म भर उस पदपर कायम रहता है। यदि वह स्वयं अवसर न ग्रहण करे या अयोग्यताके कारण निकाल न दिया जाये। अखाड़े सोच रहे हैं कि थानापति महन्तके स्थानको भी श्री महन्तोंकी तरह तीन-चार वर्षोंका ही रखा जाये, जिसमें कि महन्त बदलते रहें। और एक स्थानमें चिरकाल तक रह जानेके कारण इस सम्बन्धमे नाजायज फ़ायदा न उठा पायें। कहीं-कहीं स्थायी महन्तोके कारण वैयक्तिक सम्पत्ति पैदा करनेकी चेष्टा देखी गई है। हरेक स्थानकी एक मुहर होती है,

जिसके बिना किसी कागज़को आठों महन्तों द्वारा सम्मत नहीं समझा जाता। थानापतिके मरनेपर उसके सब सामान आदिका मालिक अखाड़ा होता है।

४. *जुंडी महन्त*—कुम्भकी समाप्तिके बाद जब अखाड़ेके सदस्य (सारे नागे) बिखरने लगते हैं, तो जितने नागा आदि अखाड़ेके सर्वोपरि ८ श्रीमहन्तोंके साथ रहते यात्रा करते हैं, उन्हें पञ्च, श्री० पंच, पंच परमेश्वर और जमात कहा जाता है। कुंभके वक्त एकत्रित अखाड़ेके सभी सबको शम्भु पंच कहते हैं, यह हम पहिले बतला आये हैं। शंभु पंच सिर्फ कुंभके वक्त ही मौजूद रहता है। दो कुंभके बीचके समयमें अखाड़े का सर्वोपरि शासन संगठन यही श्री पंच या जमात करते हैं; पंचके अतिरिक्त अखाड़ेके सदस्योंकी कुछ छोटी-मोटी टुकड़ियां देशमें विचरण करती रहती हैं। इन्हेंही जुंडी कहते हैं जुंडी पंचकी सम्मतिसे बनती है; और जुंडीके महन्तोंका निर्वाचन भी श्री० पंच ही करता है। ये जुंडियां वर्षावासके चार महीनोंको छोड़ बराबर यात्रा करती रहती हैं। निर्वाणी अखाड़ेकी इस वक्त दो जुंडियां हैं, जो १९४३ ई०के वर्षावासको भर (अकोला) ज़िला और उदयपुरमें बिता रही हैं। श्री पंचकी भांति जुंडीके पास भी अपना इष्ट-देवता, अपना निशान, भगवा झंडा, माला, छड़ी आदि होती है। जिसका पारिभाषिक नाम नकुशा है, और यह उसे पंचकी ओरसे मिलता है। जुंडीकी कोई स्थावर संपत्ति नहीं होती। भक्तगण जो भी पूजा में देते हैं, वही उसकी संपत्ति है। बचे रुपयोंको कुंभके वक्त जुंडी पंचायती कोषमें दे देती है। नागा लोगोंमें से ही जुंडीके महन्त निर्वाचित होते हैं, और यहां अपनी कर्त्तव्य-निष्ठा दिखलाकर वे आगे बढ़नेका रास्ता साफ़ करते हैं।

५. *श्री पंचके श्री महन्त और कारबारी*—कुंभके बाद अखाड़ेकी सर्वोपरि शासन संस्था श्री पंच रामत (विचरण)के लिये निकलती है। उसे अगले कुंभ तक उस स्थानमें पहुँच जाना चाहिये, जहां कि आने वाला कुंभ लगने वाला है। उदाहरणार्थ १९४०-४१की मकर संक्रांतिके अवसरपर प्रयागमें कुंभ रहा। १९४४का कुंभ गोदावरी (नासिक) में होगा। निर्वाणी अखाड़ेका श्रीपंच १९४१के आरंभमें ही गोदावरी-की ओर रवाना होगया। श्रीपंच रेल या नाव किसी तरहकी सवारीको (घाट वगैरह उतरनेके अलावा) यात्रामें इस्तेमाल नहीं कर सकता। उसे सारी यात्रा पैदल करनी होगी। निर्वाणी श्रीपंच आजकल अपना वर्षावास इसी यात्रामें रींवाके गोविन्दगढ़में कर रहा है।

आठ श्रीमहन्तोंका निर्वाचन

कुम्भके वक्त बिखरनेसे पहले शंभु पञ्च अखाड़ेके शासनके लिये श्रीपञ्चके आठ महन्तोंका निर्वाचन करता है। अखाड़ेमें सिर्फ़ इन्हीं आठ महन्तोको श्रीमहन्त* कहा जाता है। इसकी कोई स्थायी सम्पत्ति नहीं होती। वर्षा छोड़कर कोई स्थिर वास नही है। ये एक कुंभसे दूसरे कुंभके बीचके समयजो ६ माससे ४ बरस तक हो सकता है—के लिये ही चुने जाते हैं। श्रीपचके श्रीमहन्तोका चुनाव शंभु-पंच करता है। लेकिन उनकी जमातमे अखाड़ेका हरएक भूतपूर्व महन्त, नागा और वस्त्रधारी अपनी इच्छा अखाड़ेकी इच्छासे शामिल होता है। श्री महंतके चुनावके वक्त ही श्रीपचके आठ कारबारी भी शंभु-पंच द्वारा चुने जाते हैं। श्रीमहंत, कारबारी, जमात में शामिल अखाड़ेके दूसरे सदस्य यही सब मिलकर श्री पच कहे जाते हैं। श्रीमहतके चुनावके समय शंभु-पंचका कोतवाल आठों दावोंमें घूम घूमकर कह आता है, कि श्रीमहत और कारबारीका चुनाव अमुक समय होगा। हरेक दावा एक-एक श्रीमहंत और एक-एक कारबारी मनोनीत करके शंभु-पंचके सामने पेश करे। इसके बाद हरेक दावे, नागासे लेकर ऊपर तकके अखाड़ेके सभी सदस्य, एकत्रित हो एक नाम श्रीमहंतके लिये और एक नाम कारबारीके लिये चुनते हैं। कई उम्मीदवार भी हो सकते हैं, और चुननेमें मतभेद भी है, लेकिन जो नाम बहुमतसे चुन लिये जाते हैं, उन्हें सारा दावा अपना उम्मीदवार स्वीकार कर लेता है। मतभेद रखने वाले यदि संतुष्ट नहीं हैं, तो इस प्रश्नको शंभु-पचके सामने उठा सकते हैं। और शंभु पंच (महासंघ) दावेको फिरसे विचारनेके लिये आज्ञा दे सकता है। अथवा अपने मनसे स्वतंत्र निर्वाचन कर सकता है, किन्तु ऐसे स्वतंत्र-निर्वाचनके उदाहरण नहीं मिलते। हरेक निर्वाचन संस्थामें वोटरो में मतभेद हो सकता है। मतभेद होनेपर वोटोंके गिनने आदिके खास नियम होते हैं। ईसा पूर्व ५०० ई०में लिच्छिवियोंके प्रजातंत्र और बौद्धोंके भिक्षुसंघमें दो मत होनेपर वोट लेते समय दोनो तरहकी सम्मतियोंके लिये

---

* १९३७में चुने श्रीमहन्त १९४०में प्रयागमें खतम होगये, प्रयागमें १९४०में चुने गये श्रीमहन्त गोदावरी १९४४में खतम होग ये। गोदावरीमें चुने गये कुछ ही महीनो बाद ई० १९४५की वर्षामें खतम हो गये, और उज्जैनमें चुने गये श्रीमहन्त हरिद्वार १९४६मे खतम हो जायेंगे।

दो रंगके काठके टुकडे (छंद-शलाका) वोटरोंमें बांटे जाते थे। जिस रंगकी लकड़ी ज़्यादा लौ जाती अर्थात् जिधर अधिकांश वोटरोंकी सम्मति होती थी, वही बात स्वीकार की जाती थी। शभु-पच, दावा और श्रीपच के सामने किसी बातका निर्णय करते समय इस तरहके मतभेद होने स्वाभाविक हैं, मगर अखाड़ोंने वोट लेनेके लिये छद-शलाका या किसी दूसरे तरीकेको इस्तेमाल नहीं किया। इसका कारण यही है कि किसी बातके फ़ैसले में यदि मतभेद हो जाता है तो बहुमत उसी समय फैसलेके अनुसार काम करने नहीं लग जाता, बल्कि अल्पमतको समझानेके लिये सभा मुल्तवी कर देता है। अल्पमत भी कुछ देर बाद दूसरोंकी दलीलो और सगठनका ख़्याल कर बहुमतके फैसलेको स्वीकार कर लेता है। इस तरह अखाड़ेका निर्णय सर्वसम्मत होता है। आठो दावोंसे जो एक एक महंत और एक-एक कारबारीके नाम आते हैं, उन्हे शंभु-पंच (महासघ) के सामने रखा जाता हुआ ब० उसपर अपनी सम्मतिकी मुहर लगा देता है। और उस जगह नये महंतके अधिकारारूढ़ होनेपर "महत कौन बैठा" कहा जाता है, मगर श्रीपचके महन्तोंके अधिकारारूढ़ होनेपर महन्त कौन उठा कहनेका रिवाज़ है, क्योंकि श्रीमहन्त अपने अधिकार कालमें किसी जगह बैठते नहीं, वह लगातार एक कुंभसे दूसरे कुंभ तक पैदल चलते ही रहते हैं, इसलिये—उनके लिये उठनेका शब्द इस्तेमाल किया जाता है। वर्षांके चार महीने (आषाढ़ शुक्ल देवशयनी एकादशी से कार्तिक शुक्ल देवोत्थानी एकादशी तक) वह एक जगह वर्षावास करता है, फिर आठ महीने यात्रामें बिताता है। आठो श्रीमहंतोंके अधिकार समान हैं। जिस बातपर वह एक राय होते हैं, वही बात पक्की समझी जाती है। और अखाड़ेका हरएक व्यक्ति उसे माननेको मजबूर है। लेकिन श्रीमहंत भी सिर्फ़ अपनी सम्मतिसे किसी ऐसे निर्णयको कार्यरूपमें परिणित नहीं कर सकते। पचके धुनीवाला नामक दो अधिकारियोंमें से एक श्रीमहंतके निर्णयको सारी जमातमें सुनाता है। कुंभमें सुनानेका काम कोतवाल करता है। यदि जमातमें कोई विरुद्ध सम्मति रखता है तो जाकर बोल सकता है। पचसे पूछे बिना किसी निर्णायक पत्र को नहीं लिखा जा सकता। पत्र या फ़ैसलेको आठों श्रीमहन्तो तथा समस्त श्रीपंचके नामसे लिखा जाता है। पत्रके आदि और अतमें पचकी मुहर लगती है। आजकल निर्वाणी अखाड़ेके श्रीपंच जिन दो मुहरोंको इस्तेमाल करते हैं, उनमें से ऊपर वाली चौकोर मुहरपर चार पंक्तियां लिखी हुई

है। "(१) श्री कपिल मुनि (२) जी अखाड़ा महा (३) निर्वाणि रमता (४) पंच सम्वत् १६२६।" और नीचेकी गोल मुहरमें पाच पंक्तियां हैं। (१) श्री कपिल (२) महा मुनिजी (३) पचायता अखाड़ा (४) महा निरवाणि (५) रमता पच।" इन मुहरोंके बिना कोई पत्र श्रीपंचका नही समझा जाता। करोड़ोंकी सम्पत्ति वाले थानापति भी मुहर लगी इन चिट्ठियोंको सर आंखोंपर रखते हैं, और आते ही उन्हे स्थानके सारे सदस्योको सुनाकर उसे कार्यरूपमे परिणित करते हैं।

अगले चढ़ावपर श्री महत खुद ब खुद अपने पदसे हट गये समझे जाते हैं। लेकिन अगर दावें चाहे तो उन्हे फिर उम्मीदवार खड़ा कर सकते हैं, और शम्भु पंच उन्हें फिर श्री महत चुन सकता है।

कारबारी—श्री महतके चुनावके समय ही हरेक दावा कारबारीके लिए भी एक-एक नाम पेश करता है, और शंभु पचकी सम्मतिसे अगले कुंभ तकके लिये ८ कारबारी चुन लिये जाते हैं। कारबारीका काम है, श्री महतोंके काममें मदद देन। श्री महतोंकी भांति इन्हें पैदल चलना अनिवार्य नहीं। कारबारी अखाड़ेके कामसे रेल या दूसरी सवारी इस्तेमाल कर सकते हैं, और कुछ समयके लिये जमात (श्री पच से अलग भी रह सकते हैं)।

धूनीवाला—श्री पचके साथ अखाड़ेका इष्टदेवता भी चलता है। अखाड़ेके कागज़ पत्र, रुपया पैसा, मुहर, छड़ी (चादी सोने आदि की) को सभालना पड़ता है। इन कामोंके लिए दो-दो दावे एक दो महीनेके लिए अपना एक-एक नागा देते हैं। ये नागा एक महीनेके लिये जमात का धूनीवाला कहलाता है। किसी एक या दो श्री महंतोंकी आज्ञाको नहीं—धूनीवाला आठोंश्री महंतोंकी सम्मत बातका पालन करता है।

६. *शभु पंच*—इसके बारेमें पहिले काफी कहा जाचुका है। शंभु पंच अखाड़ेकी सर्वोपरि सस्था है। अखाड़ेके सारे अधिकारोंका उदगम यही है। श्री महन्तसे लेकर साधारण नगा और ब्रह्मचारी तकके लिये शंभु पचका निर्णय ब्रह्मवाक्य है। और श्री महन्तसे लेकर नागा तक जितने भी अखाड़े के सदस्य हैं यही अगले कुंभ तकके लिये श्री पंचके अधिकारियोंको चुनता है। यही नागाकी पदवी देकर किसी व्यक्तिको अपने भीतर समान अधिकार प्रदान करता है। अखाड़ेके भीतरके स्थानों और व्यक्तियोंके झगड़ोंके आख़िरी फ़ैसले यही करता है। दूसरे संप्रदायोंसे युद्धों और विवादोंके बारेमें भी आखिरी निर्णय इसीके हाथमें है। इसके हुकुमपर पिछली चार शताब्दियों

में कितनी ही बार हजारों आदमियोंने अपने प्राणोंको अर्पण किया है। १७६० ई०के हरिद्वारके कुंभमें जो बैरागी—संन्यासी झगड़ा हुआ था, उसमें २५०००से कम नागे नहीं मरे होंगे। उस वक्त संन्यासी अखाड़े मज़बूत साबित हुए, तब तक वैरागियों ा ही हरिद्वारमें ज़ोर था। कनखल और हरिद्वारमें इन्हींके डेरे पड़ते थे, और गंगा पार चडीके पहाड़के नीचे संन्यासियोंके अखाडे उतरा करते थे। इस युद्धमें दशनामी तलवार ही बलिष्ठ साबित हुई, तभी कनखल हरिद्वारमें दशनामी अखाड़ोंकी प्रभुता कायम होगई। आज कुम्भके समय वैरागी अखाड़ोंको गगा पार पहाड़के नीचे उतरना पड़ता है। हरिद्वारके इस युद्धका असर यहाँ तक सीमित नहीं रहा। यद्यपि हरिद्वारमें बैरागी अखाड़े निर्बल साबित हुए, मगर अयोध्यामें वह ज्यादा मज़बूत थे। कहा जाता है, तब तक अयोध्या की हनुमान गढ़ी संन्यासियोंके हाथमें थी। हरिद्वारसे लौटे बैरा ी नागोंने संन्यासियों को वहाँसे हटाकर उसपर अपना अधिकार जमा लिया, और तबसे हनुमान गढ़ी और उसकी करोड़ोंकी संपत्ति वैरागीके हाथमें आ गई है। जनकपुरमें उस समय तक वैरागियों का ज़ोर था, वहाँ भी लड़ाई हुई, और वहाँके राम-मंदिरकी जायदाद संन्यासियोंके हाथमे चली गई। आज वह नाम मात्रके लिये संन्यासियोंके हाथमें है। यद्यपि व्यवहारतः वह नेपाल सरकारकी ओरसे नियुक्त अधिकारियोंकी लूटसी बन गई है।

१५वीं सदीसे आज तकका अखाड़ोंका इतिहास एक गंभीर अध्ययनकी चीज़ है। १६ सौ बरसके भारतीय इतिहासमें यह अखाड़ों का ही इतिहास है जिसमें निरकुशता और एकतंत्रवादके घोर अधकारके बीच एक प्रकाशस्थली दीख पड़ती है। अखाड़े पूर्ण जनतांत्रिकवादको मानते ही नहीं बल्कि उसपर पूरी तौरसे चलते हैं। जहाँ निरंकुश एकतंत्री महन्तोंने लाखोंकी संपत्ति वाले मठोको अपनी विलासिता और स्वेच्छाचारके लिये बरबाद कर दिया, वहाँ अखाड़ोंकी संपत्ति आज सुरक्षित ही नहीं है, बल्कि वह लाखोंसे करोड़ों तक पहुँच गई है। उनके इस उदाहरणने बतला दिया कि एकतांत्रिक प्रबंधसे जनतांत्रिक प्रबंध कहीं अच्छा है। अखाड़ोंमें सामंत, व्यापारी और भद्रवर्गकी सुशिक्षित, सुसंस्कृत संतानें नहीं आती थीं, न पढुवा पडित ही। घोड़ोंकी घास छीलनी और ऊँटोंका चारा काटना बेचारोंके वशकी बात न थी। लेकिन इन साधारण जनताके पुत्रोंने अखाड़ोंके प्रबंध द्वारा बतला दिया कि प्रबध-कुशलता सिर्फ़ कामचोर अमीर वर्गकी विशेषता नहीं है। इन्होंने युद्धोंमें भी मामूली सैनिक ही नहीं सेनापतिके तौरभी पर

अपना जौहर दिखलाया, और सिर्फ साम्प्रदायिक युद्धोंमें ही नहीं बल्कि मराठों, राजपूतों और सिक्खों (बंदा बैरागी)के राजनीतिक युद्धोंमें नागों की पलटनोंने अपनी वीरता का परिचय दिया। यह ठीक है कि हमारे इतिहास ग्रंथोंमें इन वीरोंके कारनामोंका उल्लेख नहीं है, लेकिन जब तक इतिहास का नायक साधारण जनता नहीं बल्कि राजा, रानी और उनके जूते चाटने वाले रहेंगे तब तक जनताके पुत्रों की कुरबानियोंकी क़द्र कैसे हो सकती। देश और विदेशके प्रकांड इतिहासवेत्ताओंका अखाड़ोंकी ओर ध्यान न जाना इसी मनोभावका परिणाम है। हो नहीं सकता कि मुग़ल साम्राज्यके भिन्न-भिन्न कालकी ऐतिहासिक सामग्रीपर विवेचन करते हुए पंडितोंको नागोंका पता न लगा हो। हो नहीं सकता कि राजपूतानेके राज वंशों की राज-कथाओं और राज प्रबंधोंमें नागोंका ज़िक्र न आया हो। हो नहीं सकता कि पेशवाके दफ़्तर उलटने वालोंके कानोंमें गोसाइयोंकी भनक न मिली हो, लेकिन सभी एक ओरसे चुप हैं, इस बातमें काले गोरे सभी एक हैं। यह क्यों? इसीलिये जनता उनके लिए एक भेड़से बढ़कर कोई हस्ती नहीं रखती, इतिहासका निर्माण हीरे-मोतीमें लिपटी गुड़ियां ही करती हैं।

अखाड़ा—संन्यासी, उदासी, वैरागी, निर्मले और मुसलमान मलंग भी—के इतिहासका अध्ययन आजके जनतांत्रिक युगके लिये बहुत ज़रूरी है। अभी तक इस ओर कुछ भी प्रयत्न नहीं हुआ है, इसलिये वह सारेका सारा प्राय: अंधकारमें पड़ा हुआ है। रामकृष्ण परमहंसके गुरु तोता-पुरी (१९ वीं सदी); तिब्बत, चीनमें वर्षों फिरने वाले भोट बगानके पूरन गिरी (१७७३ ई०); रूस, मध्य-एशिया तथा और दुनियांके देशोंमें घूमने वाले ऊर्ध्वबाहु महान् पर्यटक पूरनपुरी (१८ वीं सदी); सत्रहवीं सदीके मध्यमें तिब्बत में रह कर वैद्यक पुस्तक का अनुवाद करने वाले उत्तम गिरि, गौतम भारती, ओंकार भारती आदिके रूपमें इन अखाड़ोंने हमारे देशके लिये साहसी यात्री पैदा किये। अफसोस है कि हमारे इन यात्रियोंने अपनी यात्राओं-को लेख बद्ध करनेकी कोशिश नहीं की, जिससे पूरन गिरीको छोड़ किसी की यात्राका विवरण नहीं मिलता।

अखाड़ों के इतिहासकी सामग्री अभी जहाँ तहाँ बिखरी, खुद अखाड़ोंकी भिन्न-भिन्न शाखाओंमें जहाँ-तहाँ उपेक्षित पड़ी हुई है, कितने ही पुराने दस्तावेज और पुराने लेख मुकदमोंकी मिसलोंमें नत्थी होकर कचहरियोंके मुहाफिज़खानों में पड़े हुये हैं। नागों, गोसाइयोंकी सेना

का ज़िक्र राजपूतानेकी रियासतों तथा इन्दौर, बड़ौदा आदि मराठा राज्योंके दफ़्तरोंमें है। बाहरी दुनियाँके तथाकथित इतिहासवेत्ताओंने तो साधारण जनताके भीतरसे निकली इस महान् ऐतिहासिक शक्तिके बारेमें चुप्पी साधनी ही पसंद की, मगर अब अखाड़ोंके भीतर शिक्षित व्यक्ति भी शामिल होने लगे हैं। वह इन चीज़ोंके समझनेकी शक्ति रखते हैं। सदियों तक अमीरज़ादोंके साथ-साथ उनका अनुकरण करने वाले शिक्षितोंके लिये भी अखाड़ोंके दरवाज़े बंद थे। शिक्षितोंकी मनोवृत्ति सघबद्ध होनेकी जगह फूट पैदा करनेमे अधिक सहायक होती है। शिक्षित आरामतलब अधिक होते हैं; और वह ऐसे जीवनके पीछे अखाड़ोंकी संपत्ति व परंपराकी अवहेलना कर सकते हैं। अब से पहिले उनकी इन दुष्प्रवृत्तियोंपर रोक रखनेके लिये कोई साधन न थे, लेकिन अब हम ऐसे युगमें हैं, जब कि जनतन्त्रता और आर्थिक साम्यवादके महत्त्व और उच्च आदर्शको अच्छी तरह समझ सकते हैं, और यह भी कि शताब्दियोंके ब्रह्मशन, वैराग्य और अहिंसाके अनुभवोंको विफल होते देख अहिंसाकी साक्षात् मूर्ति किंतु साधारण जनताके औरस पुत्रोंने लोह शस्त्रको अपना अग्रगामी बनाया। आजके शिक्षित नागोंका कर्त्तव्य है कि वह अखाड़ोंको जनतंत्रताको अक्षुण्ण रखते हुये आगे बढ़ें। संगठनके महत्त्वके सामने वैयक्तिक धारणाओं और संमतियोंका बलिदान करें। अपने आचरण द्वारा दिखलायें कि अखाड़ेके भीतर शिक्षित और अशिक्षित बिलकुल सगे भाई हैं। वैयक्तिक नेतृत्व रखने वाले दयालबाग़ जैसे धार्मिक संप्रदायोंने अल्प साधन रहते भी आधुनिक सायंसका उपयोगकर देशके सामने कितने ही सफल औद्योगिक तथा शिक्षा संबंधी तजर्बे पेश किये हैं। अखाड़ोंके आर्थिक साधन, उनकी पूर्ण जनतांत्रिक व्यवस्था और त्यागपूर्ण लंबा इतिहास उन्हे नये नये क्षेत्रोंमें बहुत सफल साबित कर सकता है। साथ ही उनकी इस तरहकी सफलता इस बातका भी प्रमाण होगी, कि साधारण जनता उन सभी बातोंको कर सकती है, जिनकी कि इजारादारी अब तक कामचोर वर्गने ले रखी थी। शिक्षित नागोंका एक ज़रूरी कर्त्तव्य यह भी है कि अखाड़ोंके इतिहासकी बिखरी तथा लुप्त हो रही सामग्रीको सुरक्षित तौरपर जमा किया जाये। अखाड़ेके पुराने वीर नेताओंकी जीवनियाँ ऐतिहासिक सामग्रीके आधारपर प्रकाशित की जायें। फिर अखाड़ोंके विस्तृत इतिहास लिखने का काम हाथमें लिया जाये।

अंतमें अखाड़ोंके संबन्धमें दो बातें और कहकर मैं इस लेखको समाप्त करता हूँ। भारतकी आम जनताकी भाँति अखाड़े वाले अधिकतर

सुशिक्षित नहीं होते रहे, इसलिये उनके विषयमें कितनी ही ग़लत धारणाएँ फैल गई हैं। सदाचारकी रक्षाके लिये जिसने तंगतोड़ प्रथा जैसी अत्यन्त पीड़ाजनक प्रक्रिया स्वीकार की, उसके ऊपर आचारको लेकर आक्षेप करना कितना ग़लत है यह आप खुद समझ सकते हैं। यदि कहीं कोई दोष मिले भी तो आप उसे दूसरे सुशिक्षित, सुकुमार साधु-महात्माओंके जीवनसे मिलायें, तब आपको मालूम होगा कि ये जनताके पुत्र उनसे हज़ार गुणा अधिक सदाचारी हैं। दूसरी बात मुझे अखाड़ेके सदस्योंसे कहनी है। अखाड़ोंका इतिहास एक मुर्दा इतिहास नहीं है, वह एक सजीव इतिहास है। उसका इतिहास निर्माणका काम समाप्त नहीं होगया। अभी उसे नये इतिहास निर्माण करना है। अखाड़े समझें कि हज़ारों वर्षों से वैयक्तिक स्वार्थ-पूर्ण गंदे समाजमें वही एक समाजके सुन्दर प्रतीक हैं। अखाड़ो-अखाड़ों और भिन्न-भिन्न संप्रदायोंके अखाड़ोंके झगड़ोंका समय गया, अब उन्हे एक दूसरेके और नज़दीक आना चाहिये। अखाड़ोंने पहिले किसी समय व्यापारको अपनाया था, अब वह सूदख़ोरी और ज़मींदारी का व्यवसाय करते हैं, लेकिन जनतांत्रिक, साम्यवादी अखाड़े यदि चाहे तो साइन्स की नई देन छोटे-बड़े उद्योग धंधोंको हाथमें ले सकते हैं, और लोगोंके सामने एक दूसरे प्रकारका उदाहरण पेश कर सकते हैं। संन्यासी, वैरागी, उदासी और निर्मले संप्रदायोंके सातो अखाड़ों का एक संघ बनाना चाहिये फिर सभी अखाड़ोंके द्वारा एक बड़ा संघ संगठित होना चाहिये।

विक्रमने जनतंत्रता को भारतसे सदाके लिये ख़तम करना चाहा, मगर अखाड़ोंके रूपमें जनताके पुत्रोंने उसे एक सीमित क्षेत्रमें आर्थिक साम्यवाद-के साथ फिरसे प्रतिष्ठित किया, विक्रमकी शताब्दियोंको मनाते वक्त जनताकी इस देनकी भी शताब्दियाँ हमें मनानी चाहिये।

प्रगतिशील लेखक*

बहिनो और भाइयो !

—पीढ़ियाँ जिसका स्वप्न देखती चली गईं, सदियाँ जिसकी प्रतीक्षामें बीत गईं, सैकड़ों नीति कुशल भग्न मनोरथ रह गये, लाखोंने जिसके लिये अपने प्राणोंकी आहुतियाँ दीं—लाखों जो बालूके प-चिन्ह और पानी परकी रेखाकी तरह अपना जीवन सर्वस्व खो सदाके लिए गुमनाम हो विलीन हो गये। परन्तु जातिने हिम्मत नहीं हारी, वीरोंने और-और आगे बढ़कर जिसके लिये अपने को बलिवेदीपर चढ़ाया, वह स्वतंत्रता हमारे सामने आई, अनन्त आशाओंका सन्देश लिये, सफलताओंके लिये अवसर प्रदान करती।

परतन्त्रताकी सारी कड़ियाँ अभी टूटी नहीं। अब भी सदियों तक हमें दास रखनेवाले अपने मनहूबेको बिलकुल छोड़ नहीं चुके हैं। लेकिन हम जानते हैं कि अब ये कड़ियाँ कच्चे धागेसे अधिक सबल नहीं हैं। कच्चे धागेसे सबल धागा बनाया जा सकता, इसमें सन्देह नहीं, लेकिन हमारा जागृत जन वैसा करने देनेके लिये तैयार नहीं हो सकता। हमारा देश ब्रिटेनका उपनिवेश बनकर रह नहीं सकता। भारत स्वतंत्र प्रजातंत्र बन कर रहेगा।

इसमें सन्देह नहीं कि इस समय हमारा देश रोमाञ्चकारी भीषण घटनाओंमें से गुज़र रहा है। आज पजाब मानव नृशंसतामें दानवोंको भी मात कर रहा है। देशमें हर जगह घृणा और द्वेषकी विषैली हवा फैली हुई है। ज़रा सी कोई बात होते ही क्रूर पैशाचिक काण्ड शुरू हो जाते हैं। स्वतंत्रता और प्रगतिके विरोधी ऐसे मौक़ेसे फ़ायदा उठाते बाज़ नहीं आते। जिनका जीवन ही जनताका ख़ून चूसनेपर निर्भर था वह इस विद्वेषाग्निमें घी डालनेका काम कर रहे हैं। कितने ही इस विषैले वातावरणके प्रभावमे आकर सूझ-बूझ खो बैठे हैं। कितने ही हताशसे बन गये हैं।

---

*अखिल भारतीय (हिंदी) प्रगतिशील लेखक सम्मेलनके प्रथम अधिवेशनमें अध्यक्षपदसे दिया गया भाषण। (प्रयाग; सितम्बर १९४७)

लेकिन, क्या हमें हताश होनेकी ज़रूरत है ? यह सन्धिकाल है। सदियोंके बाद हमने अपनी खोई हुई स्वतन्त्रता पाई है। जिन कारणोंकी वजहसे हमने अपनी स्वतन्त्रता खोई थी उनका दूर करना हमें दास बनाने वाले अपना कर्त्तव्य नहीं समझते थे। दासत के दीर्घ जीवनने, उसके अनुभवने हमें सूझ जरूर दी, लेकिन सन्धिकालके फैलाये अन्धकारमें उसका उतना उपयोग हम कर नहीं पा रहे। स्वतंत्रता हमारे प्रयत्नों और विश्वकी परिस्थितिके कारण हमारे पास जो आई है, वह सिर्फ़ क्षण भर दर्शन देनेको नहीं। सन्धि युगके इस अन्धकारको हमें छिन्न-भिन्न करना होगा। धर्मान्धता और जातीय विद्वेषका हटना, निराशाका भंग करना हमारा परम कर्तव्य है और उसे हम पूरा करके रहेंगे।

आजकी हमारी स्वतंत्रता युगों पहले बीती चन्द इने-गिने लोगोंकी स्वतंत्रता नहीं, यह जन स्वतन्त्रता है। यह जनताके बलसे प्राप्त हुई है और जनताके हितके लिये है। जगह-जगह जनताको अन्धा बनानेकी कोशिश हो रही है। पुराने अवशिष्ट सामन्त, उनके पिट्ठू धर्माचार्य ही नहीं, आजके बड़े-बड़े थैलीशाह भी जनताको अपनी तरफ़से पथभ्रष्ट करनेको तुले हुए हैं। जनतामें अपने हित-अनहित पहचाननेकी बुद्धि और उसमें ज्ञान प्रसार करनेकी आज अनिवार्य आवश्यकता है, जिसमें किसान अपने हितके कामको छोड़कर गुमराह न हो प्रतिगामी शक्तियोंके अनुगामी न बनें, बुद्धिजीवी नये संसारके निर्माणका सङ्कल्प छोड़ पुरानेकी पुष्टि करनेमें हाथ बटाने लगे। सबसे अधिक आवश्यक है साधारण जनता—मजूर—किसान जनतामें राजनीतिक सूझ पैदा करना। ज्ञान से वंचित होना, अपने हित-अनहितको न पहचानना जनताके लिये सबसे ख़तरेकी बात है। ज्ञान प्रसारके बहुतसे साधन जिन्हें साइन्सने हमारे लिए सुलभ कर दिया है आज बड़ी शीघ्रतासे मुट्ठी भर बड़े-बड़े थैलीशाहोंके हाथोंमें चले गये हैं। दिल्ली, बम्बई, मद्रास, कलकत्ता, पटना, प्रयाग, जहाँ भी नज़र दौड़ाइये स्वतंत्र समाचार पत्र ख़तमसे हो-चुके हैं। इन समाचार पत्रों का काम ज्ञानका फैलाना नहीं बल्कि भ्रम और असत्यको बड़ी शीघ्रता और व्यापक रूपमें फैलाना है। प्रथम विश्व-युद्धके पहलेके वे आदर्शवादी जनसेवक भारतीय पत्रकार और उनके पत्र आज कहाँ हैं ! तब, पत्र-व्यवसाय धनार्जन का साधन और झूठ प्रचारका ज़रिया नहीं बन पाया था। चाहे उस वक्त उनकी आवाज़ क्षीण और अल्पदूर व्यापी भले ही रही हो, किन्तु थी वह जनहितसे ओत-प्रोत। आज भी ऐसे पत्रोंका अभाव नहीं है, लेकिन थैलीशाही पत्रोंकी

चिल्लाहटके सामने उनका स्वर निर्बल पड़ जाता है। आजके थैलीशाही पत्र और प्रकाशन लोगोंकी आँखोंमें ज्ञानाञ्जन न लगा धूल झोंक रहे हैं। लेखन और भाषणकी स्वतन्त्रताका राग ये पत्र अलापा जरूर करते हैं। लेकिन ऐसा करके वे किसीको धोखेमें नहीं डाल सकते। हमारे पत्रकार और लेखक इस लेखन-स्वतंत्रताका अच्छा अनुभव रखते हैं।

झूठ और असत्यका प्रचार थैलीशाही अखबारो द्वारा हो रहा है, जिसका प्रभाव साधारण जनतापर पड़ता है। जनतांत्रिकताकी रक्षाके लिये जनताका शिक्षित होना पहली आवश्यकता है और सो भी बिना विलम्बके। चींटीकी चालसे चलनेके लिये हमारे पास समय नहीं है। हमें दस या पन्द्रह सालके भीतर अपनी जनताको शिक्षित कर लेना है। स्वतंत्रताने हमें नव निर्माणका अवसर दिया है। नव निर्माणके लिये पुरानी शक्तियोंका ध्वंस आवश्यक है। ये पुरानी शक्तियाँ अपने काममें अभीसे ज़ोरशोरसे लगी हुई हैं, वे भ्रम और द्वेष फैलाकर जनताकी शक्तिको छिन्न-भिन्न करनेमें तत्पर हैं। हमें जनताको सचेतन और सजग बनानेके लिये होड़ लगाकर दौड़ना होगा। जनताको शत-प्रति शत शिक्षित करना होगा, जिसमें वह अपने हित-अनहितको समझ सके। सोवियत् मध्य एसियामें क्रान्तिको विफल बनानेके लिये क्या-क्या नहीं झूठी सच्ची बातें फैलाई जाती थीं। सोवियत् सरकारने इसका प्रतिकार जनताके शीघ्रातिशीघ्र शिक्षित बन जानेमें ही देखा और वह पन्द्रह सालके भीतर निरक्षरता हटानेमे सफल हुई। यह हुआ कैसे? सोवियत् सरकारने देखा कि इसके लिये जनताकी मातृभाषा ही एकमात्र श्रेष्ठ साधन है। उसने ज्ञान देना मुख्य कर्त्तव्य समझा, एक नई भाषा सिखलाना नहीं। हर एक जातिकी अपनी मातृभाषा ही शिक्षा-दीक्षाका सर्वश्रेष्ठ माध्यम है। वहाँ किर्गिज, तुर्कमान जैसी पचासों भाषाओंको उच्चारणानुसार लिपि दी गई, उन भाषाओंमें पुस्तकें लिखवाई गईं, साहित्य तैयार किया गया। प्रकाशन चला। चन्द ही वर्षोंबाद उन्हीं भाषाओं द्वारा अध्ययन करके हजारों डाक्टर, इजिनियर, टेकनिसियन, कृषि-विशेषज्ञ, भूगर्भवेत्ता, और साहित्यकार निकल आये, जिन्होंने देशकी काया पलट दी और सदियों पिछड़ी अपनी जातिको आधुनिक मानव समाजकी अगली कतारमें ला खड़ा किया।

हमारे देशमें भी वैसी ही विकट समस्यायें स्वतन्त्रता देवीके आगमनके साथ साथ आ उपस्थित हुई हैं। आज हर साल ग्यारह करोड़ अस्सी लाख मन अन्नका तोड़ा है, जिसे हम बाहरके देशोंसे मँगाकर पूरा कर रहे हैं।

कब तक हम हर साल अरबसे अधिक रुपया यों बाहर भेजते रहेंगे? और, भेजना चाहें भी तो कब तक हम ऐसा करने की क्षमता रखेंगे? फिर ग्यारह करोड़ अस्सी लाख मनसे काम थोड़े ही चलनेका। हर साल हमारी जन संख्या पचास लाखके हिसाबसे बढ़ती जा रही है जिसका अर्थ होता है साढ़े चार करोड़ मन गल्ला हर साल और ज़्यादा बाहरसे मँगाना। हम बिलकुल खतरेमें है। पानी नाकके नज़दीक पहुँच रहा है। अगर हमने इसका रास्ता चन्द वर्षों में नही निकाला तो परिणाम भयंकर होगा। बंगाल ने जो पचास लाख भूखके लिये बलिदान दिये उसका कई गुना ज्यादा भारतको देना पड़ेगा। कृषि-उपयोगी सारी भूमिको खेतोमें परिणत करना, उपज बढ़ानेके लिये खाद तथा सिंचाईका बड़े विशाल पैमानेपर इन्तज़ाम करना और खेतीके साइन्सका उपयोग करके आजकी उपजको बढ़ाना—यह सब हमें तत्काल करना पड़ेगा। स्मरण रहे, हमारे धान और गेहूँके खेत आगे बढ़े देशोंकी अपेक्षा सिर्फ पाँचवाँ या छठा हिस्सा ही फ़सल पैदा कर रहे हैं।

लेकिन, यह सब करके हम अपनी जनताको सिर्फ़ भूखसे बचा सकते हैं। उनके जीवनके मान, उनकी वार्षिक आयको एक स्वतन्त्र और शक्तिशाली राष्ट्रके योग्य नहीं बना सकते। यह काम तो तभी हो सकता है जब देशका बड़े पैमानेपर उद्योगीकरण हो, भूमिके अन्दर दबी अपार खनिज संपत्ति और नदियोंमे बह जाती अनन्त विद्युत शक्तिको करोड़-करोड़ हाथो और मस्तिष्कको सहायतासे कायममे लाया जाये।

किन्तु वैज्ञानिक खेती और देशका बड़े पैमानेपर उद्योगीकरण तभी हो सकता है जबकि साइन्स और शिक्षा आम और सार्वजनिक हो जाय। सोवियत्की काया पलट हुई है, उसमें सबसे अधिक उसके दस लाख इन्जीनियरोंका हाथ है। हमें उससे भी ज़्यादा इञ्जीनियरों की ज़रूरत है। सारी जनताको शिक्षित करना हमारे लिये कोई शौकीनीकी बात नही है। यह तो हमारे लिये जीवन और मरणका प्रश्न है। इससे हम यदि दस-पन्द्रह वर्षोंमें पूरा करना चाहते हैं तो मातृभाषाओंको शिक्षाका माध्यम बनाये बिना दूसरा कोई रास्ता नहीं। अपरिचित भाषा सिखलाकर ज्ञान देनेकी शर्त हमें हरगिज नहीं पेश करनी चाहिये। जनताकी बोलियोंको उच्चारणानुसार लिपि दीजिये और सीधे जन-बोलियोंमे वैज्ञानिक और दूसरे साहित्यको तैयार कीजिये। इसके लिये सर्वथा उपयुक्त लिपि नागरी हमारे पास है। आखिर कौन-सी बुद्धिमानी है कि मैथिली, अवधी, भोजपुरी और

ब्रजभाषा जैसी जन-बोलियोंको शिक्षाका माध्यम बननेसे रोका जाय? अनेक भाषाओंको दबाकर भिन्न-भिन्न भाषा-भाषियोंको एक जुएके नीचे जोतना सामन्तशाही आदर्श भले ही हो सकता है; लेकिन जनताके राज्यके दम भरनेवाले कैसे उसे अपनानेपर ज़ोर दे सकते हैं? खासकर आजकी परिस्थितिमें जबकि जनताकी आम शिक्षा, रोटी-कपड़ेके सवालको हल करनेमें अनिवार्य शर्त बन गई है।

हमारे राष्ट्रीय कर्णधार इसपर गम्भीरतासे विचार नहीं कर रहे हैं। अभी वे तेलगू, तामिल, मलयालम, कनाडी और मराठी भाषा-भाषी प्रान्तों को भी स्वतंत्र प्रान्त माननेमें आनाकानी कर रहे हैं। फिर बिहार, युक्तप्रान्त, मध्यप्रान्त और पूर्वी पंजाबको मातृभाषाओंके अनुसार बाँटनेके लिये कोई ठोसका कदम वे उठायेंगे, इसकी आज तो आशा नहीं मालूम हो रही है। मुश्किल तो यह है कि वे इसे अनुभव नहीं कर रहे हैं कि ऐसा करके वे मातृभाषाओंपर कोई उपकार नहीं करेंगे। देशको दरिद्रताके गर्तसे निकाल कर समृद्ध बनानेके लिये मातृभाषाओंकी उतनी ही आवश्यकता है जितनीकि भारतके करोड़ों हाथों और मस्तिष्ककी। यह बात हम जितना ही समझ लें, उतना ही देशका कल्याण है। छः-छः करोड़ और तीन-तीन करोड़की जनताओंके मंत्री और गवर्नर बने रहनेकी अहंमन्यता एवं लोभकी पूर्ति कुछ व्यक्तियोंके लिये भले ही संभव हो, किन्तु इससे हमारी नैया भँवरसे नहीं निकल सकती। ग्यारह करोड़ अस्सी लाख मन अनाजका सालाना घाटा, ऊपरसे चार करोड़ पचास लाख मन घाटेका हर साल और बढ़ते जाना, पचास लाख हर साल नये मुँहका बढ़ना और देशका आज भी दुनियाके सबसे दरिद्र देशोंमें होना—ये बातें हैं, जिनपर आज हर समझदार भारतीयको गौर करना और हल ढूँढ़ना है। इसीलिये मातृभाषाओंके अनुसार प्रान्तोंका फिरसे विभाजन आजकी अनिवार्य आवश्यकता है। अगर आधुनिक विशाल प्रान्तोंके गद्दीधर इतना नहीं करना चाहते तो कमसे कम कमिश्नरियोंको हटाकर एक-एक मातृभाषाके अनुसार एक-एक उप-प्रान्त ही बना दें। हाँ, वहाँ मातृभाषाहीको शिक्षा और कचहरियोंका माध्यम बनाना होगा।

मातृभाषानुसारी प्रान्तोंसे हिन्दीको कोई हानि नहीं। वह सम्पूर्ण भारत संघकी अनिवार्य राष्ट्र भाषा रहेगी। अंग्रेजीको और कितनी ही दशाब्दियों तक भारतीय संघकी भाषा बनाये रखनेका मनसूबा बाँधने वाले वही हो सकते हैं जो सोचनेकी सारी शक्ति खो चुके हैं। जिस तरह सोवियत् संघने समूचे देशमें ~~तीसरे~~ दर्जे (दसवें सालकी आयु)से संघकी भाषा (रूसी)

का पठन-पाठन अनिवार्य कर दिया है, वैसे ही हमें अपने यहाँ हिन्दीको अनिवार्य कर देना है। इसका विरोध करनेवाले संघद्रोही होनेके लाँछनसे बच नहीं सकते।

सारे भारत संघकी भाषा हिन्दी नहीं हिन्दुस्तानी होनी चाहिये जो कि हिन्दी और अरबी दोनो लिपियोंमे लिखी जाय, यह भी कुछ लोग कह रहे हैं और साम्प्रदायिकता नहीं राष्ट्रीयताके नाम पर! हमें सोचना है कि कहाँ तक यह व्यवहार्य और राष्ट्रीयता सम्मत है? पहले हमें साफ़ समझ लेना चाहिये कि हिन्दुस्तानी कहनेसे एक भाषाका भान जो कराया जाता है वह बिलकुल ग़लत है। वस्तुतः वहाँ उर्दू-हिन्दी, इन दो भाषाओंको एक शब्द-की आड़में लाया जाता है। हिन्दी-उर्दू चाहे उनका उद्‌गम शताब्दियों पहले एक रहा हो, और आज भी यदि अरबी के लदे बोझको हटा दिया जाये तो वह एक है, लेकिन इधर तो वे विकसित होकर दो स्वतंत्र भाषाओंमे परिणत हो गई हैं। उर्दू काव्यका पंडित पंतकी कविताको नहीं समझ सकता। वैसे ही हिन्दी साहित्यज्ञ इकबालके काव्योंके रसास्वादनमें असमर्थ है। क्या इन दोनों भाषाओंको भारत संघकी भाषा स्वीकारकर हम उसे हिमालयसे कुमारी और कलकत्तासे अमृतसर तक सारे लोगोंके ऊपर लादना चाहते हैं? अपनी भाषाओं बंगाली, तेलगू, कन्नाडी, मलयालम, तमिल, मराठीके साथ-साथ उर्दू-हिन्दी दोनों भाषाएँ और लिपियाँ करोड़ों जनता को अनिवार्यतया पढ़ाना दुःसाध्य और श्रम तथा समय का। भारी अपव्यय है। हम संघ की एक लिपि और एक भाषा ही अपना सकते हैं जो कि अल्पतम समयमें साध्य हो। हिन्दी (नागरी) एक मात्र ऐसी लिपि है, इसमें किसी को विवाद नहीं हो सकता। अरबी लिपि, जिसमे कि उर्दू लिखी जाती है, अपने बाहरी दोषोंके कारण मुसलिम मध्य, ऐसिया और तुर्कीसे हटाई गई। जिसको शुद्धता-पूर्वक लिखनेके लिये उत्तरी भारतके स्कूलों की आठ साल की शिक्षा भी पर्याप्त नहीं है, उस लिपि को संघकी अनिवार्य लिपि बनाना हठधर्मीके सिवा कुछ नहीं। व्यवहारमें वह चल नहीं सकती। सङ्गीनोंके बलपर उसे पैंतीस करोड़ जनताको पढ़ाया नहीं जा सकता है।

अब भाषाको लीजिये। सारे भारतके प्रान्तोंकी नब्बे फी सदी जनताके लिये हिन्दीका पढ़ना-लिखना बहुत आसान है। हिन्दीमें प्रयुक्त होने वाले साठ-सत्तर फी सदी संस्कृत शब्द समान हैं। वे असमियाँ, बङ्गला, गुजराती, मराठी, तमिल, तेलगू, मलयालम, कन्नाडी भाषा-भाषियोंके पहिले हीसे परिचित हैं। इसके विरुद्ध उर्दूके साठ-सत्तर फीसदी अरबी, फ़ारसीके शब्द

उनके लिये बिलकुल नये हैं। उर्दूका अपनाना बहुत मँहगा सौदा है। डर है कि कहीं दोनों भाषाओंकी अनिवार्य शिक्षाके खयालसे हिन्दीको सङ्घकी भाषा मनवाना ही न खटाईमें पड़ जाय। इस झगड़ेसे बचनेके लिये अंग्रेज़ीको अपनाये रखनेकी बात पन्द्रह अगस्तसे पहले भले ही कही जा सकती थी, लेकिन अब उसकी बात करना अरण्यरोदनसे बढ़कर नहीं। दोनों लिपियोंके झगड़ेसे बचनेके लिये रोमन लिपिकी भी बात चलानी फजूल है। संसारमें रोमन लिपि भी सार्वभौम नहीं। रूसी लिपिका भी बीस करोड़से अधिक आदमी व्यवहार करते हैं। फिर हमारी नागरी लिपि उच्चारण-संकेतमें कोई दोष नहीं रखती, वह रोमनसे भी अधिक साइन्स-संगत है। कुछ मामूली सुधारसे टाइप और प्रेसके लिये भी वह रोमनसे अधिक उपयोगी बन सकती है। कुछ सज्जनों ने अपनी नीमहकीमी-का पूर्ण परिचय देते ख घ छ ठ थ ध फ भको वर्णमालासे निकाल उनका काम क ग आदि पर चिन्ह लगाकर लेनेका प्रस्ताव किया है। उन्हें इसमें क्या फ़ायदा दिखता है, समझमें नहीं आता। चिन्ह लगाकर अक्षर बनानेकी आवश्यकता तब होती है, जब उस उच्चारणके लिये कोई वर्ण न हो। संयुक्त अक्षरोंकी जगह हलंत अक्षर तथा मात्राओं को अके ऊपर लगा, स्वरोंके टाइपोंको कम करके दूसरे टाइपोंके ऊपर लटकने वाली मात्राओंको संकुचित करके हम हिन्दी लिपिको आधुनिक यन्त्रोंके लिये दुनियाकी सर्वश्रेष्ठ लिपि बना सकते हैं। अब भी वह छापायंत्रोंके लिये उपयुक्त है, यह तो हिन्दीकी मोनोटाइप और लिनोटाइपका बहुव्यवहार ही बतला रहा है।

कहा जाता है, उर्दू भाषा और लिपिको भी यदि सारे भारतकी भाषा और लिपि नहीं स्वीकारा गया, यानी पैंतीस करोड़ नर नारियोंको जबरदस्ती उर्दू पढ़ाया-लिखाया नहीं गया, तो खण्डित हिन्दुस्तान फिर एक नहीं हो सकेगा। ऐसी एकताका स्वप्न कमसे कम गांधीवादियोंको तो छोड़ ही देना चाहिये। एकता तभी सम्भव है, जब भारत पूर्णतया समाजवादी हो जाय। वैसा कहने वाले अपने हृदयको टटोलकर देखें कि भारतको पूर्णसमाजवादी बनानेके ख्यालके लिये उनके दिलमें कितना स्थान है। समाजवाद कायम करनेके लिये कटि-बद्ध साथियोंसे कहूँगा, कि दो दो भाषाओं और लिपियोंको दो प्रान्तों (युक्त प्रान्त और पूर्वी पंजाब) से बाहर ले जाकर सारे भारतमें फैलाना। राष्ट्रीयताके क्षेत्रमें साम्प्रदायिकताकी नींवको मजबूत करना है। साम्प्रदायिकताको हमें भुलवाना है। हिन्दू, मुसलिम, ईसाई, पारसी धर्म मानना वैयक्तिक बात

है। उसे राष्ट्रीयताके क्षेत्रमें दखल देनेका अधिकार नहीं होना चाहिये। यदि मुसलिम साम्प्रदायिकताको संतुष्ट करनेके लिये आप उर्दूको अपनाने की ज़िद कर रहे हैं, तो ईसाईयोंकी रोमन लिपिने भला क्या कसूर किया है, जिसमें लाखो बाईबिल छापी और पढ़ी जा रही है! एक बार इस सिद्धान्तको मान लेनेपर बंगाल, गुजरात, महाराष्ट्रके भी उर्दू पक्षपाती वहाँ उर्दूको प्रान्तीय भाषा माननेके लिये कहेंगे। फिर आप विरोधमें कौनसा तर्क पेश करेंगे?

नागरी लिपिमें लिखी संस्कृतनिष्ठ हिन्दी ही भारत संघकी एक मात्र भाषा हो सकती है और होकर रहेगी। अंग्रेजी पढ़कर नौकरीके पीछे दौड़ने वालोंको इसपर नाक भौं नहीं सिकोड़ना चाहिये, न हायतोबा मचाना चाहिये। भारतकी फिरसे एकता इन थोथी हठधर्मियोंसे नहीं होनेकी; वह शोषणके अन्त और पूर्ण समाजवादकी स्थापनासे ही होगी। हमें उसके लिये कटिबद्ध हो जाना चाहिये।

भारतीय संघकी भाषापर विचार कर लेनेके बाद फिर हिन्दी-भाषा-भाषी चार प्रान्तों (युक्त प्रान्त, मध्य-प्रान्त, बिहार, पूर्वी पंजाब) की प्रान्तीय भाषाका सवाल आता है। मैं कह चुका हूँ कि अंग्रेजोंके बनाये भानमतीके कुनबे वाले अन्य प्रान्तोंकी भाँति इन चारों प्रान्तोंको भी मातृभाषाओंके अनुसार बाँट देना चाहिये। लुधियाना, जलन्धर, अमृतसर फिरोज़पुरके पंजाबी भाषा-भाषी भागका हिन्दी भाषा-भाषी अंबाला कमिश्नरी से गठबन्धन करके एक प्रान्त बनाये रखनेका कोई मतलब नहीं। अगर हम इतनी सूझ बूझ नहीं रखते हैं और इन चारों प्रान्तोंको आजकी सीमाओंके साथ कायम रखना चाहते हैं, तो भी बिहार और मध्य प्रान्तमें, जहाँ उर्दू अब तक कचहरियोंमें घुस नहीं सकी, उसे अब घुसेड़नेका प्रयत्न दुराग्रह मात्र है। युक्तप्रान्त और पूर्वी पंजाबमें भी उर्दू तभी सरकारी भाषा रह सकती है, यदि वह अरबी नहीं नागरी लिपिमें लिखी जाय। इसके लिये हिन्दी लिपि द्वारा हमें उर्दूकी शिक्षाका भी सुभीता करना पड़ेगा।

हाँ, अल्पसंख्यक जातियोंकी भाषा और संस्कृतिकी रक्षा करना हमारा कर्त्तव्य है। यदि कोई समुदाय उर्दू भाषा अरबी लिपिके द्वारा ही पढ़ना चाहता है, तो उसके लिये पूरी सुविधा देनी चाहिये। मैं तो यहाँ तक कहूँगा, कि अलीगढ़ मुसलिम युनिवर्सिटी या जामिया मिलिया देहली जैसी संस्थायें यदि उर्दूको अपनी शिक्षाका माध्यम रखना चाहें, तो उनके काममें सहायता देनी चाहिये। उनकी डाक्टरी, इंजिनियरी, और साइन्सकी डिग्रियों

को सरकारी नौकरियोंके लिये मान्य समझा जाय। संघकी भाषा हिन्दीका पढ़ना दूसरी जगहकी तरह उनके लिये भी अनिवार्य होनेसे हिन्दीमें दफ्तरी काम करनेमें उन्हें कोई अड़चन न होगी। भाषा और संस्कृतिकी रक्षाकी बात यहीं तक चल सकती है और यह पर्याप्त है। यदि उजबेक प्रजातंत्रमें बसने वाले लोग अपनी भाषा द्वारा शिक्षा प्राप्त करना चाहते हैं तो इसके लिये वहाँ प्रबन्ध है। लेकिन यदि उजबेक भाषा न सीखनेकी किसी ताजिकने कसम खा ली है, तो सरकारी नौकरी पानेके लिये उसे उजबेकिस्तान छोड़ कर ताजिकिस्तान जाना पड़ेगा।

साथियो! मुझे अफ़सोस है कि भाषाके सवालपर विवेचन करते मैंने इतना समय आपका ले लिया। लेकिन आज वह एक भारी प्रश्न है, इसलिये उसे छोड़ा नहीं जा सकता। संक्षेपमें कहनेपर बहुतसे भ्रम उत्पन्न हो सकते थे, इसलिए विस्तारसे कहना पड़ा। यह प्रश्न अभी हमें विचाराधीन रखना है। मैंने तो एक दृष्टिकोण भर विचार करनेके लिए आपके सामने रखा है।

थोड़ा-सा समय प्रगतिवादके साहित्यिक स्वरूपपर विचार करनेके लिये भी लेना चाहता हूँ।

प्रगतिवाद कोई 'कल्ट' या संकीर्ण सम्प्रदाय नहीं है। प्रगतिवादका काम है प्रगतिके रूँधे रास्तेको खोलना, उसके पथको प्रशस्त करना। प्रगतिवाद कलाकारकी स्वतंत्रताका नहीं परतन्त्रता का शत्रु है। प्रगति जिसके रोम-रोममें भीग गई है, प्रगति ही जिसकी प्रकृति बन गई है, वह स्वयं अपनी सीमाओं का निर्धारण कर सकता है। उसकी सीमा अगर कोई है, तो यही कि लेखक और कलाकारकी कृतियाँ प्रतिगामी शक्तियोंकी सहायक न बनें, उनके शोषण और उत्पीड़नका हथियार न बनें।

प्रगतिवाद कलाकी अवहेलना नहीं कर सकता। वह तो कला और उच्च साहित्यके निर्माणमें बाधक रूढ़ियोंको हटाकर सुविधा प्रदान करता है। वह रूढ़िवाद और कूप-मण्डूकता दोनोंका विरोधी है। हमारे लिये देश और काल दोनोंके प्रति विशाल दृष्टि रखना सबसे अधिक आवश्यक है। ध्यान रखना होगा, कि हम बाल्मीकि, अश्वघोष, कालिदास, भवभूति, बाण, सरह, स्वयम्भू, कबीर, विद्यापति, तुलसी, हरिश्चन्द्रके उत्तराधिकारी हैं। योग्य-सन्तान वह है, जो पिताके वैभवको और अधिक बढ़ाता है। रवीन्द्रने ऐसा करके हमारे सामने बड़ा उदाहरण रखा। पन्त और निरालाने दिखलाया, कि गंगाकी प्लावनको फिर मुक्त प्रवाहमें कैसे परिणत किया जा सकता है।

हमें अपने साहित्यको आधुनिक युग और उसकी आवश्यकताओंके अनुसार समृद्धि बनाना है। उच्च कविता, कहानी, उपन्यास, नाटक, निबन्ध ही के द्वारा नहीं, बल्कि ज्ञान-विज्ञान, साइन्स सम्बन्धी प्रचुर साहित्य का निर्माण करके। आज साइन्सका युग है। साइन्स ही हमारे समाजके दैविक और भौतिक तापोंको मिटा सकती है। उसीके पास रत्नगर्भा वसुन्धराके उदरमें छिपी निधिके खोजनेकी कुंजी है। साइन्स सिर्फ़ विशेषज्ञों तक ही सीमित रहने वाला ज्ञान नहीं, उसे जनसाधारण तक जन भाषामें पहुँचाना है। हमें ऐसी सस्ती पुस्तकमाला निकालनी चाहिये, जिससे साइन्स के भिन्न-भिन्न विषयोंपर लिखी पुस्तकें जनता तक पहुँचाई जा सकें। इसी प्रकार विश्व-साहित्यकी अनमोल निधियोंको भी अपनी भाषामें लाना चाहिये। तभी हम विश्वके कलाकारोंमें बैठकर अपने अश्वघोष और कालि-दासका मूल्यांकन कर सकते हैं।

साथियो! अन्तमें लेखकोंकी आजकी स्थितिपर दो शब्द कहकर मैं अपने वक्तव्योंको समाप्त करता हूँ।

लेखक आज हमारे सबसे अधिक शोषित कमकर हैं। उनके परिश्रम-को कौड़ीके मोल ख़रीदा जा रहा है। उनका 'करतल भिक्षा तरुतल बास' किसको नहीं विदित है! जीवन भर घुट-घुटकर परिश्रम करना, बीमारी और बुढ़ापेमें असहाय हो भूखे मरना; ये ही मानों उनके भाग्यमें लिखा हुआ है। इससे छुटकारा पानेका एक ही मार्ग है, लेखकोंका संगठन। मैं तो कहूँगा, लेखकोंको अपना सहयोगी प्रकाशन स्थापित करना चाहिये, उचित मजूरी और लेखन-स्वातंत्र्य पाना तभी संभव है। अभी क़ानून भी लेखकोंके अधिकारकी रक्षा नहीं कर सकता। वस्तुतः वह हमारे हितके लिए बनाया भी नहीं गया है। अपने संगठित प्रयत्नसे ही हम अपने अनुकूल कानून बनवा सकते हैं। जनताका युग आरंभ हो गया है। प्रगतिशील लेखक जनकल्याणके हामी हैं। हमारा भविष्य उज्ज्वल है। आइये, हम एकताबद्ध और संगठित हो राष्ट्रके नव-निर्माण में दिल खोलकर लग जायँ।

भोजपुरी

*भाई बहिन लोनी।

सरसुती माईके दरबारमें जे अपने सब एतना मान हमराके देंली हाँ, ओकरा खातिर हम अपना के धन-धन समझतानी। अबहिन हमनीके ई मतारी भाखाके केहू ना पूछत आछत बा, लेकिन, केतिक दिनवा हो केतिक दिन्ा। हमनीके देसके दिन लौटल, लोग सचेत भइल। ऊहो दिनवाँ आई जब हमनीके भाखा सिरताज बनी। एक करोड़से बेसी बीर-बंका जेकर पूत, उ भाखा केतना दिन ले ए तरह भिखमगिन बनल रही। हिनुई हमनीके बड़की माई ह, ओकरासे नेह तूरेके काम नइखे। दूसरा जगह केतना भाई समझत आ, जे हमनीके भाखाके ज पुछार होए लगल, त हिनुईके बड लोकसान होई। तब लोग खाली अपने भाखामें लिखे पढे लगी, अउर हिनुइके केहु ना पूछी। हिनुतान हमनीके देस, हमनीके बडका देसके भाखा हिनुइ, भला ओकर पुछार के न करी हिनुइके राज समूचा हिनुतानमे रही। ओकराके हटावे वाला केहू ना जनमल बा।

आज हिनुतानमें लोगके राज भइल, हमनीके राजा-रानीके राज ना चाही। ई लोगके राज तबे नीमन चली, जब लोग हुसियार होई राजनीति के बात दु-चार गो पढुआ जाने, अब एसे काम ना चली जौनासे लोग आपन नफा लोकसान समझे, अउ बूझे, कि दुनिया जहानमें का हो रहल बा, तवन उपाय करेके पडी। एकर मतलब ई बा, कि अब लोगवाके मूढ रहलासे काम ना चली। लोग कइसे सग्यान होई, एकर एके गो उपाय हवे, कि सब लोग लिखे पढे जाने। खाली लइके ना बूढो जवानके अँउठा के निसानके बान छोडावेके परी। अङरेजनके राज रहल त ओकनीके फैदा एहीमें रहल, कि समूचा हिनुतानके लोग मुढ बनल रहे। चोरके अँजोरिया रात ना नु भावे। लेकिन अपना देसमें कहू बेपढल ना रहे, एकर कौन रहता बा? केहु भाई कही, कि सबकराके हिनुई पढावल जाव। बाकी ई बारह बरिसके रहता हवे। ज हिनुईमें सिखावे पढावेके होई त

---

*अखिल भोजपुरी संमेलन (द्वितीय)के अवसरपर 'अध्यक्ष' पदसे दिया हुआ भाषण (दिसंबर १६४७; गोपालगंज, छपरा)

पचासो बरिसमें हमनीके सब लइका परानी पढुआ ना बनी। अ एने हमनीके दसे पनरह बरिसमे समूचा मुलुकके पढा देबेके ह । कइसे होई ई कुलि !

हमरा समझमें एकर एके गो रहता बा — सोझे एक पेडिया रहता, जे आपन-आपन बोलीमें सबके पढावल गुनावल जाय। पछिलो बेर जकङ्गेसके सरकार बनल रहे, त लोगके पढ़ावेके बड़का हल्ला-गुल्ला मचल रहे । जहाँ तहाँ गाँवके गुरु लोगनोंपर चडापा चढल, अ रात-बिरात बटोर बटोरके लोगके पढ़ावेके जतन कइल गइल । जेहलोमें पढ़ाईके इतिजाम भइल । खबर छापल गइल, जे लाखन अदिमो पढुआ बना दिहल गइलन । चार छ महीनामें केहु हिनुइके पढुआ बन जाई, ई हम ना मानब । आठ-आठ बरिस ले पढिके लइका मिडिल पास होलें । जब ऊ सोझ खबरके कागद अ खिसा कहानीके हिनुई पोथी ना पढि समुझि सकेलें, त चार महीनामें घरी आध घरी पढिके के पढुआ बनी ?

ई बात खाली हमनिएके देशमें ना उठल हऽ। तीस बरिस भइल, जब रुसमें लोकके राज भइल, त ऊहों ई बात उठल । ऊहोके लोग मरद मेहरारु हमनिए लेखां बे पढल रहे। ऊहो लोग अइसने गरीब रहे, हजार तरह के अइन कानूनसे हमनिए लेखा जकडल रहे। ओकील मुखतार पारसी-अङरेजी जइसने ना बूझे लायक भाखामें इजलासमें बहस करे। जौना मुलुकमे सधारन लोगके राज न होला, ऊहां कुलि जगह ईहे कइल जाला, अउर लोगके बुरबक बनाके राखल जाला। रूसमें ठान लिहल गइल, कि लोगके बुरबक बनाके ना राखल जाई। जब देशके आपन राज काज अपने चलावेके बा, फेनु बिना पढले गुनले काम कइसे चली !

रूसमें गाँवे गाँवे पचाइत बनल, पंचलोग के गाँवके इतिजाम देखेके पडल । ममिला मोकदमा गाँवमें फइसला करे के रहल, बिना पढले-गुनले ई कुलि काम कइसे चलत। ऊहांके लोग बहुत सोच समुझिके इहे निहचे कइलन, कि लोग अपने भाखामे पढे लिखे सीखे। अपना भाखामें पढब लिखब कउनो मुसकिल नइखे। खाली ककहरे नु सीखेके पडी। ककहरा सीखलामें कउन मुसकिल ? जमा-पूजी ४८ गो अच्छर। चारिउ चार अच्छर सीखे, त बारह दिन में अदिमी कुल ककहरा सिखि जाइ। फुरती से बचहुमें बीस दिनसे बेसी ना लागी; ओकरा बाद कउनो छापल किताब अपना बोलीमें दीं, त ओकरा बाँचे समुझेमें कउनो मुसकिल ना होई। बिहार सरकार एतना कोसिस कइले रहल, जे ऊ हमनीके आपन बोलीमें पढावेके

इन्तिजाम करत, त जेतना लोग पढावल गइल रहे, ऊ हमेशा खातिर पढुआ बन जात। हमनी देखबे करीले, कि मिडिल पास लइका लोग जहाँ पढल छोडि चार बरिस घरे बइसल, कि कुल पढल भोर पड़ जाला।

हम ई नइखी कहत, कि हिनुई ना पढावल जाय। जे बेसी पढे चाहत अ, जे महटर ओकील डाँकदर भै इंजियर चाहे बडका अमल फइल बनेके होखे, ओकराके हिनुइ पढेके चही। ओकरा बिद्या खातिर हिनुइ पढब जरूरी बा। बाकी, सब लोग त ई कुलि दरजा खातिर तइआर नानु कइल जाला। अ फेनु बडका ईलिम पढब चउदह पनरह बरिसके बात हवे। जेकरा ओतना समरथाय होईसे ओतना पढी। लेकिन देसवोके समुचा लोग घर अउर गाँव क एक एक बेकत ओतना ना पढ सकेला। ओकरा खातिर चार पाँच बरिस पढ़के इन्तिजाम करेके चाही। चार दरजा ले लइका लइकिन के अपना बोलीमें बात बिचार कुलि पढा ल जाय। बूढ भै सयान केहु अपना बोलीमें पढल सिखे चाहे, त ओकरो मोमकिल ना होई। फेनु सब लोग ककहरा पढके अपना अपना बोली में पोथी अ खबर कागद बाँचे लागी। एक ओर आठो बरिस हिनुई पढवला पर आदमी के नीमन पढुआ होखेके उमेद नइखे, अ दुसरा ओर एकै महिनामें अदिमी फर-फर पढे लागत आ। बताईं, कवन रहता दूनोंमे ठीक बा ?

दूसरो तरे सोचीं, त बुझाई कि समुचा लोगके पढुआ होइब देस खातिर बहुत जरूरी बा। हमनीके देस जइसन गरीब मुलुक दुनियाँ जहानमें दूसर नइखे ई त हमनी किहाँ ओतना ठंढ नइखे परत, एसे जिउ अदिमीके बचल बा। जे कहुँ बिलाईत चाहे रूस जइसन जाड़ पाला हमनियो किहाँ परत, त आधा अदिमी चैत ना देखे पावत। कहाँसे मोटकी पनही मिलत। कहाँसे भेडीके आधअंगुरी मोट रोइया वाला कपड़ा पहिरे ओढेके मिलत। अ ज ई कुलि ना पावत, त ओहि हडचीरा ठंढसे जिउ ना बंचत। बाकी, हमनीके जिनगियो कवनो जिनगी हवे। सुराज भइल, अंगरेज गइल। अ, एहु पर ज दुखवा कुलि बनले रही त गान्ही मह तमाके कुल तपेसवा अकारथे नु गइल। लाख लाख अदिमी जेहल गइल, हजार हजार अदिमी गोली गोलासे झोंकाइल गइल, कुलि करम भइल, एही खातिर नु कि लोग के दिन लउटे अदिमी नीमन खायेके पावे, ओढन-पहिरन नीमन मिले, रहे खातिर नीकुर सुथर घर होय, जिनगीके साध पुराय। एही कुलि खातिर ऊ सब बरदास कइल गइल।

अब हमनीके अपन राज हवे, देसके बनावल बिगाडल हमनीके हाथमें बा। बाकी ईहो साच हवे. कि जिनगी भरके कोढ एक अतवारसे ना जाला। लेकिन, ज अपने इहाँके मरद मेहरारू कुलि काममें लगि जाय, बेड़ा पार होखेमें कवनो संका नइखे। फेनु कुलि हाथनके काममें कइसे लगावल जाव? ईत जनते वानी, जे धरतो माई भै बनसपति दाई धार गिरवला अउर हाथ जोरलासे ना माने। ऊ धार चाहेली, बाकी लोटिया के धार ना। हुनकरा चाही नद्दीके नद्दी उलिट देवे के। हमन-के सरजू नरईनीमें बेथाह पानी बेकारे बहल जात आ। समुन्नरमें जाके ऊ खारे नु बनी। अ उ समूनरोके कवन मतलब ह पानीसे ऊहाँ त पानी अपने अलम-गंज बा। ई पानी चाही हमनीके धरती माताके। बरहो महीना खातिर पानी हमनीके सरजुग-नरइनीमें बा, अ ओहुसे बेसी दुई चार पोरिसा धरतीके नीचे छिपल बा। ई कुलि पनिया जे उपरावल जाय, त बरहो महीन्ना पानीके कवनो कलान न होई। सतजुग वाला पुरनका जमाना होत त एह पानीके इतिजाम साँचे ना हो सकत रहल, बाकी आजि काल चाहे एके कलजुग कहीं, अदिमीके बड-बड हुनर मालूम हो गइल बा। देखत नु बानी पचीस पचीस अदिमी घर लेखा उडनखटोलना पर बइठिके दुइये दिन दुइ रात मे दिल्लीसे उड़िके बिल्लाइत पहुचि जात आ। दुनियाके कोना-कोन में जवन गीत भजन होत आ, समाद सुनावल जात आ, तवन कुलि पलक मरते ई रेडिहा बाजा सुना देत आ। अदिमीके पास ऊ इलिम बा, ऊ कल मसीन बा, कि सातो नद्दिन अ धरतीके पेटके बानी उपिछके बहरा क दे। एतरेंसे बरहों महिना हमनीके पनी मिल सकेला; ओकरा खातिर दइउके आगे हाथ जोरलाकें काम नइखे। अपनेके ओईसे मन होखे त "कमता साखीके सुन्नर पियवा" गावत रहीं, बाकी ईहो देखते बानी, कि बिना उद्दम कइले 'पीअवा पीअवा" कइलासे कवनो काम ना फरियाला।

पानीके ईतिजाम हो गइलापर खादरके जोगाड़ करेकें पडी दूसरा मुलुकमें खोजलापर एकसे एक, उत्तिमसे उत्तिम खादर मिलल बा। लोग खनि खनिके लाख लाख करोड करोड मन खादर साले साल धरतीकें पेटसे निकारत आ। हमनी किहाँ अबहिन मुइं सोधाई-ओतना ना भइल ह। अङरेज राजा रहलन। हमनीके पेट काट-काटके हुनकाके जे किछु मिल गइल, ऊहे बहुत समुझलन ऊ लोग भुंइसोधाइ कइलन, बाकी नावें खातिर। दुइ चार जगह पथराके कोइला निकरि आइल, चाहे लोहा

मिलि गइल, बस ओतनेसे काम पुरे गइल। हमनीके देसवाके लोग सुखी तब्बे होइ, जब धरतीके पेटसे लोहा, तम्मा, मटिहा तेल, कोइला अऊरि पचासन तरहके दुसरो चात निकारल जाई, तब्बे हमनीके अन-धन-के काल दूर होखी। तब हमनीके भइयनके घर-दुआर छोड़के चटकल-पटकल देखेके ना पड़ी। देखत नु बानी कि एही छपरा जिलवामें अॅंली ह देवा देवा चीनीके कतो मिल बनि गइल। एही तरे हमनीके कपड़ाके मिल बनी, केतना तरहके कल-मसीन बनी, फेनु काहे लोग मलेरियामें मूए बइला जाई।

ई कुलि बतिया होई। सुनतानी नु कि कोसीमें बान्ह बन्हावेके इंतिजाम होत बा। दमोदर अ महानदीमे त बान्ह बान्हेके काम जुरूते होखे जात बा। ई बडका-बडका जग हवे। अपने चाही कि एक्के बरिसमें कुलि जगह काम नाधि दिहल जाय, तसे कइसे हो सकेला, बाकी करेके सब पड़ी। ई छाड़ि दूसर निहतार नइखे। नहर बान्हसे खाली पटवेके पनिए ना मिली सरजुग नरइनी मिठका पनिये चोराके समुन्दरमें नइखे ले जात, ओकरा साथे ढेरके ढेर बिजुरियो बहवाय ले जात बानी। एतना बिजुरी बेकारे बहल जात बा जवनाके धइल जाय त छपरा अइसन पाँच गो जिलाके ढिबरी ना बारेके परी अ ना मिला कारखानामे पथर कोइला जरावेके परी। समूचा सारन चउपारन बलिया अ गोरखपुर बिजुरीके दियरासे जगमग-जगमग करे लागी। बिजुरीएके जोरसे पचासों बड़का-बडका-कारखाना चले लगी हैं।

हिनुतानके गरीबी दूर होखेके रहता इहे बा। बेसीसे बेसी मील-कारखाना खुले अ बरहो मास खेत पटवेके पानी अ खादर जूटल रहै। उपरसे हर तीसरा बरिस मोटवाके हर ज एक फेरा घूम जाय, त खेती बाव अइट बकटसे फिरके बल हो जाय।

तीसे बरिसमें रुसके लोगवाके भूख भोरपर गइल। आज ऊ लोग सबके सुख भोगत बा हमनिओ हुमुनिके ज पचीस बरिस जाँगर चलाई, त दुख दलिद्दर कुलि भाग जाई। बाकी ई काम ईलिमके हवे। बिना ईलिम जनले धरती माई हमनीके ऊपर ना पसिजिहैं। ईलिम जनला खातिर लोगके पढल-लिखल जरुरी बा। मनसो दरोगा बनेके काम नइखे, लेकिन अउँठा निसान करे वाला अदिमीके मानके इ काम नइखे, ऊ कल मसीनके काम ना क सकेला। एही बदते पढ़ब-लिखब जरुरी बा। पढावेके सबसे सोझा अउर जल्दी रहता आपन बोलीमें सिच्छा देहले बा।

हमनीके बोली छपरा, बलिया, चउपारन अउर आरे जिलामें न बडले बा, बनारसोके बोलीमें बहुत कम फरक बा। कुल मिलवलापर चउपारन, सारन, साहाबाद, पलनू अ थोर बहुत रांचिओंमें हमनियोंके बोली बोलल जाले। ओने बलिया, गाजीपुर, आजमगढ़ो, गोरखपुर, देवरिया, समुच्चा अउर जबरपुर मिरजापुरके कुछ-कुछ हिस्सा ईहे भाखा बोलेला। हमनीके बोलीके एगो फरका प्रांत बनेके चाही। एकर कवनो मतलब नईखे, कि एकके बोली बेहवार वाला लोग दू जगह बटल रहे। अङरेज लोगके बात अउर रहे। जइसे जइसे राज दखल होत गइल, अपना काममें जेइन सुबिहिता देखाईल, ओईसने ऊ लोग बटवारा कईलख। आजि कालके जमानामें छिट फुट रहलासे काम ना चली। कल करखाना, नहर, बिजुरीके भारी पसार होखे वाला बा। हमनीके पच्छिमके प्रांतमें पूरबवाला जिला बलिया देवरिया ओगरहके पुछार सबसे पाछे होले। पहिलहुसे ईहे होत चलल आईल बा, अ अगहुसे ईहे होई। आपन फरका प्रांत भईलापर अपना घरके सोरहो आना मालिक-मुख्तार हमनिये होईब, फेनु कुली अपन ही मनके मोताबिक होई। हमनीके आपन पंचईती राज प्रजातंत्र—कायम करेके चाही।

इहो भेर ना परेके चाही कि जब समूचा हिनुतानमें राजा महाराजके बाहबही रहे, ओहु बखत हमनीके बोलीके इलाकामें लोगके राज रहे। जवना बखत में बुद्ध भगवान भइल रहले, इ गोपालगंज ओहि बखत मल्ल लोगनके पंचइती राजमें रहे। नरइनीके नाँव ओहि समेंमें मही रहल। आजो घोवारी मढवरासे नीचे सोनपुर कि ओर ऊ मही कहल जाले। पहिले नरइनीके बान्ह ना रहे, तब ऊ अपना मनसे बहत रहे। नरइनीके एगो छाडन महीके समझी। महीके कवनो पार राजा लोगके नाँव ना रहे, खाली पचनके राज रहे। नरइनीसे पच्छिम मल्ल लोगनके नौ गो पंचइती राज रहे। नरइनीके पुरुब बज्जी सबसे मजबूत पंचराज रहे। बइसाली आजिकालमें बनिया बसाढ हवे। मोदफ्फरपुर जिल्लामें अ जो ऊ एगो बडका गाँव हवे ऊहाँके भाई लोग चाहत बा कि फेनु आपन नाँव जगावल जाय। हमनिओं काहे ना आपन मल्ल नाँव के जगाईं जा। मल्ल देसमें बुद्धके बखत नौ गो पंचइती राज रहे। बाकी तीनैके नाँव लिखल मिलेला। मल्ल पचाइती राजके एगो रजधानी अनूपिया रहे। पावा दूसराके नाँव रहे। सब से लमहर पंचइती राज रहे कुसीनारा अनूपिया कहाँ रहे, एकर अबहिनले पत्ता नइखे लगल।

-पावा पडरौना के नगीच आजिकालके पपउर गाँव हवे। पपउर पावापुर से बिगडिके बनुलबा। जइन धरमके सबले लमहर रिखि मुनि महबीर बाबाके सरीर इहें छुटल बाकी पाछे जइन लोगके भोर परि गइल अ आजि काल ऊ लोग पावाके उठाके पटना जिलामें लेगइल बा। बुद्ध भगवानके पंचइती राजसे बड़ा नेह रहे। अपना उपदेसमें ऊ केतनी बेर एहि बातके देखबले बाढे। उनकर सरीर छुटल कुषिनारामें। आजिकाल कुसीनारा 'कसेया' कहल जाला। आजिओ काल उही दुनियाँ भरके बौधलोग तीरथ करे आवेला। कुसीनाराके मल्ल लोग 'व्याघ्र पद' गोतके रहे। ओही 'व्याघ्र पद' से बगौछिया भुँइहार लोग बनल। हथुआ राज बगौछिए गोतके हवे। मझवलीके राजबंस कवना गोतके बा, ई हम नइखी जानत। बाकी 'मल्ल' अ स्पद हथुआ अ मझवली दुनो खानदान में बहुत दिन ले रहल ह ई कुलि हम भुइहार लोगके छतिरी बनावे खातिर नइखी कहत। ऊ लोग जहाँ बा ओहीं रहसु। हमार कहे मतलब इहे बा कि मल्ल लोगके नाँव निसान अबहिनो ले मिलत आ। पंचइती राजके सभा जवना घरमें होत रहे, ओकर नाँव संथा घर रहे। आजी देवरिआ जिलामें लाखन लोग सइथवार कहल जालें, अउर एह लोगमें अ जो मल्ल-के पदवी देखल जाले। पडरौनाके राजा ओही सइथवारके हवे। ई सइंथवार ओही सइंथा भै संथा लबजसे बनल बा अढाई हजार बरिस भईल कि मल्ल लोगके पंचइती राजके तपल रहे। ओकरा.दु अढाई सौ बरिस बाद राजा लोग कुलो पंचइती राजनके घोंट गईल। पोथिओ पतरा-मे नाँव ना रहे देहलस। ई त बौध लोगके पोथी जे दोसरा दीसमें जाके बचि रहल, ओहीसे किछू बिरह बिसेख मिलल ह, खोजलापर ईंउ पत्ता निसान मिलता।

हेनेके पुरनका नाँव मल्ल रहें, अ होनेके बनारसके ओरके देसके नाँव कासी रहे। अब हमनीके ई कुलि मिलाके एगो पंचईत-राज कायम करे के बा। चाहे एकर नाँव अपने सब मल्ल राखी, चाहे कासी राखी, चाहे दुनो मिलाके मल्ल कासी राखी, चाहे भोजपुर राख ई अपने सबके मन। गाछ गीनलाके काम नईखे, मतलब हवे फल खईलासे। चाहे कईसहु होय, हमनीके एक गो पंचईती राज होखे-के चाही।

केतना भाई लोग ई कहलासे बिदकत आ। होने पछिमहा लोग कहत आ, कि दिलीसे देवरिया ले हमनीके हेतना बडोचाके राज छोट हो जाई।

ऊहे बात एने बिहारोमें कहल जात आ। लोग समुझत आ, कि ईहो एगो जिमदारी हवे। ज इ छोट भईल तनेतागिरिओ छोट हो जाई। बाकी, इ मनके भरमना हवे। हमनीके मनकासी पंचाईती राज समूचा हिनुतानके लमहर पंचईती राजसे फरका थोरे होईके चाहत आ कि हमनीके जनम धरतीके सपुत समुचा हिनुतानके नेता ना बने नेता बनलामें कवनो हरज ना होइ, एसे ओ लोगके खातिर राखेके चाही।

अईसन एगो पंचईती राज बन सकेला कि ना, इ अपना सबके हाथमें हवे। बोटवा त अपनही सबके देबेके परी, फेनु, केकर बिरता बा कि अपने आपन मनकासी पचइत राज बनावे च हो, अ ऊ भाँजी मार दे।

हमनीके बोलीमें पोथी न लिखायल। किछु छोटकी छोटकी पोथुली छपयिचो कयील, त एहे दु चार गो मेलाघुमनी। ओइसे जब तब भला होय रघुबीर बाबूके मनोरंजन बाबूके ऊ लोग जोरले त दुईए चार गो गीत बाकी ऊ आगिके बबडर लेखा समुचा आपन धरतीमें फइल गईल ऊ लोग हाथे हाथ लोक लिहले। 'बिदेसिया' 'फिरङ्गिया' अजहुँ ले हमनीके मनसे भोर ना परल। हमनीके बोलीमें कइसन बढ़ियाँ कबिताइ हो सकेला, एके अपने सबे सिवानके सभामें बिसरामके बिरहामें देखले होइब। बिसरामके कबिताई अइसन ओइसन कबिताई नइखे। हम त ढेर तरेके कबिताइ पढले सुनले बानी अ बहुत बहुत भाखोमें। बाकी, इ कहेमें हमरा ईचिको भर सकोच नइखे, कि बिसराम अइसन कबिताइ बहुत कम्मे देखेमें आवेले। हमरा एकर बड अफसोस बा कि बिसराम हमनीके छोडिके चल देहले, अ ऊ जुवाने। अबहिन उनके बहुत दिन जीएके रहल मिरतुके कवन ठेकाना सबसे बेसी अपसोस त ए बातके बा, कि बिसरामके कबिताइके समूचा सङ्गिरहा केहु करे ना पबलस ऊ बेपढ़ रहले। परमेसरी बाबूके धनि धनि कहेके चाही, कि ऊ बिसरामके बाइस गो बिरहा लिख लेहलन। ज इ मलूम होत, कि एतना जल्दी बिसराम चल दीहें, त हमही एक महिना उनके साथे घुमल होती।

हमनीके बोलीमें केतन जोर हवे, केतना तेज बा, इ अपने सब भिखारी ठाकुरके नाटकमें देखी ले। लोगके काहे नीमन लागेला भिखारी ठाकुरके नाटक। काहे दस-दस पनरह-पनरह हजारके भीड होला इ नाटक देखे खातिर। मालूम होत आ कि एहि नाटकनमें पउलिककै रस आवेला। जवना चीजमें रस आवे, ऊहे कबिता ह। केहुकै ज लमहर नाक होय अ ऊ खाली दोसे सूघत फिरे, त ओकरा खातिरका कहल जाव। हम इ ना

कहतानी जे भिखारी ठाकुरके नाटकनमें दोस नइखे । दोस बा त ओकर कारन भिखारी ठाकुर नईखन, ओकर कारन हवे पढुआ लोग । उहो लोग अ आपन बोलीसे नेह देखावन, भिखारी ठाकुरके नाटक देखत, अ ओमें कवनो बात सुझावत इ कुलि दोस मिट जात । भिखारी ठाकुर हमनीके एगो अनगढ हीरा हवे । उनकरमे कुलि गुन बा, खाली एने ओने तनी तुनी छाँटेके काम हवे ।

मन्नन दूबेजीके एके गो कविताइ अछा अछा लोगके मुँहपर चढ गइल आज बोहीरहा हमरे घर । बाकी हमनीके बोलीमें जेतना कबिताइ भइल बा अ न जाने कैसे बरिससे इ त चलत आवत अ। ओमें कम्मे लिखाइल बा साहित सम्मेलनके ओरसे परागराज दू तीन गो पोथी छपल बा जवनामें दुगो बलियाके हमनीके भाइ किसुनदेव उपधीयाके बा । केतना सोहर बीयाह ओउर दूसर गीत सहिरा कईले बाडे, लेकिन एके समुन्नरमें एगो ठोपे समझी । हमनीके बोलीके अबहीन ढेरके ढेर गीत छीतराईल पडल बा । कुल नीमन नीमन कबिताईके छाप देवेके चाही । इ एगो बडका काम पडल हवे बा कईलासे हमनीके नाती पनाती गारी दीहे काहेसे की ओमेसे केतना नीमन नीमन भोर पडल जाता आ कुअर बिजई सभनका, लोरीकायन बीहूला जइसन केतना बडका-बडका गीत बा जेके नीमन सहिरहा कके छापेके चाही रूस मुलुकमे अईसन चीजके सहिरहा करे खातिर एगो फरका बडका ईतिजाम भईल बा । दु सैसे बेसी बडका पडीत लोग दिन-रात ऊहे काम करत अ. केतना हीरा रतन ऊ लोग जैमा कईल । एके कइऊमें बहुत बखत लग जाई । बदरीनाथ जइसन रूसके पहाडी देस किरगिजिस्तानमें कुअर बीजइ जइसन एगो लमहर गीत सैकडा बरीससे गावल सुनत जात रहे । गीतके नाव रहे मानस । ऊ कबो ना लिखाईल रहे । अलहा ले खाँ गबईया ओके रात-रात भर गावे अ. लोग बईसके सुने । नैका रूसमें पारखी लोग पैदा भईल । ऊ लोग ३ गो अइसन बुढवनके जेकरा समूचा 'मानस' कठागर रहे बोलाके कुलि 'मानस' कागदपर उतरले । फेनु पोथी छपाईल, सात खंडमें । दूसर-दूसर भाखामे ओकर उलिथा भईल । तब 'मानस'के गुन बुझाईल । चारो ओर वाह वाही भईल हसी भाखामें ओकर उलथा देखके हमरो मन ललचाइल, बाकी एके गो खंड सात सेरके रहे । अउरो अउरो ढेर जरूरी पोथी हमरा पासे रहे, एसे 'मानस'के छोडि आवेके परल । हमनीके बोलीमें दुल्मा संकर बाबू खूब मेहनत क रहल बाडन । उनकर एगो नीमन सहिरहा करुण रस परागराज-

से छपाईल बा, बाकी ई बडका जग, हवे अपने जानीले कि एक हाथसे छान ना उठेले। सबके एमे मद्दति करे परके चाही।

हम त कहब कि हमनीके बोलीमें एगो 'पतिरिका' चाहे बफ्वार निकरे के चाही, जवनामें लोगके दूसरो बात समुझावल जाय, अ नयकी पुरनकी कबितो छापल जाय। हमनीके भाखाके बारेमे डाँक्टर उदयनारायन तिवारी ढेर काम कईलेह एगो बडका पोथी अङरेजीमें बोलीके बारेमें लीखले ह आजो ज अपना काममें लागल बाडन ओहीसे कागद पत्तरर हमनीके बोलीमें बहुत कम लीखहल बा, बाकी पुरनका पुरनका दरबारमें हथुआ, बेतीआतमकुही, डूमराँव, ओगरहमें किछु अउरी पुरनका कागद पत्तर, पंचनामा, फेसला लिखल मिल सकेला। सै पचास बरीसके पुरनका कागज दुसरो केतना भाइ लोगके घरनें मीली ओह सबके बटोरके छपावेके चाही।

के आभागाके आपन जनम धरती अउर जनमके बोली पियार ना लागी बाकी ऊ पियार अब मनमें रखलाके काम नईखे, ओके परचार करके चाही। हमनीके भाई बहीन चारो खूँटमें कतहुँजे मिलेला, त अपना बोलीमें बतियावेमें तनिको सकोच ना करेला। हम देखीले कि दुसरा दुसर जगहके लोग आपन बोली बानी छाडिके अडबी-फारसी झुकें लागेला अ आपन जनम धरतीके छपावेला।

अब हमनीके तनी पग अउरू आगे बढावेके बा अ अईसन करेके बा कि जिनगियेंं आपन प्रजातंत्र मलत कासी पंचहतीराज कायम हो जाय।

हमारा साहित्य*

आपने हिन्दीके इस सर्वोच्च सम्मेलनका सभापति बनाकर जो मेरा सम्मान किया है, उसके लिये मैं हार्दिक धन्यवाद देता हूँ। एक बौद्ध और वामपक्षी विचार-वाले व्यक्तिको यह सम्मान देकर आपने यह भी सिद्ध कर दिया है, कि हिन्दी जगत्में साम्प्रदायिक संकीर्णताके लिये स्थान नहीं।

१—श्रद्धांजलि

वैसे तो हिन्दीके अधिकारकी रक्षा और उसे उसके पदपर आरूढ़ करनेके लिये प्रयत्न पिछली शताब्दीके अंतसे ही होने लगा था, लेकिन वर्त्तमान शताब्दीके आरंभसे हिन्दीके अधिकारोंके लिये युद्ध हरेक क्षेत्रमें होने लगा। विदेशी शासक हिन्दीको उदीयमान नव राष्ट्रीयताका प्रतीक समझकर उससे बहुत आतंकित थे, और यह बिल्कुल उचित था। चोरको चाँदनी कब भाने लगी? सारे विरोधों और बाधाओंके रहते भी हमारे योग्य पूर्वजोंने हथियार नहीं डाला। आज जो हिंदीकी सर्वतोमुखीन उन्नति देखी जाती है, उसकी नींव इन्हीं महापुरुषोंने रक्खी। इसमें संदेह नहीं कि हम अपने वृद्ध पूर्वजोंको चिर-कालतक अपने बीच नहीं रख सकते हैं, लेकिन उनका विछोह हमारे हृदयको संतप्त अवश्य करता है। एकके बाद एक हमारे ये भीष्म-पितामह हमें छोड़े जा रहे हैं। अभी हमें 'प्रिय प्रवास'-के महाकवि 'हरिऔध से हाथ धोना पड़ा। मैं बच्चा था, जब अपने जन्म-ग्रामसे डेढ़ कोस दूर उनके जन्म-ग्राम निज़ामाबादमें पढ़ता था। उस वक्त साहित्य क्या है इसका मुझे पता भी न था, लेकिन उस वक्त भी जानता था कि पं० अयोध्यासिंह उपाध्याय एक बड़े कवि हैं, लेखक हैं। वह इस शताब्दीके आरंभका समय था। हरिऔधजी आयुके कारण शरीरसे जीर्ण निर्बल भले ही होते गये, किंतु वे उन कर्मठ पुरुषोंमें थे, जो बेकार रह नहीं सकते थे। उन्होंने आजीवन हिन्दीकी सेवा की। इसी तरह महामहोपाध्याय

---

*अखिल भारतीय हिन्दी साहित्य सम्मेलनके ३५वें अधिवेशनमें अध्यक्ष पदसे दिया हुआ भाषण (हिन्दी नगर बंबई; दिसम्बर १९४७)

पं० श्री गौरीशंकर हीराचंद्र ओझाने एक दूसरे महत्त्वपूर्ण क्षेत्रमें हिन्दीके मुखको उज्ज्वल किया। उन्होंने पुरा लिपि और इतिहासपर गंभीर ग्रंथ हिन्दीमें उस वक्त लिखे थे, जिस वक्त इसे हीनताका द्योतक समझा जाता था। सभी भारतीय विद्वान् अपनी खोजोंको अंग्रेजीमें छपाना चाहते थे। चाहे अपने देशवासियोंकी भारी संख्या उनके अनुसंधानोंसे भले ही वंचित रह जाय, लेकिन विदेशी प्रभुओंको खुश करने, बाहरवालोंमें नाम पैदा करनेके लिये वह अपनी भाषामें लिखना नहीं चाहते थे। बहुतसे तो अपनी मातृभाषाको अयोग्य भी समझते थे। ओझाजीने इतिहासके क्षेत्रमें बड़े-बड़े मौलिक ग्रंथ हिन्दीमें लिखकर हमारा पथ-प्रदर्शन किया। हम चाहते थे कि वह हमारे बीच और कुछ वर्ष रहते और अपने महान कार्यको और आगेतक बढ़ाते। 'तं कुतोत्थ लब्भा' (वह कहाँ मिलनेवाला है)। हिंदीकी इन दो महाविभूतियोंके साथ पिछले ही महीने हमें पं० कामताप्रसाद 'गुरु'का वियोग भी सहना पड़ा। एकने यदि काव्य और साहित्य क्षेत्रमें अपनी अनमोल कृतियोंद्वारा हिन्दीके भंडारको भरा, और दूसरेने इतिहासके क्षेत्रमें, तो 'गुरुजी'ने हिन्दी व्याकरणमें आरंभिक समयमें ही हमारा मार्ग प्रदर्शन किया। आज हिन्दी भाषा-भाषी अपने इन तीन पितामहोंके निधन पर उनके प्रति जितनी श्रद्धा प्रगट करें, उतना ही कम है। उन्होंने जिस तरह अपने कर्तव्यको पूरा किया, उसी तरह हिन्दीको और आगे बढ़ानेमें तत्पर हो हम वस्तुतः उनके ऋणसे उऋण हो सकते हैं।

२—*हिन्दी अपनी भूमिकी अधिष्ठात्री*

इस वर्षसे हमारा देश अब वही नहीं रहा, जो सदियोंसे चला आ रहा था। जिस वक्त आजका हिन्दी-भाषा-भाषी भारत परतंत्र हुआ, उस वक्त हमारा हिन्दीका वह रूप गुजरात, कन्नौज, पटनामें बोला और लिखा जाता था, जो सातवीं सदीमें आरंभ हुआ था और जिसके अमर-लेखक सरह, स्वयम्भू, पुष्पदन्त एवं हरिब्रह्म आदि थे। भाषा हमारी ही जैसी थी, किन्तु वह तद्भवका रूप था। उस समयके बाद हमारी भाषा दासोंकी भाषा समझी गई, फ़ारसीने दरबारों और कचहरियोंमें अपना स्थान जमाया। धीरे-धीरे हिन्दी उस दयनीय अवस्थामें पहुँची, जब कि उन्नीसवीं सदीके आरम्भमें लल्लूलालजीने प्रेमसागर लिखा। फिर उन्नीसवीं सदीके अन्तमें भारतेन्दु और उनके साथियोंने हिन्दीको अपना स्थान दिलानेके लिये भगीरथ प्रयत्न किया। स्वर्गीय गोविन्दनारायण मिश्र, बद्रीनारायण चौधरी 'प्रेमघन', रामावतार

शर्मा, महावीरप्रसाद द्विवेदी, श्रीधर आदि कितने तपस्वी और मनीषी जो स्वप्न देखते चले गये, वह आज पूरा हुआ। आज फिर अपने प्राचीनतम रूप अपभ्रंश हिन्दीकी भाँति हमारी हिन्दी स्वतन्त्र भारतकी सम्माननीय भाषाका पद प्राप्त कर रही है। ७०० सदियोंका अन्तर है। इतने दिनोंके अन्तर्धानके बाद हिन्दी-सरस्वती पुनः बड़े वेगसे अपने स्थानपर प्रकट हुई है, और आज उसके दायित्व और कार्यक्षेत्र बारहवीं सदीसे कहीं अधिक है। यद्यपि दरबारोंमें उस वक्त भी उसका सम्मान था, कितने कागजपत्र भी लिखे जाते थे, तो भी अभी सबसे ऊँचा स्थान मातृभाषाको नहीं बल्कि संस्कृतको प्राप्त था। संस्कृत कवि ही "ताम्बूलद्वयमासनञ्च लभते" और ताम्रशासन में भी संस्कृतका ही प्रयोग होता था। आज हमारे हिन्दी-भाषा-भाषी प्रान्तोंमें हिन्दीके सर्व-सर्वा होनेमें कोई बाधा नहीं डाल सकता। उसे हिन्दी-प्रान्तोंके न्यायालयों, पार्लियामेंटो और सरकारी शासनपत्रोंकी ही भाषा नहीं बनना है, बल्कि आजके विकसित विज्ञानकी हर एक शाखाके अध्ययनका माध्यम भी बनना है। यह बहुत भारी काम है, लेकिन मुझे विश्वास है, कि हमारी हिन्दी उसे सहर्ष वहन करेगी।

३—हिन्द-संघकी राष्ट्र-भाषा

आज फिर भारत एक संघमें बद्ध हुआ है। हमारे भारत-संघकी कोई एक भाषा भी होनी आवश्यक है। संघ-भाषाके बारेमें कुछ थोड़ेसे लोग अपने व्यक्तिगत विचारों और कठिनाइयोंको लेकर बाधा डालना चाहते हैं। हम पूछेंगे—संघके कामके लिये भारतमें बोली जानेवाली सभी भाषाओं-को लेना सम्भव नहीं, फिर किसी एक भाषाको हमें स्वीकार करना होगा।

(१) अंग्रेजी नहीं—

फिर प्रश्न होगा : क्या हमारे संघकी राष्ट्र-भाषा स्वदेशी होनी चाहिये या विदेशी, यानी अंग्रेजी होनी चाहिये या भारतीय ?

आश्चर्य करनेकी बात नहीं है, यदि अब भी कुछ दिमाग यह सोचनेका कष्ट नहीं उठाते और अब भी अंग्रेज़ीको राष्ट्र-भाषा बनाये रखनेका आग्रह करते हैं। यह भी दासताके अभिशापका अवशेष है। चूँकि किसीकी आँखें सूरजको नहीं देख सकतीं, तो सूरजको उगना ही नहीं चाहिये। चूँकि इन्होंने अंग्रेजी छोड़ किसी भारतीय भाषापर अधिकार नहीं पाया, सदा साहबी ठाठमें रहे और कभी ख्याल भी नहीं किया, कि देशकी जनता भी किसी

भाषासे सम्बन्ध रखती है और उसका साहित्य, जहाँतक शुद्ध साहित्यका सम्बन्ध है, विश्वकी किसी भाषासे पीछे नहीं है। साहेबोंके राज्यके चले जानेके बाद भी हमारे बीचमें जो काले साहेब बच रहे हैं, उनकी "हाय अंग्रेजी, हाय अंग्रेजी"की ओर हमें अधिक ध्यान देनेकी आवश्यकता नहीं।

कोई भी अविकृत मस्तिष्क आदमी आज अंग्रेजीको राष्ट्र-भाषा बनानेकी कोशिश नहीं करेगा। हाँ, यहाँ यह भी कह देना चाहिये, कि हमारे रेडियो अब भी अंग्रेजीको अधिक प्रचारका साधन मान रहे हैं। उन्हें फ्रेंच और रूसी रेडियो प्रोग्रामोंको देखना चाहिये और मालूम करना चाहिये, कि वहाँ कितने प्रतिशत मिनट प्रोग्राम अंग्रेजीमें चलते हैं।

(२) *हिन्दुस्तानी या हिंदी उर्दू दोनों नहीं—*

सवाल है—हिन्दी और उर्दू दोनों भाषाओं और दोनों लिपियोंको भी क्यों न सारे संघकी राष्ट्र-भाषा और राष्ट्र-लिपि मान लिया जाय। पूछना है: अपनी मातृभाषा और उसके साहित्यके पढ़नेके साथ साथ क्या दूसरी भाषाका बोझ ज्यादासे ज्यादा लादना व्यवहार और बुद्धिमानीकी बात है? संघकी राष्ट्र-भाषा सिर्फ एक होनी चाहिये। दो-दो चार-चार भाषाओं-को संघकी भाषा मानना किसी दृष्टिसे ठीक नहीं है। स्वीजरलैंडकी तीन भाषाओंका दृष्टान्त हमारे यहाँ भी लागू हो सकता था, यदि हमारा देश एक तहसील या तालुकेके बराबर होता। हमारे यहाँ जो उदाहरण लागू हो सकता है, वह है सोवियत् संघका, जहाँ ६६ भाषाएँ बोली-लिखी जाती है। द्रविड़ भाषाओंमें तो तब भी ६०-६० प्रतिशत तक संस्कृत शब्द मिलते हैं—वही संस्कृत शब्द जो उत्तरी भाषाओंमें हैं, किन्तु सोवियत्की मंगोल-तुर्की सम्बन्धकी पचासों भाषाओंका रूसी भाषासे कोई सम्बन्ध नहीं। तो भी वहाँ-के लोगोंने संघकी एक भाषा मानते वक्त रूसीको ही वह स्थान दिया, क्योंकि वह ¾ जनताकी अपनी भाषा थी और देशमें भी बहुत दूरतक प्रचलित थी। हिन्दीका भी वही स्थान है। इसलिए एक भाषा रखते वक्त हमें हिन्दी-को ही लेना होगा। हिन्दी भाषा भाषी बहुत भारी प्रदेशतक फैले हुए हैं, इतना ही नहीं बल्कि आसामी, बँगला, उड़िया, मराठी, गुजराती, पंजाबी ऐसी भाषायें हैं, जो हिन्दी जाननेवालोंके लिये समझनेमें बहुत आसान हो जाती हैं, क्योंकि उनका एक दूसरेका बहुत निकटका सम्बन्ध है। मैंने उड़िया नहीं पढ़ी थी और न उसे सुननेका वैसा मौका मिला था। लेकिन

इस साल कटकमें मैं एक नाटक देखने गया। मै डरता था कि शायद समझने-में दिक्कत होगी, लेकिन पहिले दिनके ही संवादको मैं ८० सैकड़ा समझ गया, और उड़िया भाषाने अपने सौन्दर्यसे मुझे बहुत आकृष्ट किया। मैंने यात्रा, दर्शन और राजनीतिके सम्बन्धमें गुजराती, मराठी, उड़िया, बँगला भाषा-भाषियोंके सामने कितने ही बार व्याख्यान दिये हैं और भारी संख्यामें उनके सावधानतापूर्वक सुननेसे सिद्ध था कि वे हिन्दी समझ लेते हैं। हाँ, वहाँ इस बात का जरूर ध्यान रखना पड़ता था, कि हिन्दीमें जब तब आने-वाले अरबी-फारसीके शब्दोंकी जगह तत्सम संस्कृत शब्दोंका प्रयोग किया जाय। इससे यह भी सिद्ध हो जाता है, कि अरबी-फारसीसे लदी उर्दू भाषा-को भारतके दूसरे प्रान्तोंपर लादा नहीं जा सकता।

(४) और लिपि? उर्दू लिपि जो कि वस्तुतः अरबी लिपि है इतनी अपूर्ण लिपि है, कि उसे खुद बहुतसे इस्लामी देशोंसे देश निकाला दिया जा चुका है। उसको लादनेका ख्याल तो हमारे दिलमें आना ही नहीं चाहिये।

(२) हिंदी ही केवल—

हिन्दीके राष्ट्रभाषा होनेके लिये जब कहा जाता है, तो कहीं-कहींसे आवाज निकलती है—हिन्दीवाले सारे भारतपर हिन्दीका साम्राज्य स्थापित करना चाहते हैं! यह उनका झूठा प्रचार है और वह हिन्दी-भिन्न-भाषा-भाषियोंके मनमें यह भय पैदा करना चाहते है, कि हिन्दीके सब-भाषा बननेपर उनकी भाषाका साहित्य और अस्तित्व ही मिट जायेगा। यह विचार सर्वथा निर्मूल है। अपने क्षेत्रमें वहाँकी भाषा ही सर्वे-सर्वा होगी। बंगालमें प्रारम्भिक स्कूलोंसे युनिवर्सिटी तक, गाँवकी पचायतोंसे प्रांतकी पार्लियामेंट और हाई-कोर्ट तक सभी जगह बँगलाका अक्षुण्ण राज्य रहेगा। इसी तरह उड़ीसा, आन्ध्र, तामिलनाड, केरल, कर्नाट, महाराष्ट्र, गुजरात, पंजाब और आसाममें भी वहाँकी भाषाओंका साहित्यिक और राजनीतिक दोनों क्षेत्रोंमें निराबाध रहेगा। हिन्दीका काम तो वहाँ ही पड़ेगा, जहाँ एक प्रान्तका दूसरे प्रान्तसे राज्य सम्बन्ध होगा। इसको कौन नहीं स्वीकार करेगा, कि बंगाली, उड़िया, मराठे, गुजराती, तिलगे और कर्नाटकी जब एक जगह अधिकाधिक मिलेंगे, तो उनके आपसी व्यवहारके लिये कोई एक भाषा होनी चाहिये।

इतिहास हमें बतलाता है, कि ऐसी भाषा भारतमें जब जब राजनीतिक एकता या अनेकता भी रही, तब तब मानी गई। अशोकके शिलालेखोंकी

भाषा मैसूर, गिरनार, जौगढ़ (उड़ीसा) और कलसी (देहरादून) इसका प्रथम प्रमाण है। फिर संस्कृतने माध्यमका स्थान लिया, यद्यपि इसमें सन्देह है, कि वह कचहरियों और दरबारोंकी बहुप्रचलित भाषा न थी। अपभ्रंशकाल (७-१३ सदी) में हम आसामसे मुल्तान, गुजरात महाराष्ट्रसे उड़ीसातक अपभ्रंश भाषामें कवियोंको कविता करते पाते हैं, उनमें कितने ही दरबारी कवि हैं। इस अपभ्रंशमें यद्यपि इन सारे प्रदेशोंकी भाषाओंका बीज मौजूद है, परन्तु उसकी शिष्टभाषा अवध और ब्रजके बीचकी भूमि—पंचाल - की भाषा थी, जिसका मुख्य नगर कन्नौज मौखरियोंके समयसे गहड़वारोंके समय (६-१२वीं सदी) तक उत्तरी भारतका सबसे बड़ा राजनीतिक और सांस्कृतिक केन्द्र रहा। इस तरह अपभ्रंश उस समय सारे भारतमें वही काम कर रही थी, जो गैरसरकारी तौरसे आजतक और सरकारी तौरसे आगे हिन्दीको सारे भारतमें करना है।

हिन्दीको सारे हिन्द-संघके ऊपर राष्ट्रभाषाके तौरपर लादनेका सवाल नहीं है। यह तो एक सीधी व्यवहारकी बात है। मुसलमानी शासनकालमें भी कितनी ही हमारी अन्तर्प्रान्तीय साधु-संस्थाएं रहीं और वह आजतक चली जा रही हैं। उन्हींको देखिये, किस भाषाको उन्होंने सुव्यवहार्य समझकर अपने भाषण और लिखा-पढ़ीके लिये स्वीकार किया। संन्यासियोंके अखाड़ों और स्थानोंको जाके देखिये या बैरागी अखाड़ों या स्थानोंको देखिये; वह समुद्रकी तरह हैं; जहाँ सचमुच ही सैकड़ों नदियाँ जाकर मिलती हैं और नामरूप विहाय समुद्र बन जाती हैं। इन अखाड़ोंकी बड़ी-बड़ी जमातें चलती हैं और कुंभके मेलोंके वक्त तो उनकी संख्या लाखोंतक पहुँच जाती है। वहाँ जाकर पता लगाइये कि मलाबारी, तेलगू, नेपाली, पंजाबी, बंगाली और सिन्धी साधु संन्यासी किस भाषामें आपसमें बातचीत करते हैं? हिन्दीमें और सिर्फ हिन्दीमें। इसका गांधीजीके दक्षिण हिन्दी भाषा-प्रचारसे कोई सम्बन्ध नहीं है। हमारी आजकी हिन्दी संस्थाओंसे सदियों पहलेसे यह काम हो रहा है। अखाड़ोंमें रक्खी अब भी आपको दो-दो सौ वर्षकी और कुछ पुरानी भी बहियाँ और चिट्ठियाँ इस बातका सबूत देंगी। इन्हीं अखाड़ोंके एक प्रतिनिधि अतिकेचनगिरिने १८६६ सम्वत् (१८०६ ई०) में सोवियत्के बाकू नगरके पास ज्वालाजीके मन्दिरपर शिलालेख खुदवाकर लगाया—॥:॥ ओं श्री गणेशायनमः ॥श्लोक॥ स्वस्ति श्री नरपति विक्रमादित राज साके ॥ श्री ज्वालाजी निमत दरवाजा बणायाः अतीकेचनगिर सन्यासी रामदहावासी कोटेश्वर महादेवका ॥ ... असोज वदी ८ सम्वत् १८६६ ॥"

स्मरण रखना चाहिये, कि सदियोंसे जब भारतमें एकाधिपत्य और निरंकुश शासनका ही चारों तरफ बोलबाला था, साधुओंके यही अखाड़े थे, जिन्होंने जनतंत्रताका अच्छा आदर्श सामने रखा, तथा प्रान्तीयता और अखिल-भारतीयताकी समस्याको हल किया, बहुत हदतक उन्होंने जातिभेदके बन्धनको भी शिथिल किया था।

अस्तु, इससे यह तो साफ है, कि जब-जब व्यवहारकी बात आई, तब तब हिन्दी ही सारे भारतकी अन्तर्प्रान्तीय भाषा स्वीकार की गई। यदि इस पुराने तजर्बेको नहीं मानते हैं तो चाहें तो फिर तजर्बा कर लें। हिन्दी भाषा-भाषियोंको अलग रखकर पंजाबी, आसामी, बंगाली, उड़िया, आन्ध्र, तमिल, केरल, कर्नाटकी, मराठी, गुजराती लोगोंको ही व्यवहारसे इसके बारेमें फैसला करनेके लिये छोड़ दें। मैं समझता हूँ, यदि वे सारे भारतकी एकता-के पक्षपाती हैं, तो उनका तजर्बा भी हिन्दी हीके पक्षका समर्थन करेगा।

४—*लिपि*

(१) *राष्ट्रलिपि*—राष्ट्रभाषा हिन्दी स्वीकार करनेपर भी कोई-कोई भाई रोमन-लिपि स्वीकार करनेके लिये कह रहे हैं। क्या वह अधिक वैज्ञानिक है? वैज्ञानिकका मतलब है, लिपिका उच्चारणके अधिक अनुरूप होना। लेकिन रोमन लिपिके २६ अक्षर हमारे सारे उच्चारणोंको प्रकट नहीं कर सकते। नागरी अक्षरोंमें हम उससे ज्यादा शुद्ध रूपसे किसी भी भाषाको लिख सकते हैं, और बिना चिह्न दिये। चिह्न देनेपर रोमनमें जितने पेवन्द लगाये जाते हैं उससे कम ही चिह्नोंको लगा नागरी द्वारा हम दुनियाकी हर भाषाके शब्दोंको उच्चारणानुसार लिख सकते हैं। इसलिये जहाँतक उच्चारणका सम्बन्ध है, हमारी नागरी दुनियाकी सबसे अधिक वैज्ञानिक लिपि है।

(२) *लिपिसुधार*—रहा सवाल प्रेस और टाइपराइटरका, तो उसमें कुछ मामूली सुधारकी आवश्यकता अवश्य है, और यह सुधार संयुक्त अक्षरोंके टाइपोंके हटाने, मात्राओंको अके ऊपर लगाने तथा दूसरे अक्षरोंपर लटकती मात्राओंके शरीरको अपने शरीरतक समेट-कर किया जा सकता है। इससे हिन्दी टाइपोंकी संख्या ४८६की जगह १०४ हो जायेगी, अंग्रेजीमें १४७ टाइपोंका फौन्ड होता है। अंग्रेजीकी तरह छोटे बड़े अक्षरोंके अनावश्यक बोझ हमारी लिपिपर न होनेसे टाइपराइटरमें और सुविधा है, और अंग्रेजी टाइपराइटरके की बोर्डपर ही सारे टाइप लग जाते हैं। हाँ, टाइपराइटर बनानेवालोंसे

हमारी यह शिकायत जरूर है, कि नागरीके अितने सुन्दर टाअिपोंके रहते भी आजतक निकले सभी टाअिपराअिटर बहुत भद्दे टाअिपवाले हैं। लिपि-में अिन सुधारोंके कर लेनेपर कम्पोज़के खाने कितने कम हो जायेंगे, अिसे आप यहाँ देखें—

(क) अंग्रेज़ी टाइप (संख्या १४७)—

A	B	C	D	E	F	G	A	B	C	D	E	F	G
H	I	K	L	M	N	O	H	I	K	L	M	N	O
P	Q	R	S	T	V	W	P	Q	R	S	T	V	W
X	Y	Z	Æ	Œ	U	J	X	Y	Z	Æ	Œ	U	J
1	2	3	4	5	6	7		¼	⅔	¾	☞	¶	‡
8	9	0	@	℔	[illegible]	£	–	2{	3{	4{	$	‖	†
⌒	⋏	⌒	Rs			k	1	2	3	4	/	§	*

&	]	æ œ	(j		Mid Sp	' !	?	;	…	fl
ffl ffi	b	c	d	e	i	s	f	g	.. …	ff fi
Thin space Half space	l	m	n	h	o	y p	,	w	En Quadrats.	Em Quadrats.
z x	v	u	t	Thick Space	a	r	q .	: -	Quadrats	

(ख) वर्तमान हिन्दी-टाइप (कलकतिया, संख्या ४८५)

अपर केस (संख्या १२८)

कु	कू	ॐ	कै	खु	खू	खे	खै	धु	धू	धे	धै	नु	नू	नृ	नै
गु	गू	गे	गै	घु	घू	घे	घै	पु	पू	पे	पै	फु	फू	फे	फै
चु	चू	चे	चै	छु	छू	छे	छै	बु	बू	बे	बै	भु	भू	भे	भै
जु	जू	जे	जै	झु	झू	झे	झै	मु	मू	र्मो	मै	यु	यू	ोर्य	यै
टु	टू	टे	टै	ठु	ठू	ठे	ठै	रु	रू	रे	रै	लु	लू	ले	लै
डु	डू	डे	डै	ढु	ढू	ढे	ढै	वु	वू	वे	वै	शु	शू	शे	शै
णु	णू	णे	णै	तु	तू	ते	तै	षु	षू	षे	षै	सु	सू	ऐ	सै
थु	थू	थे	थै	दु	दू	दे	दै	हु	हू	हे	हैं	ह्नु	ह्नू	ह्ने	^ ब

लोअर केस (संख्या ७१)

ख	घ	च	छ	ञ	झ	ि	ी	ट	ठ	ड	ढ	थ	ध	फ	भ
उ	ग	ए	ने	·	:			में		मैं	हैं	ʿ	ʾ	)	ौ
ऊ	ब	क		द		ा		मे		श	ष	ि	ो	ो	ौं
इ														ो	ौ
ई	ल	म		न		है		से	के	ये	प	ह	स	एन काड	एम काड
ऋ															
त्त	व	य		त		थिक स्पेस		श्र		र		त्र	|	काड	
ग्ग												ः	|		

दाहिना केस (संख्या १२४)

फ़	फ़	ञ	ङ	घ	ग	ख	क	ॉ	ाँ	क्ष	त्र	ह्ल·	ज्ञ	ह्म	ड्ढ
प्र	ग्र	धृ	अ	झ	ज	छ	च	इ	उ	ऊ	ए	द्य	ख्य	ठ्य	ट्य
भ्र	भ्र	घृ	ण	ढ	ड	ठ	ट	हुँ	हूँ	दुँ	दूँ	तृ	लृ	ॠ	ॠ
ह्ल	ह्ल	ह्न	न	ध	द	थ	त	ॄ	ॄ	ॄ		ढ़े	ढ	ड़े	ड़
ह्न	ह्व	ह्य	म	भ	ब	फ	प	ॢ	ॢ	ॢ	ॢ	म्	न्	द्	त्
ह	स	ष	श	व	ल	र	य	,	'	;	˘	!	?	ˎ	॰
॰	॰	॰	॰	.	.	०	"	१	२	३	४	५	६	७	८
—	=	≡	)	ʃ	ऽ	–	—	९	०	।	॥	( )	[ ]	-	...

ब्राह्मी लेख (संख्या १४१)

क्र	स्र	ग्र	ज्र	द्र	प्र	श्र	स्त	कृ	खृ	गृ	तृ	दृ	पृ	शृ	सृ
क क्य	ख ख्य	ग ग्य	ज ज्य	त त्य	द द्य	द्य	ध ध्य	न न्य	प प्य	ब ब्य	भ भ्य	ल ल्य	श्य	स्य	ह ह्य
क्क	च च्च	ज ज्ज	ट्ट	ड्ड	त त्त	द्द	न्न	प्प	ब्ब	ब्व	म्म	य य्य	ल्ल	ध्व	ण्ण
क्व	ख्व	ग्व	ज्व	त्व	द्व	ध्र	न्त्र	क्त्र	बृ	वृ	भृ	म्र	भ्र	ग गड	षय
कृ	खृ	गृ	जृ	फृ	स्व	श्व	स्न	क्ख	क्न	क्ल	ग्र	च्छ	ट	ब्र	द्म
न्द	न्त	त्प	न्म	त्य	द्ध	स्स	म म्य	न न्ध	म्प	न्ह	स्म	स्त	म्र	ह्म	म्र
ब्द	ब्त	मृ	म्न	म्ब	म्ल	म्ह	ब ब्य	स्तु	ल ल्क	ल्द	ल्प	ह्य	श्च	ह्ल	म्भ
श्न	श्ल	ष्ट	ष्ठ	ष्ट्र	ह्ह	ट्र	श श्य	स स्त	स्थ	स्न	स्म	य	द	ड	इ

सुधरा हिन्दी-टाइप—(संख्या १०४)

अ	ा	ि	ी	ु	॰	े	ै	ो	ौ	ं	ः	ँ
ृ	्र	़	्र	ॆ	ॆ	ी	ीं	ि	ी	ों	ौं	ॉ
‒	=	≡	)	ʃ	ऽ	-	—	(	)	[	]	!
क	ख	ग	घ	ङ	च	छ	ज	झ	ञ	,	‘	’
ट	ठ	ड	ढ	ण	त	थ	द	ध	न	-	।	;
प	फ	ब	भ	म	य	र	ल	व	श	स	.	ळ
०	१	२	३	४	५	६	७	८	९	०	ह	८
ॠ	ऋ	ॡ	प	क़	ख़	ग़	ज़	फ़	'	ढ़	|	}

यद्यपि उक्त सुधारोंके बाद टाइप करने और छापने दोनों दृष्टियोंसे हिन्दी रोमनसे भी अधिक उपयोगी और मितव्ययी हो जाती है, और हमें और आगे बढ़नेकी आवश्यकता नहीं है; तो भी यदि आप और भी बचत करना चाहें और उसी शरीरके टाइपमें रोमनकी अपेक्षा आधे कागजमें छापनेका विचार रखते हों, तो अक्षरोंके ऊपर और नीचे लगनेवाली मात्राओं को बगलमें लगा दें। यह पहले कुछ भद्दी जरूर मालूम होगी, लेकिन कोई योग्य कलाकार उस भद्देपनको बहुत कम कर सकता है।

इस प्रकार सारे संघकी राष्ट्रभाषा और राष्ट्रलिपि हिन्दी ही होनी चाहिये। उर्दू-भाषा और लिपिके लिये वहाँ कोई स्थान नहीं है।

(३) उर्दूकी भी नागरी लिपि हो—इसका यह अर्थ नहीं, कि उर्दू पढ़नेवालोंके लिये सुविधा न दी जाये। हरएकको अपनी भाषा और अपनी लिपि पढ़नेका अधिकार होना चाहिये। जो उर्दू भाषा-भाषी अपनी शिक्षा उर्दू भाषा द्वारा लेना चाहते हैं, उन्हें इसके लिये पूरी स्वतन्त्रता मिलनी चाहिये। वे स्कूलों हीमें नहीं, चाहें तो अलीगढ़ युनिवर्सिटी तकमें उर्दूको माध्यम रख सकते हैं। लेकिन जो समय सामने आ रहा है, उसे देखते हुए

मैं उन्हे परामर्श दूँगा कि लिपिके आग्रहको छोड़कर उर्दूके लिये भी नागरी लिपिको अपनाएँ। आखिर पश्चिमी एसियाकी ताजिक और तुर्की भाषाओं-को अरबी लिपिसे सम्बन्ध-विच्छेद कर लेनेपर हानि नही बल्कि बहुत भारी लाभ हुआ है। सोवियत्की ये भाषाएँ रूसी लिपिमें लिखी जाती हैं, जो ३२ अक्षरोंकी होनेसे रोमनसे कही अधिक वैज्ञानिक हैं।

कोई-कोई उर्दूवाले कहने लगे हैं, कि क्यो न रोमन लिपिको ही अपनाया जाय। यदि हिन्दी (नागरी) लिपि अरबी लिपिकी तरह दोषपूर्ण होती, तो हमें रोमन लिपि अपनानेमें कोई उज्र न होता। लेकिन रोमन पक्षपाती उर्दू भाइयोंको नागरी जैसी लिपिको अपनानेमें आना-कानी क्यों? सिर्फ इसलिये कि अगर अरबी लिपि जाती है, तो साथ साथ हिन्दी लिपिका भी बेड़ा ग़र्क़ हो।

(४) *इस्लामको भारतीय बनाना चाहिये*—उनका भारतीयताके प्रति यह विद्वेष सदियोंसे चला आया है सही, किन्तु नवीन भारतमे कोई भी धर्म भारतीयताको पूर्णतया स्वीकार किये बिना फल-फूल नही सकता। ईसाइयों, पारसियो और बौद्धोको भारतीयतासे एतराज नही, फिर इस्लाम हीको क्यो? इस्लामकी आत्म-रक्षाके लिये भी आवश्यक है, कि वह उसी तरह हिन्दुस्तान-की सभ्यता, साहित्य, इतिहास, वेशभूषा, मनोभावके साथ समझौता करे, जैसे उसने तुर्की, ईरान और सोवियत् मध्य-एसियाके प्रजातन्त्रोमे किया। धर्मको समाजके हर क्षेत्रमे घुसेड़ना आजके संसारमें बर्दाश्त नहीं किया जा सकता। अभी हमारे राष्ट्रीय-मुसलमान भाई भी नहीं समझ पाये हैं, कि उनकी सन्तानोंको नव-भारतमें कहाँतक जाना है। नवीन-भारत ऐसे मुसलमानोंको चाहेगा, जो अपने धर्मके पक्के हों, किन्तु साथ ही उनकी भाषा, वेश-भूषा और खान-पानमें दूसरे भारतीयोंसे कोई अन्तर न हो, भारतके गौरवपूर्ण इतिहासके प्रति आदर रखनेमे वे दूसरोंसे पीछे न हो। भारतीय-संघके मुसलमानोंकी भी आजकी तीसरी पीढ़ीमें हिन्दीके अच्छे अच्छे कवि और लेखक उसी परिमाणमे होंगे, जिस परिमाणमें वे आज उर्दूमें हैं। वह समय भी नज़दीक आयेगा, जब कि हिन्दी-साहित्य-सम्मेलनका सभापति कोई हिंदी-का धुरन्धर साहित्यकार मुसलमान होगा। आखिर पाकिस्तानके आधेसे हिस्से मे अरबी लिपि और अरबी मिश्रित भाषा न होनेसे पूर्वी बंगालमें इस्लामको ख़तरा नही है, फिर हिन्दीसे उन्हें क्यो ख़तरा मालूम होता है। यदि बुद्धिको प्रमाण मानते हैं, तो हिन्दीको उन्हे अपनाना चाहिये, नहीं तो भवितव्यता तो उधर ले ही जा रही है।

जहाँतक सारे संघ की राष्ट्र-भाषा और राष्ट्र-लिपिका सम्बन्ध है, तर्क और तर्कवाले सभी हिन्दीके पक्षमें हैं। हमारे कुछ नेता अभी नारद-मोहके शिकार हैं और वे सारी शक्ति इसके विरुद्ध लगा रहे हैं, किन्तु मुझे आशा नहीं कि उनकी बात स्वीकृत होगी। हठ करनेपर भी इसमें तो सन्देह नहीं, कि व्यवहार्य न होनेसे उर्दू लिपि और भाषाका दूसरे प्रान्तों में प्रचार होनेसे रहा, हाँ, खामखाहके झगड़े ज़रूर पैदा हो सकते हैं।

५—हिंदीका स्थान

(१) प्रान्तों में हिंदी—सारे संघकी राष्ट्रभाषाके अतिरिक्त हिन्दीका अपना विशाल क्षेत्र है। हरियाना, राजपूताना, मेवाड़, मालवा, मध्यप्रदेश, युक्तप्रान्त और बिहार हिन्दीकी अपनी भूमि है। यही वह भूमि है, जिसने हिन्दीके आदिम कवियों सरह, स्वयम्भू आदिको जन्म दिया। यही भूमि है, जहाँ अश्वघोष, कालिदास, भवभूति और बाण पैदा हुए। यही वह भूमि है, जहाँ कुरु (मेरठ-अम्बाला कमिश्नरियों) पंचाल (आगरा-रुहेलखण्ड कमिश्नरियों)की भूमिमें वशिष्ठ, विश्वामित्र, भरद्वाजने ऋग्वेदके मन्त्र रचे, और प्रवाहण, उद्दालक और याज्ञवल्क्यने अपनी दार्शनिक उड़ानें कीं। इस भूमिके सारे भागकी हिन्दी मातृ-भाषा नहीं है, किन्तु वह है मातृभाषा जैसी ही। इस विशाल प्रदेशके हर एक भागमें शिक्षित, अ-शिक्षित, नागरिक और ग्रामीण सभी हिन्दीको समझते हैं। इसलिए यहाँ हिन्दीका राज्य भाषाके तौर पर, शिक्षाके माध्यमके तौर पर स्वीकार किया जाना बिल्कुल स्वाभाविक है। कुछ राजनीतिक नेता हिन्दुस्तानीके नामपर और न जाने किस भलाईके ख्यालसे उर्दूको भी यहाँ घुसेड़ना चाहते हैं। लेकिन यह तो निश्चित है, कि इस बातमें उनका व्यक्तित्व कोई काम नहीं करेगा। पन्तजीकी सरकारने युक्तप्रान्तमें हिन्दीके प्रति अपनी दृढ़ता दिखलाते हुए उसे एकमात्र राजभाषा स्वीकार किया, उसने बतला दिया कि हवाका रुख किधर है। दो-दो भाषा और दो-दो लिपिको राजभाषा बनानेका अब कोई कारण नहीं है। तर्क पेश किया जाता है, कि अगर यहाँके उर्दू-भाषा भाषी मुसल्मानोंको हिन्दी पढ़नेपर मजबूर किया गया, तो बँटा हुआ हिन्दुस्तान फिर कभी एक न होगा। मानों, उर्दूको राज-भाषा स्वीकार कर लेनेपर एकता निश्चित है। मेरी समझमें तो अभी बँटे हुए हिन्दुस्तानकी एकता की बात चलानी फ़ज़ूल ही नहीं, हानिकर है। हमारी पीढ़ी जो कर सकती थी कर चुकी। एकता करनेका काम अगली पीढ़ीका है, हमें इस एकताकी बात

करके उनके काममें कठिनाइयाँ नहीं पैदा करनी चाहिये। एकता तभी होगी, जब कि दोनो भागोंमें धर्मान्धताका स्थान राष्ट्रीयता और वैयक्तिक स्वार्थका स्थान समाज-स्वार्थ लेगा।

उर्दूको लादनेमें और क्या भलाई समझी जाती है? उर्दूवालोंको हिन्दी पढ़नेके लिये मजबूर किया जायेगा? यह तो जन-प्राकृतिक नियम है। जिस भाषाके अधिक बोलनेवाले होते हैं, वही भाषा राजकीय मानी जाती है। अल्प-संख्यकोंकी भाषा इस तरह नष्ट हो जायगी? यह भी आक्षेप नहीं हो सकता। मैं समझता हूँ, कि हमारी सरकार उर्दू पढ़नेवालोंके रास्तेमें रुकावट नहीं डालेगी, लेकिन साथ ही यह तो जरूर होगा, कि जिनको सरकारी या कल-कारखानोंकी नौकरियोंको पानेका ख्याल है, उनके लिये हिंदी पढ़ना आवश्यक होगा। आखिर आजतक जब इनके लिये वे अंग्रेज़ी पढ़ते रहे, फिर अब हिन्दी पढ़नेमें क्या हर्ज़ है। जैसे वह आजतक हाईस्कूलोंसे युनिवर्सिटीतक अरबी-फ़ारसी पढ़ते रहे, वैसे आगे भी पढ़ते रहेंगे। हिन्दी तो केवल वही स्थान लेने आ रही है, जिसे अंग्रेज़ने ज़बरदस्ती दखल कर रखा था। विदेशी भाषा सीखनेमें जब उज़ुर नहीं था, तो अपने देशकी भाषा सीखनेमें क्यों उज़ुर है? हिन्दी भाषा ७०० सालोंसे पदच्युत रहकर अब विशाल मध्यदेशमें अपना स्थान ग्रहण करने जा रही है, इसके लिये हमें हर्ष होना चाहिये।

(२) *विश्वकी महान् भाषा*—हिन्दी भारतीय-सङ्घकी राष्ट्रभाषा होगी और उसके आधेसे अधिक लोगोंकी अपनी भाषा होनेके कारण वह अन्तर्राष्ट्रीय जगत्‌में अब एक महत्त्वपूर्ण स्थान ग्रहण करेगी। चीनी भाषाके बाद वही दूसरी भाषा है, जो इतनी बड़ी जनसंख्याकी भाषा है। हिन्दीके ऊपर इसके लिये बड़ा दायित्व आ जाता है। हिन्दीको एक विशाल जनसमूहके राज-काज और बातचीत को ही चलाना नहीं है, बल्कि उसीको शिक्षा का माध्यम बनना है। फिर आजकलकी शिक्षा सिर्फ कविता, कहानी, और साहित्यिक निबंधोंतक ही सीमित नहीं है। विश्वकी प्रत्येक उन्नत भाषाका साहित्य अधिकतर साइन्सके ग्रन्थोंपर अवलम्बित है। अभीतक तो साइन्सकी पढ़ाई अंग्रेज़ीने अपने सिरपर ले रखी थी, किन्तु अब अंग्रेज़ोंके साथ अंग्रेज़ीका राज्य जा चुका है। सरह-स्वयम्भूसे पन्त-निराला, महादेवी तकका हिन्दी काव्य साहित्य बहुत सुन्दर और विशाल है नाटक छोड़कर सभी अङ्गोंमें विश्वके किसी भी प्राचीन और नवीन साहित्यसे उसकी तुलना की जा सकती है। कथासाहित्यमें प्रेमचन्द्रने जो

परम्परा छोड़ी है, वह काफ़ी आगे बढ़ी है। किन्तु अब हमें हिन्दीमें सारा ज्ञान-विज्ञान लाना होगा। कुछ लोग इसे बहुत भारी, शायद सदियोंका काम समझते हैं। परन्तु, मेरी समझमे यह उनकी भूल है। आज जिस चीज़की मांग हो, उसे साहित्य-जगत्‌मे सृजन करनेवालों की कमी नही होती। अबतक उपन्यास, कहानी, कविताकी मांग थी, और लेखकों तथा कवियोंने इस मांगको बहुत हदतक पूरा किया।

(२) *यूनिवर्सिटियोमे हिन्दी*—साइन्स-सम्बन्धी ग्रन्थोंकी मांग हमारी आधे दर्जनसे ऊपर युनिवर्सिटियों, सैकड़ों कालेजों और हज़ारों स्कूलोंकी ओरसे होगी, तो क्या यह मांग बिना पूरी हुए रहेगी? शिकायत की जाती है, कि हिन्दीमें साइन्स-सम्बन्धी पारिभाषिक शब्दोंकी बहुत कमी है। यह सवाल तो कुछ उन लोगोंकी ओरसे उपस्थित किया जाता है, जो हमारे पिछले ४० सालके परिभाषा-निर्माण सम्बन्धी कार्यसे परिचित नहीं हैं। वह परिभाषा ग्रन्थोंके पास नहीं जाना चाहते, बल्कि चाहते हैं, कि शब्द स्वयं उड़ उड़कर उनके मुँहमें आएँ। वह उनके मुँहमें भी उड़-उड़कर आयेंगे, यदि उन शब्दोंका पुस्तकोंमें अधिक प्रयोग हो और पुस्तकें खूब चारों तरफ़ फैलें। यदि कोई साइन्सका प्रोफ़ेसर ऐसी निराशापूर्ण बात करता है, तो मैं कहूँगा कि अब उसे विश्राम लेनेकी आवश्यकता है। उसने २० साल पहिलेके फ़िज़िक्स और रसायनशास्त्रको पढ़ा होगा और आज वह अंग्रेज़ीमें भी अपने विषयके नवीनतम साहित्यके समझने और पढ़ानेकी क्षमता नहीं रखता है। ऐसे व्यक्तियोंसे जितनी जल्दी विद्यार्थियोका पिण्ड छूटे, उतना ही अच्छा। हाँ, यदि अध्यापक अपने विज्ञान, छात्रसमूह और देशके प्रति अपने कर्त्तव्यको समझता है, तो उसे निराश होनेकी आवश्यकता नहीं। मैंने "विश्वकी रूपरेखा" में साढ़े चार सौ पृष्ठोंमें आधुनिक ज्योतिष, फ़िज़िक्स, रसायन, प्राणिशास्त्र और मनोविज्ञानके कितने ही गम्भीर विषयोंपर विवेचन किया है। मुझे तो पारिभाषिक शब्दोंकी वहाँ कोई कठिनाई नहीं मालूम हुई। हाँ, कुछ नये शब्द गढ़ने ज़रूर पड़े, और वह तो सभी भाषाओंमें किसी न किसी वक्त नये गढ़ने पड़ते हैं; और कितने ही अन्तर्राष्ट्रीय प्रसिद्धिके पारिभाषिक शब्दोंको भी अपनाना पड़ता है। अन्तर्राष्ट्रीय-प्रसिद्धिके शब्द कितनी ही वस्तुके साथ आते हैं, सिर्फ विचारोंके साथ नहीं। वस्तुके साथ आये विदेशी शब्दोंको हर देशमें हर भाषामें लिया गया है। उदाहरणार्थ रूसी-भाषा बहुत कम पराये शब्दोंको लेती है। उसने साइन्सकी जगह "नाउक" ओरियण्टलिस्टकी जगह "वोस्तोकोवेद" (प्राच्य-वेद) और

भाषाशास्त्रकी जगह "यज़ीकोज़्नानेनिया" (भाषाज्ञान)को अपनाया—स्मरण रखना चाहिये कि वेद और ज़्नानेनिया संस्कृतके 'विद्' और 'ज्ञा' धातुओं की ही परम्पराके हैं। तो भी रूसी भाषाने बहुतसे अन्तर्राष्ट्रीय शब्दोंके बायकाट करनेकी आवश्यकता नहीं समझी। हमारे यहाँ भी इसकी ज़रूरत नहीं है, कि हम रेडियो, टेलीफोन, इजन या आक्सिजन, हाईड्रोजन जैसे अन्तर्राष्ट्रीय शब्दोंका बायकाट करें। हाँ, ऐसे शब्दोंका परिमाण कम अवश्य होना चाहिये।

अंग्रेज़ी भाषा स्कूलोंमें द्वितीय भाषाके तौरपर रहेगी, किन्तु वह बहुत दिनों तक एक मात्र द्वितीय भाषा नहीं रहेगी। हमें अपने विद्यार्थियोंको रूसी-अंग्रेज़ी, फ्रेंच-जर्मनमेंसे किसी एकको लेनेकी स्वतन्त्रता देनी होगी। हर स्कूलमें ऐसा नहीं हो सकता। सोवियत्के स्कूलोंमें भी—जहाँ बडे व्यापक रूपसे विदेशी भाषाओंके पढ़ानेका प्रबन्ध है—एक स्कूलमें एक ही द्वितीय भाषाके पढ़ानेका प्रबन्ध रहता है। इसी तरह हमारे यहाँके स्कूलोंमें भी ख़ासकर शहरी स्कूलोंमें किसी स्कूलमें अंग्रेजी, किसीमें फ्रेंच, किसीमें रूसी किसीमें जर्मन भाषाको द्वितीय भाषाके तौरपर पढ़ानेका प्रबन्ध करना चाहिये—यही नहीं अरबी-फारसीकी तरह चीनी जापानीको भी ऐच्छिक भाषा स्वीकृत करना चाहिये। यद्यपि इस तरह अंग्रेजी भाषा द्वितीय भाषाके तौरपर कुछ समय और चलेगी, किन्तु अब विद्यार्थियोंको अंग्रेज़ीका ज्ञान धीरे-धीरे उतना ही होगा, जितना कि रूसी-जापानी हाई-स्कूलोंके विद्यार्थियोंमें हम देखते हैं। मैंने वहाँ चार-चार पाँच-पाँच सालतक अंग्रेज़ी द्वितीय भाषा लेकर पढ़े विद्यार्थियोंको देखा, वे न भाषा बोल सकते हैं और न बोली भाषाको आसानीसे समझ सकते हैं। इसलिये आज साइन्स सीखनेके लिये अंग्रेजीकी पूँछ पकड़ना अपनेको मझधारमें डुबोना है। हिन्दीमें साइन्सकी पुस्तकें तैयार करनेमें हमारे साइन्सके बूढ़े प्रोफ़ेसर सहायक तो क्या होंगे, बाधा डालनेमें ज़रूर कोई कसर उठा न रखेंगे। लेकिन असाध्य और असम्भवके शब्द तरुणोंके शब्द-कोषमें नहीं मिलते। मुझे कई ऐसे तरुणोंसे बातचीत करनेका मौका मिला है, जो साइन्सके प्रतिभाशाली विद्यार्थी हैं उन्होंने कभी असाध्य और असम्भवका शब्द मुँहसे नहीं निकाला। एकने तो फिजिक्सके एक बड़े गम्भीर भाषणका—जिसका सम्बन्ध फिजिक्सके नवीनतम अंग परमाणुफिजिक्ससे है—हिन्दीमें अनुवाद करके प्रकाशित कराया है। तरुणने यह ज़रूर कहा, कि अनुवाद करनेमें कुछ अधिक समय और श्रम लगा। बूढ़े प्रोफ़ेसरोंके लिये यही समय और परिश्रम तो सबसे

आफतकी चीज़ है, जिसको टालनेकेलिये वह तरह तरहके बहाने करते हैं। उनसे मेरा कहना है—बाबा, यदि तुमसे चला नहीं जाता, तो दूसरे का रास्ता तो न छेंको।

(४) *हिंदीमे वैज्ञानिक अनुसंधान*—जहाँतक पढ़ानेका सम्बन्ध है, हिन्दी भाषा तो १६५८से युनिवर्सिटियोंमे पढ़ानेका माध्यम बन सकती है। रही अनुसन्धानकी बात, तो उसकेलिये विश्वकी कोई एक भाषा पर्याप्त नहीं है। फिजिक्समें ही जो नये नये अनुसन्धान हो रहे हैं, वह सिर्फ अंग्रेज़ीमें ही नहीं, बल्कि फ्रेंच, जर्मन और रूसी भाषाओंमे उनका बहुतसा भाग छपता है; जिसे जाने बिना कोई अनुसन्धानकर्ता अपने विषयका नवीनतम ज्ञान नहीं रख सकता और कितनी ही बार अनुसन्धान हो चुकी समस्यापर वृथा मत्था मारनेकी गलती कर सकता है। इसलिये जहाँतक अनुसन्धानका सम्बन्ध है, उसकेलिये तो हमारे विद्वानोको अंग्रेज़ी ही नहीं, दो एक और भाषाओंके समझने भरका ज्ञान होना आवश्यक है, जैसा कि दूसरे देशोंमे देखा जाता है।

यही नहीं, बल्कि हमारे यहाँ साइंसके सम्बन्धमें जो अनुसन्धान हों उनको विदेशी विद्वानोंतक पहुँचानेका कोई प्रबन्ध करना होगा। इसपर शायद कोई कह उठे, कि तब तो अनुसन्धानकी पत्रिकाएँ आजकी तरह अंग्रेज़ीमें निकलनी रहनी चाहियें। लेकिन मैंने तो किसी देशमे नही देखा, कि वैज्ञानिक अनुसन्धान बाहरवालोंके जाननेकेलिये किया जाय। आज दुनियामें सबसे अधिक वैज्ञानिक अनुसन्धान-सम्बन्धी संस्थाएँ और कार्यकर्ता सोवियत् रूसमें हैं, किन्तु वहाँ सभी प्रकारके अनुसन्धान-सम्बन्धी लेख रूसी भाषामे छापे जाते हैं। पावलोफ़ने कभी नहीं सोचा, कि अपने गवेषणा सम्बन्धी पत्रोको रूसी छोड़ किसी अन्य भाषामें लिखें। आज भी वहाँ एकसे एक दिग्गज पडित साइंसकी हर शाखामें काम कर रहे हैं और उनके गवेषणात्मक लेख रूसी भाषामें ही छापते हैं। हाँ, किन्हीं-किन्हीं लेखोंका संक्षेप अंग्रेज़ी, फ्रेंच या जर्मनमेंसे किसी एकमें दे दिया जाता है, और किसी-किसी लेखका बाहरवालोंके फ़ायदेकेलिये पूरा अनुवाद भी छपता है। लेकिन वहाँवाले जानते है, कि हमारा सबसे पहला काम है, अपने देश-वासियोंमें अधिकसे अधिक साइंसका प्रचार करना। आखिर १०० मेंसे ९९ पाठक अपने देशके ही होते हैं। अंग्रेज़ी भाषामें लिखनेपर हम एक विदेशी पढ़नेवालेकेलिये लिखते हैं और ९९का ख्याल छोड़ देते हैं। इसलिये मैं तो समझता हूँ, कि अनुसन्धान पत्रिकाओंको हिन्दीमें निकलना चाहिये। इसी तरह बंगाल आदि प्रान्तोंमें गवेषणापत्र वहाँकी भाषामें हों। यदि बँगला,

उड़िया, पंजाबी, गुजराती और दक्षिणकी भी भाषाएँ अपनी अनुसन्धान-पत्रिकाओं को अपनी भाषाओं और नागरी अक्षरोंमें निकालने लगें, तो इससे दूसरे भाषा-भाषी बहुत लाभ उठा सकते हैं। यदि ऐसा न भी हो सके, तो भी हिन्दीमें ऐसी अनुसन्धान-पत्रिका तो जरूर होनी चाहिये, जिसमें पृथक् पृथक् या अनेक साइंस सम्बन्धी ऐसे महत्त्वपूर्ण लेखोंको छापा जाय, जो कि दूसरी भाषाओंकी पत्रिकाओंमें निकले हों। साइंसके अतिमहत्त्वपूर्ण लेखोंको रूसी, जर्मन और फ्रेंच संस्करणोंमें निकाला जाय, जिससे कि हमारी गवेषणाओंको बाहरके विद्वान् भी जान सकें। मैं यह भी कहूँगा, कि गणित और साइंसके संकेत-चिह्न हमें अन्तर्राष्ट्रीय स्वीकार करने चाहिये, जैसा कि रोमन लिपिसे भिन्न लिपि रखनेवाली रूसी भाषाने किया है।

आजकलकी दुनियामें साइंस विधाता है। विधाता ही नहीं, वह कर्त्ता, धर्ता, हर्ता त्रिमूर्ति है। परमाणु-बम्बने उसे त्रिशूलधारी शंकर से भी अधिक भयानक सिद्ध कर दिया है। और भर्ता तो है ही। आज दुनियाका यह सारा वैभव साइंसका ही वरदान है। साइंसके भयंकर रूपको देखकर कितने निर्बल-हृदय घबड़ा उठते हैं और शाप दे देकर उसे शान्त करना चाहते हैं। भस्मासुरने भी धोखा देकर वरदान ले लिया था, पर भस्मासुरको स्वयं भस्म होना पड़ा। साइंसके वरदानको दुरुपयोग किया गया है सही, किन्तु वही दुरुपयोग क्यों जापानके विरुद्ध किया गया? क्यों नहीं उसे जर्मनीके विरुद्ध किया गया? इसीलिये कि चर्चिल और ट्रूमन दोनों जानते थे, कि जबतक उनके परमाणु-बम्ब जर्मनीके एक दो नगरोंको ध्वस्त करेंगे, जबतक जर्मनीके उड़तू बम्ब बेक्टीरिया, गैस, और क्या क्या बला लाकर इङ्गलैंडपर उड़ेल देंगे। इसी डरके मारे उन्होंने हिरोशिमाको पसंद किया, क्योंकि अमेरिका और इङ्गलैंडकी भूमिसे बहुत दूर रहनेसे जापान कोई वैसा भयंकर प्रतिशोध नहीं ले सकता था। और शायद ऊँच-नीच जातिका भी ख़याल काम कर रहा हो। कुछ भी हो, परमाणु-बम्ब लड़ाईमें तभी व्यवहारमें आयेगा, जब कि दुनियापर प्रभुत्व जमानेकी इच्छावाले सत्ताधारियोंकी हियेकी फूट गई हो, और वह दूसरोंके असगुनके वास्ते अपने सर्वनाशके लिये तैयार हों। भयंकर ज़हरीली गैसोंके निकलनेपर भी अभीतक इसी डरसे युद्धमें उनका प्रयोग नहीं किया गया—हिटलर जैसा नृशंस पागल भी नहीं कर सका; तो अब यह आशा नहीं रखनी चाहिये, कि पूँजीवाद परमाणु-बम्बकी सहायतासे दिग्विजयकी तीसरी लड़ाई छेड़ेगा।

साइंस संहारसे बहुत अधिक सृष्टि करनेकी क्षमता रखता है। ३०-३२ लाखकी आबादीके फिनलैंडके शहरोंको उतनेसे ज़्यादा आबादीके मुज़फ्फ़रपुर

या दरभंगाके ज़िलोंसे मिलाइये, तो इस रहस्यको जान जायँगे, कि कैसे इतनी थोड़ी आबादीके रहते भी पाँच-पाँच, छ-छ तल्लेकी अट्टालिकाओंवाले पचासों शहर वहाँ बसा लिये गये हैं और आज वहाँ बँगलों, सड़कों, रेलों, कारखानों आदिके रूपमें अपार सम्पत्ति सारे देशमें बिखरी पड़ी है। अगर केवल हाथ और पुराने युगके हथियारोंका सहारा लेना होता, तो वह भी हमारी तरहकी झोपड़ियोंमें रहते। सच तो यह है, कि हमारे देशको भी दरिद्रता दूर करनेका एक ही रास्ता है, जिसे कि साइन्स हमें बतलाता है। इसीलिये आज हिन्दी-साहित्यको अपने देशको साइन्सके प्रशस्त पथपर चलनेके लिये साधन बनकर आगे आना है।

६—हिंदी-साहित्य

(१) काव्य और कथा-साहित्य—हमारा साहित्य, जहाँतक काव्य साहित्यका सम्बन्ध है, बहुत समृद्ध है। संस्कृत-प्राकृत-काव्यनिधियोंके हम उत्तराधिकारी हैं, इतना ही नहीं बल्कि आगे चलकर अपभ्रंशकालसे मध्यकाल होते हुए आजतक हमारे काव्यने बराबर उन्नति की है। अपभ्रंश-कालके सरह-स्वयंभू, मध्य-कालके सूर-तुलसीसे आजके पंत-प्रसाद-निराला तक हमारे कवियोंने ऐसी काव्य सृष्टि की है, जिसकेलिये हम गर्व कर सकते हैं। कथा-साहित्यमें भी हमारा आरंभ ऐतिहासिक कारणोंसे बहुत पीछेसे हुआ, लेकिन प्रेमचंदने इस क्षेत्रको बहुत समृद्ध किया, और उनके उत्तराधिकारियोंने अपने कामको जारी रक्खा है। जिस तरह हर दशाब्दीमें हम महाकविकी आशा नहीं रख सकते, उसी तरह हमें हर दशाब्दीमें प्रेमचंदकी भी आशा नहीं रखनी चाहिये। लेकिन जो साहित्य-रचना इस विषयमें हो रही है, उससे असन्तुष्ट होनेका कोई कारण नहीं। हमारे दर्जनों सिद्धहस्त लेखक अच्छे-अच्छे बड़े-बड़े भी मझोले परिमाणके भी उपन्यास और छोटी-छोटी कहानियाँ लिख रहे हैं। इस निर्माणमें विशाल देशके हरेक प्रांतकी प्रतिभा काम कर रही है और हर दृष्टिकोणसे। इसीलिये हमारे कथा-साहित्यमें विचित्रता और नवीनता भी बहुत है। हाँ, हमारे क्षेत्रको और बढ़ाना होगा; क्योंकि आपको मालूम है, हमारे हिन्दी-भाषा-भाषी बंधु दक्षिणी अमेरिकाके गायना, ट्रिनिडाडसे लेकर मोरिसस, अफ्रीका होते प्रशांत महासागरके फीजी द्वीपतक फैले हुए हैं। हमारे कथा-लेखकोंकेलिये यह बहुत बड़ा क्षेत्र है। हमारे भाइयोंका वहाँका जीवन, समाज आजकल कैसा है और उस वक्त कैसा था, जब कि वह कुली बनकर इन देशोंमें पहुँचे थे आदि आदिके चित्र हमारे साहित्यमें

आने चाहियें। इसकेलिये हमारे साहित्यकारोंको अब इन द्वीपों में जाना चाहिये। वह इस तरह स्वयं ही साहित्य-रचना करनेमें सफल नहीं होंगे, बल्कि उनकी उपस्थिति वहांके तरुणोंमें प्रेरणा पैदा करेगी; तरुणोंको हमारे आधुनिक साहित्यसे परिचय होगा और वहाँ भी साहित्य रचनाका आरंभ होगा।

नाट्य-साहित्य हमारा निर्बल अवश्य है, यद्यपि हमारे पथ-प्रदर्शक भारतेंदु हरिश्चंद्र नाट्यकार ही नहीं थे, बल्कि अभिनेता भी थे। उन्होंने यह साहस उस समय दिखलाया, जब कि समाजमें कट्टरता बहुत अधिक थी। नाट्य-रचना-कला रंगमंचके साथ-ही-साथ बढ़ सकती है और आज हिंदीका रङ्गमञ्च जिस अवस्थामें है, वह आप सबको मालूम है। फिल्म भी यद्यपि रङ्गमञ्चका ही एक रूप है, लेकिन वह उससे एक अलग चीज़ है। नाट्य-कलाकी उन्नतिकेलिये रङ्गमञ्चका प्रचार अत्यावश्यक है। दूसरे देशोंमें संवारात्मक नाटक, संगीत-मिश्रित नाटक, पद्यमय नाटक (ओपेरा), मूक-नाट्य (कथकलीया या बैले) आदि कितने ही प्रकारके रङ्गमञ्च प्रचलित हैं। पूँजीवादी देशोंमें रङ्गमञ्च और उसके कलाकारोंको सिनेमासे बहुत क्षति हुई है सही, तो भी कला-प्रेमियोंने उन्हें जीवित रक्खा है। सोवियत् रूसमें तो रङ्गमञ्च पहलेसे कई गुना बढ़ गया है। हमारी नाट्य-रचना-कलाकी अभिवृद्धिकेलिये रचनाकारों और कलाकारोंका निकटका संबंध अत्यावश्यक है। बिना अभिनय-कलाके साक्षात्-परिचयका नाटक नहीं लिखा जा सकता; चाहे कविता और उपन्यास शायद इस तरहके संबंधके बिना लिखे भी जायँ।

(२) *समालोचना साहित्य*—साहित्यकी उन्नतिकेलिये समालोचना एक आवश्यक साधन है। एक ओर वह साहित्यकारोंके गुण-दोष दिखाकर उन्हें सीखनेका मौक़ा देती है, दूसरी ओर कृतियोंकी विवेचना द्वारा पाठकोंमें सत्साहित्यके पढ़नेकी रुचि पैदा करती है। साहित्यकारकी बहुधा एकांगीन प्रवृत्ति होती है। समालोचक उसके सामने तस्वीरका दूसरा पहलू रखकर साहित्यकारकी कमीको दूर कर सकता है। आजका साहित्यकार अपनी रचनाओंमें एक पक्षपर प्रहार करते बहुत अतिमें चला जाता है और उसे उसके कोई गुण नहीं दिखाई पड़ते, दूसरा साहित्यकार दूसरे पक्षकी ओरमें जाता है। इस तरह दोनों ही वास्तविकतासे बहुत दूर हो जाते हैं। समालोचक ही उनके इस अतिचारको दिखलाते हुए वास्तविकताके पास ला सकता है। इसी तरह ग्रंथकार सर्वज्ञ तो होता नहीं, वह कभी अनजाने भी अनौचित्य कर बैठता है। और यह अनौचित्य ऐसे लेखकोंसे होता दिखाई देता है, जिनकी लेखनी और कल्पना शक्तिशाली है। लेकिन आलस्य

इतना है, कि किसी विषयपर कलम उठाते वक्त उस विषयकी जानकारीके बारेमें पर्याप्त पढ़ने-समझनेका कष्ट नहीं उठाते। कोई अपनी कहानीमें अशोकके युद्धमें बारूदकी मैगजिनमें आग लगवाता है, और कोई चन्द्रगुप्त मौर्यके समय नालंदा और विक्रम शिलाके भिक्षुओंको ला खड़ा करता है इसी प्रकार स्थान-काल संबंधी अनेक अनौचित्य आलस्य एवं असावधानीके कारण होते हैं। इसका परिमार्जन तभी हो सकता है, जब हमारे साहित्यमें सत्समालोचक हों। सत्समालोचकका काम केवल दोषोंका ही दिखलाना नहीं है, बल्कि गुणोंको भी बतलाना है, और दोषोंको दिखलाते वक्त भी सहृदयताको हाथसे नहीं छोड़ना है। अभी कुछ साल पहलेतक हमारे साहित्यमें समालोचना-साहित्यकी बड़ी कमी थी, समालोचकोंका भी अभाव था लेकिन आज हमारे सामने आधे दर्जन समालोचक हैं, जो अधिकांश तरुण हैं; किन्तु इतने ही समयमें उन्होंने जो लिखा है, उससे हमें आशा होती है, कि हमारी साहित्य-वृद्धिमें समालोचना-साहित्य पीछे नहीं रहेगा।

(३) अनुवाद—अनुवाद या स्वतन्त्रतानुवादसे ही हमारे गद्य-साहित्यकी सृष्टि हुई है और जहाँतक हमारे प्राचीन या प्रान्तीय साहित्यका सम्बन्ध है, हमारी भाषामें उनके काफी अनुवाद हैं। किन्तु उनमें भी अधिक मूलापेक्षी सरस अनुवादोंकी कमी है। और हमारे साहित्यमें विश्वकी अनर्घ कृतियोंके प्रामाणिक अनुवाद तो अभी हुये भी नहीं हैं। जो हुआ है, वह भी संपूर्ण एक स्थानपर परिचय और मूल्यांकनके साथ नहीं मिलता। उदाहरणार्थ कविकुल-गुरु कालिदासकी कृतियोंको ही ले लीजिए। हमें उनकी सारी कृतियाँ मूलानुसारी सुन्दर काव्यमय अनुवादके रूपमें एक जगह मिलनी चाहिये और साथ ही सक्षेपमें कविके जीवन और उनके काव्यके मूल्यांकनका भी परिचय रहना चाहिये। आज ऐसे ग्रंथ कहाँ हैं? हमारे सभी बड़े-बड़े कवियों—वाल्मीकि, अश्वघोष, भास, कालिदास, भवभूति, बाण आदिकी संस्कृत कृतियाँ; गाथा-सप्तशती, गौड़बध आदि प्राकृत कृतियाँ; इसी तरह अपभ्रंश-मध्यकाल-आधुनिककालके हिन्दी महाकवियोंकी रचनाएँ परिचय-सहित इकट्ठा मिलनी चाहिये। यह बहुत बड़ा काम है; किन्तु हिंदी भी बहुत बड़ी भाषा है, उसके सपूत और साधन भी बहुत हैं और यह काम आवश्यक भी है। हमारे अपने ही साहित्यके ज्ञानकेलिये हिंदीको साधन नहीं बनना है, बल्कि एक-डेढ़ पीढ़ीमें अंग्रेज़ीका पल्ला छूट जानेपर विश्व-साहित्यके ज्ञानकेलिये भी हमारेलिये हिन्दीका ही सहारा रह जायगा। इसलिये आवश्यक है, कि विश्व-साहित्यकी अनमोल निधियाँ हिन्दीमें आयें और मूल-भाषासे

अनूदित होकर। इसकेलिये प्राचीन ग्रीस और रोमके साहित्यसे लेकर फ्रांसीसी अंग्रेज़ी, रूसी, जर्मन और दूसरी भाषाओंके भी मुख्य मुख्य साहित्य-कारोंके काव्य, कथा, नाटक, और निबन्ध हिन्दीमें अनूदित होने चाहिये। हमें हिन्दीको इतना सम्पन्न कर देना है, जिसमें हिन्दी पाठकों और लेखकों-केलिए परमुखापेक्षी बननेकी आवश्यकता न रह जाय।

(४) *साहित्यकारोंकी समस्यायें*—दुनियाके दूसरे देशोंमें भी साहित्य-की आरम्भिक दशामें साहित्यकारोंको कम कष्ट नहीं उठाना पड़ा; किन्तु दूसरे देशोंमें उच्च और मध्यम श्रेणीके साहित्यकारोंकी कठिनाइयाँ साहित्यके विकासके साथ बहुत कुछ दूर हो गई हैं। बहुत कुछ इसलिये कह रहा हूँ, कि पूँजीवादी देशोंमें जहाँ प्रकाशनने एक बहुत बड़े व्यवसायका रूप ले लिया है, स्वतन्त्र विचारवाले साहित्यकारोंके रास्तेकी बाधाएँ अब भी कम नहीं हुई हैं। हिन्दीमें अभी वह समय आया है, जब कि पुस्तकों की माँग बढ़ी है और जैसे जैसे जनता की शिक्षा और जीवनतल ऊँचा होता जायेगा, वैसे ही वह और भी बढ़ेगी। अभीतक तो खरीदारोंकी कमीसे एक हज़ारसे अधिकका संस्करण निकालना मुश्किल था। अब बड़े बड़े संस्करणोंकी माँग हो रही है, किन्तु काग़ज़की कमी उसमें बाधा डाल रही है। यह काग़ज़की कमी अभी काफी समय तक रहेगी, और यदि प्रारम्भिक शिक्षाको सब जगह अनिवार्य कर दिया गया, तो हमारे सारे कारखानोंके काग़ज़ पाठ्य पुस्तकों और सरकारी कामोंमें ही खप जायेंगे। जिस तरह देशकी दरिद्रता हटाने, सैनिक क्षमताके बढ़ानेकेलिये देशका उद्योग-प्रधान होना आवश्यक है, उसी तरह साहित्यके विस्तारकेलिये भी उसकी अत्यन्त आवश्यकता है। वस्तुतः शिक्षा, साहित्य, संस्कृति, उद्योग-धंधा सब एकके साथ एक जुड़े हुए हैं। तो भी साहित्यका सृजन और प्रकाशन जिस मात्रामें बढ़ रहा है, उस मात्रामें साहित्यकारोंकी स्थितिमें सुधार नहीं हो रहा है। पत्रकार-पितामह द्विवेदीजीके वचन अब भी हमें मूर्तिमान अपने साहित्यकारों और पत्रकारोंके जीवनमें दिखलाई पड़ रहे हैं: "मुझ अपुण्यकर्माने अपनी आयुके कोई ६० वर्ष अधिकतर तिल, तंडुल, लवण और इन्धन ही की चिन्तामें बिता दिये। अपनी मातृभाषा हिन्दीकी उन्नतिके लिये जो जो काम करनेका संकल्प मैंने किया, वे सब मैं नहीं कर सका। यह जन्म तो मेरा अब गया। आप उदारता और दयालुतापूर्वक मेरे लिये परमात्मासे अब यह प्रार्थना कर दीजिये, कि जन्मान्तरमें ही वह किसी तरहके काम करनेका सामर्थ्य मुझे दे।"

अब भी वर्षोंकी मेहनतकी कमाईको एक साहित्यकार ३ हज़ारमें बेच

डालता है, प्रकाशक बीसों बार मोल-तोल करके उसे खरीदकर हाथ-कटे साहित्यकारसे मोछपर ताव देते कहता है—"तीन हजार तो मेरे दलपर रक्खे हुए हैं।" अपने अधिकारकी रक्षाकेलिये नहीं बल्कि अपनी जीवन-यात्राको चलानेकेलिये भी साहित्यकारकेलिये कुछ करनेकी आवश्यकता है। साहित्यकारोंके संगठनसे भी कुछ हो सकता है, किन्तु जगह-जगह बिखरे हुए और धनहीन साहित्यकारोंका यह संगठन इतना सबल नहीं हो सकता, खासकर जब कि उनमें साहित्यिक असहिष्णुताकी तरह वैयक्तिक और दलगत असहिष्णुता भी अधिक है। इसलिए उनकी रक्षाकेलिये चारों तरफ़से प्रयत्न करना चाहिये। उनका संगठन भी करना चाहिये। उनका सहयोगी प्रकाशन भी होना चाहिये। सहयोगी-प्रकाशनमें भी देखा गया है, कि बीचमें पैसेकी सहायता देनेवाला कोई आ टपकता है और फिर सहयोगी-संस्था उसके पाकेटमें चली जाती है। तोभी इससे निराश होनेकी आवश्यकता नहीं। और एक बड़ी बात यह कि क़ानून द्वारा साहित्यकारोंके अधिकारोंकी रक्षा होनी चाहिये। एकसे अधिक संस्करणका अधिकार किसीको नहीं मिलना चाहिये। क़ानूनन् साहित्य सम्मेलनको अधिकार मिलना चाहिये, कि हिंदी लेखकोंपर यदि प्रकाशकोंकी ओरसे अत्याचार होता देखा जाय, तो उनकी कृतियोंको वह प्रकाशकसे ले लेनेका अधिकार रक्खे। साथ ही सम्मेलनको यह भी अधिकार होना चाहिये, कि किसी भी साहित्यकारकी कृतियोंसे या अनेक साहित्यकारोंके ग्रंथोंसे लेकर पृथक् संग्रह प्रकाशित कर सके। सम्मेलन उसकेलिये साहित्यकारोंको पर्याप्त पुरस्कार देता ही है, यह उसका पहलेहीसे नियम है, कि वह किसी ग्रंथकारका ग्रंथ सदाकेलिये नहीं खरीदता। लेखकों और अनुवादकोंकी 'रायल्टी' भी निश्चित और पर्याप्त होनी चाहिये—लेखकोंकी कमसे कम २०% और अनुवादकोंकी १५% रायल्टी होनी चाहिये, और उसमेंसे आधी पहले मिलनी चाहिये। साथ ही अनिश्चित कालतक पुस्तकको बिना छापे पासमें रखनेका भी प्रकाशकको अधिकार नहीं होना चाहिये। यदि सालभरतक प्रकाशक पुस्तक प्रकाशित नहीं करता, चाहे वह पहला संस्करण हो या आगेका संस्करण, तो क्षतिपूर्तिके साथ पुस्तक ग्रंथ-कर्ताको लौटा देनी चाहिये। १५ अगस्तसे पहलेके क़ानूनके अनुसार प्रकाशकोंको जो हक़ मिल चुके हैं, उन्हें तो हर हालत में मन्सूख हो जाना चाहिये, और लेखकोको फिर अपनी कृतियाँ मिल जानी चाहियें।

(५) *पत्र और पत्रकार*—पत्रकारोंके वेतनमें वृद्धि अवश्य हुई है, किन्तु उसके साथ यदि हम जीवन-सामग्रीके तिगुने-चौगुने बढ़े मूल्यको

देखते हैं, तो वह अब भी कम है। उसके साथ साथ जब हम पत्रोंकी ग्राहक-संख्यामें वृद्धि और उनके बड़े-बड़े नफ़ेको देखते हैं, तो कोई कारण नहीं मालूम होता, कि पत्रकारोंको ही क्यों सबसे अधिक पिसना पड़े। आज हमारे पत्र बड़ी तेज़ीसे कुछ बड़े-बड़े धनियोंके हाथोंमें केन्द्रित होते जा रहे हैं और पत्रकार उनके हाथकी कठपुतली बननेको मजबूर किये गये हैं। ऐसी अवस्थामें हम पत्रकारोंके सामने हिंदीके महारथी पंडित महावीरप्रसाद द्विवेदीके वचनको कैसे रख सकते हैं: "सम्पादकीय लेखों और नोटोंमें सामयिक विषयोंकी जो चर्चा की जाये, उसमें असत्यताकी तो बात ही नहीं अतिरंजना भी न होनी चाहिये।"

आज जो पत्रोंपर करोड़पतियोंका यह आधिपत्य स्थापित हो रहा है, वह पत्रकारकी स्वतंत्रताकेलिए ही घातक नहीं है, बल्कि इसका परिणाम लोकतंत्रताके भी प्रतिकूल होगा। हम आज ही देख रहे हैं, कि इन बड़े-बड़े पत्रोंने किस तरह अपने समाचारपत्रोंपर भीतरी सेन्सर बैठा रक्खा है, और कोई भी घटना या विचार जो पत्र-मालिकोंके हित या विचारके विरुद्ध होता है, वह उनमें छपने नहीं पाता। इतना ही नहीं, बहुतसे पत्र तो ऐसे व्यक्तियोंका नाम भी छापनेसे परहेज करते हैं, जिन्हें वह अपने अनुकूल नहीं समझते। यह है हमारे करोड़-पतियोंके पत्रोंकी पत्रकारी स्वतंत्रता, जिसका ढोंग वह स्वयं बड़ी निर्लज्जता-पूर्वक अकसर रचा करते हैं। यदि हमें अपनी नवजात लोकतंत्रताकी रक्षा करनी है, तो पत्रोंपरसे थैलीका राज उठाना होगा, इस साँपके आघातसे अपनी जनताको बचाना होगा।

प्रश्न होगा: फिर पत्र कैसे निकाले जायें, आजकल तो लाखमें भी दैनिकपत्र निकालना संभव नहीं! अगर लोकतन्त्रताके विचारोंको बेंचकर ही हम दसलखिया पत्र निकाल सकते हों, तो उससे वंचित रहना ही बेहतर है। फिर भिन्न-भिन्न राजनैतिक दलों, सार्वजनिक संस्थाओं तथा स्वयं पत्र-कारोंकी सहयोग-समितियाँ यह काम कर सकती हैं, यदि बीच के बड़े बड़े ग्राह रास्ता छोड़ दें। इधर एक और प्रवृत्ति चल गई है, अंग्रेज़ी पत्रोंके साथ-साथ पुछल्लेकी शकलमें हिन्दीपत्र निकलने लगे हैं। कहीं कहीं तो हिन्दी-पत्रकी ग्राहक संख्या और आमदनी अधिक है, तो भी हिन्दी पत्रकारों और अंग्रेज़ी पत्रकारोंके वेतनमें भेद रक्खा जाता है। क्या यह हिन्दीका अपमान नहीं है? फिर बहुतसे ऐसे पत्रोंमें दूसरे दिन बासी खबरें ही छपती हैं, इससे जो अंग्रेजी पढ़ सकनेवाले पाठक हैं, वह हिन्दीपत्र न लेनेको बाध्य होते हैं

और एक दिनका बासी समाचार केवल हिन्दी जाननेवाले पाठकोंके मत्थे मढ़ा जाता है।

साप्ताहिक पत्रोंका ही अभी गाँवोंमें महत्त्व है। इसलिये भी कि गाँवके लोगोंकी आमदनी इतनी नहीं, कि वे एक आना-डेढ़ आना रोज़ दैनिक पत्रके लिये खर्च कर सकें। दूसरे यह भी कि डाकसे गाँवमें पहुँचनेपर दैनिक और साप्ताहिक एक ही हो जाते हैं। प्रथम विश्वयुद्धसे पहले और पीछे बहुत वर्षोंतक साप्ताहिक पत्रोंका क्षेत्र बहुत विस्तृत होता था। 'प्रताप' (साप्ताहिक) बिहार, युक्तप्रांत, और मध्यप्रांततक पहुँचता था। उस वक्त साप्ताहिक पत्रों-की कमी भी थी, और उनमें राष्ट्रीय विचारवाले साप्ताहिक तो और भी कम थे। आज अवस्था बदल गई है। साप्ताहिक पत्र बहुत निकल रहे हैं और उनके प्रचारक्षेत्र भी सीमित हो गये हैं। कितने ही साप्ताहिक पत्रोंका अधि-कांश प्रचार अपने जिलेतक सीमित है, लेकिन उनमेंसे बहुत कम इस बातकी कोशिश करते हैं, कि उनका पत्र ज़िलेका मुखपत्र बने। अखिल-भारतीयता-का रोग हटाकर उनमें अधिक स्थानीयता लानेकी आवश्यकता है। कुछको तो बल्कि स्थानीय भाषामें निकलना चाहिये। आज हमारी जनताको बहुत सचेतन और सजग बनानेकी आवश्यकता है। उसे बहकाने और उत्तेजित करनेवाले बहुत हैं। इसलिये जनताको देशके भीतर और सीमा-पर क्या हो रहा है, यह जाननेकी पूरी सुविधा मिलनी चाहिये। यदि हमारे ये पत्र मातृ-भाषाओंमें निकलें, तो अनपढ़ ग्रामीण भाई उन्हें दूसरेसे पढ़वाकर भी समझ सकते हैं।

७—*भाषाके संबंधमें*

(१) *व्याकरण और उच्चरण*—हिन्दीके शब्दोंके उच्चारण, उनके चुनाव और व्याकरणके बारेमें बहुतसी बातें पहलेसे ही लिखी जाती रही और आज भी वह क्रम जारी है। इन सारी प्रवृत्तियोंमें दो बातें देखी जाती हैं। एक तो व्याकरणके नियमोंको अधिक ज़ोरसे पालन कराना, और दूसरे संस्कृत व्याकरणको हिंदी व्याकरणपर लादना। हरेक भाषाका व्याकरण अवश्य होता है, यानी उसके बोलनेमें शुद्ध-अशुद्धका विचार करना पड़ता है। 'म्लेच्छ न हो जायँ इसलिये व्याकरण पढ़ना चाहिये' यह २१०० वर्ष पहलेके नियमका नारा आज भी बुलंद किया जाता है। हम यह नहीं कहते, कि भाषामें कोई नियम नहीं होता, या उसपर व्याकरणके नियमोंको नहीं लागू किया जाय; किन्तु हमें यह अच्छी तरह समझ लेना चाहिये, कि देश-काल-भेदसे नियमोंमें भी विभिन्नता और विकल्प होते हैं। पाणिनि

(ईसापूर्व ४ थी शती) के समय संस्कृत जनताकी मातृ-भाषा नहीं थी, हो सकता है, कुछ ब्राह्मण-परिवार-संस्कृत बोलते हों। पाणिनिने संस्कृतके व्याकरणके नियमोंको अधिक दृढ़ करना चाहा, किन्तु उनका आग्रह उतनी दूरतक नहीं जाता था, जितना कि पीछेके लोगों में देखा जाता है। पीछेके वैयाकरण साध्य मानकर जबर्दस्ती बहुतसे शब्दोंको सिद्ध करना चाहते हैं, किन्तु पाणिनिने शब्द-समाम्नायको "सिद्ध" ही माना, और भाषाका जैसा प्रयोग उन्होंने होते देखा, उसीके भीतरसे नियमोंको निकालनेका प्रयत्न किया। उन्हें उत्तरी भारतके प्राची (शरावती या घग्घरके पूर्वका प्रदेश, अर्थात् अंबालासे पूर्व बिहारतकका भूभाग) और उदीची (शरावतीसे पश्चिम यानी पंजाब)के शब्द-प्रयोगोंमें बहुतसे अंतर दीखे और उन्होंने एकको ग्राह्य और दूसरेको त्याज्य नहीं बताया, बल्कि दोनोंको विकल्परूपेण स्वीकार किया। इस तरहका आज भी भेद हमें हिन्दीके पूर्वी और पश्चिमी क्षेत्रोंमें दिखाई पड़ता है। यदि कोई कहे कि 'दही' को स्त्रीलिंग बोलना अशुद्ध है और पुलिंग ही शुद्ध है, तो मेरी समझमें यह खामखाहकी जबर्दस्ती है। ऐसे कितने ही प्रयोगोंको हमें विकल्परूपमें मानना ही पड़ेगा। शायद पाणिनि अपने समयमें अधिक क्षमताशील थे, लेकिन उन्होंने विकल्पोंको माननेमें ही कल्याण समझा। कहा जा सकता है, कि इतने विकल्पोंको स्वीकार करने पर व्याकरण बहुत बढ़ जायेगा, किन्तु यह दोष पाणिनिपर भी आता था। विकल्प नियमोंको बढ़ाते नहीं, बल्कि नियमोंकी संख्याको कम करते हैं। उनसे प्रयोक्ताको अधिक स्वतन्त्रता मिलती है। और फिर जीवित भाषामें तो उनसे और आसानी हो जाती है। इसका यही न परिणाम होगा कि पूर्वी हिन्दी-क्षेत्रका पाठक पुलिंग "दही" को भी अशिष्ट न समझे। दूसरे एक और बात है, जिसे हमारे आजके कितने ही व्याकरण-समालोचक या व्याकरण-विधाता भूल जाते हैं। वह समझते हैं, कि हिंदी एकदम संस्कृतसे छलाँग मारकर अपनी जगह आ मौजूद हुई है। यह धारणा बिल्कुल निराधार है। हिंदी संस्कृतसे पाँचवीं पीढ़ीकी भाषा है। पाली या प्राचीनतम प्राकृतका जो रूप उपलब्ध है, वह संस्कृतके बाद आती है। फिर प्रसिद्ध प्राकृत लोकभाषा बनती है। यहाँतक भाषा सहकारी क्रियाओंसे मुक्त, उच्चारण और व्याकरणके नियमोंमें कुछ अधिक सरलीकरणके साथ संस्कृतके ही सुप्-तिङ्को स्वीकार किये रहती है। यह भाषा, जिसे पश्चिमी परिभाषामें 'सिन्थेटिक' भाषा कहते हैं, ईसाकी छठीं ७वीं शतीकी सन्धिमें किसी समय समाप्त होती है। उसके बाद

अपभ्रंश भाषा शुरू होती है। वैसे अपभ्रंश शब्दका प्रयोग ईसापूर्व दूसरी शतीमें पतंजलिने भी किया है, किंतु वहाँ उसका प्रयोग यौगिक अर्थमें है। रूढ़ अपभ्रंश भाषा ७वीं शतीके आसपास ही प्रारंभ होती है। उसके उदाहरण हमें ८वीं शतीस सरह और स्वयंभूकी कविताओंमें मिलते हैं। अब भाषाकी प्रवृत्ति बिल्कुल दूसरी हो जाती है। अब मुख्य क्रिया-सूचक धातुओं-को विशेषणके रूपमें रखकर "है", "था", "गा" जैसी सहायक क्रियाओंका प्रयोग आम हो जाता है, यानी भाषा एनेलेटिक (विश्लेषणात्मक) हो जाती है। इसी प्रवाहका आज हमारी भाषा—साहित्यिक और मातृ-भाषा दोनों—अंतिम रूप है। इसलिये हमें सीधे संस्कृत व्याकरणको हिंदीपर लादनेकी कोशिश नहीं करनी चाहिये और अपनी नीम हकीमीका परिचय देते मनबोध-को मनोबोध, मनमोहनको मनोमोहन, यशपालको यशःपाल, उपरोक्तको उपर्युक्त बनानेका प्रयत्न नहीं करना चाहिये। जो शब्द-प्रयोग संस्कृत व्याकरणसे अशुद्ध प्रतीत होते हैं, वह अपभ्रंश, प्राकृत या पालीके व्याकरणसे शुद्ध देखे जाते है, और इसीका प्रभाव हमारे हिंदीके शब्द-प्रयोगोंमें देखा जाता है। इसलिये हिंदी-वैयाकरणोंको हमारी सारी परंपराका ध्यान रखते हुए नियम निकालनेकी कोशिश करनी चाहिये।

इस तरहकी ग़लती अपने साहित्य-क्षेत्रमें उर्दूवालोंने भी की। आरंभिक दक्खिनी कविताओंमे बहुतसे हिंदी शब्द अपने अपभ्रंश रूपमें आते थे, लेकिन जैसे-जैसे परंपरासे अनभिज्ञता बढ़ती गई, वैसे-वैसे यह प्रयोग जीके जंजाल मालूम होने लगे और दक्खिनी साहित्यकारोंने उन्हे 'मतरूक' (परित्यक्त) घोषित कर दिया, यह घोषणा या "कुफ़्रका फ़तवा" आगे इतना बढ़ा, कि जो भी छटी मूँछ और बड़ी दाढ़ीसे विहीन शब्द उर्दू कविता या साहित्यमें दिखलाई पड़ा, उसे चुन-चुन कर रेलके डब्बोसे बाहर गिराया गया।

(२) *हिन्दी भाषाके भावी कुछ रूप*—१४वीं सदी ईस्वीके आस-पास हमारी भाषामे एक नई शैलीका आरंभ होता है, जब कि तद्भवकी जगह तत्समशब्दोंका प्रयोग बढ़ने लगता है। यह विशेषता सिर्फ़ हिंदीमें ही नहीं है, कुछ आगे या पीछे भारतकी सभी आर्य-भाषाओ और कितनी ही द्रविड़-भाषाओंमें भी यही बात देखी जाती है। हम यहाँ इसके कारण, या औचित्य-अनौचित्यपर विचार करने नहीं जा रहे हैं, केवल इतना ही कहना चाहते हैं, कि १४वीं सदीसे भाषामें तद्भव और तत्सम दो शैलियोंका आरंभ होता है। कवितामें इसका और स्पष्ट प्रभाव दिखाई देता है। तुलसीने तद्भव या अपभ्रंश रूपका पूरा बहिष्कार नहीं किया है, किंतु उन्होने धड़ल्लेके साथ

तत्सम या शुद्ध संस्कृत शब्दोंका प्रयोग किया है। दूसरी तरफ हम ब्रजभाषाकी कविताको देखते हैं, वहाँ तद्भव की शैलीको अपनाया गया है। इसका यह अर्थ नहीं, कि ब्रजभाषाके कवियोंने किसी तत्सम शब्दका प्रयोग ही नहीं किया। ठीक इसी तरहकी बात हम आजकी अपनी साहित्यिक हिंदी और भिन्न-भिन्न मातृ-भाषाओं (बोलियों)में पाते हैं। मातृ-भाषाएँ तद्भव-प्रणालीका अनुसरण अधिक करती हैं, इसीलिये संस्कृत शब्द ग्रामीण जनताके पास जाकर "असस्कृत" बन जाता है। वस्तुतः वह असंस्कृत नहीं बनता, बल्कि जनता-प्रवाहमें पड़े यह अनगढ़ रोड़े इधर-उधर टकराकर गोल गोल और चिकने बन जाते हैं। कोई विचार कर सकता है, कि यह जनताकी प्रवृत्ति अशिक्षाके कारण है, शिक्षाके बाद इस तरहकी बात नहीं होगी। जिसका अर्थ यह हुआ, कि जनताके प्रिय तद्भव शब्द लुप्त हो जायेंगे। 'मैया'की जगह 'माताजी', 'भाई' या 'भैया'की जगह हम 'माई' 'भ्राताजी' कहने लग जायेंगे। शायद ऐसे विचार रखनेवालोंकी यह भी धारणा हो, कि जहाँ शतप्रतिशत जनता शिक्षित हुई नहीं, कि वहाँ अवधी-ब्रज, बुन्देलखंडी-मेवाड़ी, भोजपुरी-मैथिलीका 'राम-राम सत्त' बोल जायगा। मैं ऐसी धारणा का शिकार नहीं हो सकता। मैं इन भाषाओंकी जड़ोंको और गहरी और दृढ़ देखता हूँ। इसके दूसरे पहलूको भी देखना होगा। यदि मातृ-भाषाओं द्वारा सुरक्षित तद्भव-परंपरा उनके साथ लुप्त हो जायगी, तो ब्रज-भाषा की मनोहर कविता का समझना भी हमारे-लिये कठिन हो जायगा। यदि आप विश्वास रखते हैं, कि हमारी संतान सूर और बिहारी की कविताओं के रसास्वाद से वंचित नहीं होगी, तो मानना पड़ेगा, कि तद्भव-परंपरा भी लुप्त नहीं होगी। हमने क्या देखा? इस शताब्दी के आरंभ में ब्रज-कविता की तद्भव-परंपराने खड़ी हिन्दी की तत्सम परंपराको काव्य-क्षेत्रमें पदार्पण करते देख बहुत उपहास किया था और भविष्य-वाणी कर दी थी, कि लहँगेका स्थान साड़ी नहीं ले सकेगी। लेकिन हमने अपनी आँखोंके सामने हरिऔध-मैथिलीशरणकी खड़ी कविताको आगे बढ़ते देखा और वह पंत-प्रसाद-निरालाके सृजनके रूपमें वहाँ पहुँची, जहाँ उसने सारे हिंदी-जगत्‌पर अपना एक-छत्र राज्य क़ायम कर दिया। आज हमें एक दूसरी ग़लत धारणा हो गई है, कि अब तद्भव-परंपराके लिये कोई स्थान नहीं है। इससे ब्रजभाषाकी कवितासे वंचित होनेका किसीको ख़याल नहीं आता। सभीकी आँखोंमें आजकी सफलताने चकाचौंध पैदा कर दी है। उन्हें यह पता नहीं है, कि जन-कविताके रूपमें अब भी तद्भव-परंपरा जीवित

है और जन-कविता अलिखित होनेसे बहुत दिनोंतक उपेक्षणीय नहीं रहेगी। आज़मगढ़का अपढ़ कवि बिश्राम चंद साल पहले तरुणाईमें ही मर गया। किसीने जीवित रहते उसकी सारी कविताओं का संग्रह करनेका प्रयत्न नहीं किया। मेरे मित्र परमेश्वरीलाल गुप्त उसके सिर्फ़ २२ बिरहे जमा कर पाये हैं। वह बिरहे अपनी तीव्र वेदनासे हज़ारो वर्षोंतक पाठकोंको रुलाते रहेंगे। ऐसे जनकवि और भी कितनी जगह छिपे पड़े हैं और पैदा होते रहेंगे, और उनके साथ तद्भव-परंपरा भी जीवित रहेगी।

प्रथम विश्व-युद्धके बादसे हिंदी गद्य और पद्यकी भाषामें बराबर परिवर्तन हो रहा है—भाषा ह्रासकी ओर नहीं बल्कि उन्नतिकी ओर जा रही है। उसके देखनेसे भाषाकी भविष्य-प्रवृत्तियोंका कुछ आभास मिलता है। पहले 'है' 'थी' जैसी सहायक क्रियाओंका प्रयोग अनिवार्यरूपेण होता था। (१) अब देखते हैं उसका प्रयोग बिरल होता जा रहा है। क्या हिंदीमे भी इनके भाग्यमें वही बदा है, जो कि संस्कृतमें 'अस्ति' और रूसीमें 'येस्त'का हुआ है।

(२) समासमें पहले इसका बहुत आग्रह था, कि संस्कृत शब्दोंके बीच हीमें उसे लाया जाय, संस्कृत और अपभ्रंश शब्दोंमें भी इसे उचित नहीं समझा जाता था; लेकिन अब तो संस्कृत-अपभ्रंश क्या अपभ्रंश-अपभ्रंश तथा संस्कृत-विदेशी शब्दोंमें भी समासका प्रयोग बढ़ता जा रहा है। अब भी हमारे कितने ही दादा लोग इसकेलिये हाय-तोबा मचा रहे हैं, लेकिन हाथी अपने रास्तेपर सीधे चला जा रहा है।

(३) क्रिया के सूक्ष्म-भेदोंकेलिये पृथक् पृथक् धातुओंका उपयोग पहले उतना नहीं किया जाता था, लेकिन हमारे कवि और कहानीकार जितना ही जीवनके अधिक विस्तार और गहराईमें प्रवेश कर रहे हैं, उतना ही ऐसे सूक्ष्म भेदोंको ला रहे हैं।

(४) लिंगों और उच्चारणके संबंधमें कितने ही अन्तर पड़ेंगे, जिसका कारण स्थानीय भाषाओंकी प्रवृत्ति होगी।

(५) लिखनेकी भाषा बोलनेकी भाषाके नज़दीक आयेगी और वाक्य-विन्यासमें यांत्रिकताको हटाकर अधिक लचक पैदा होगी।

(६) साहित्यकी भाषामें तद्भव या स्थानीय भाषाओंके शब्दोंको पर्याप्त स्थान मिलेगा।

(७) लोकोक्तियाँ और मुहावरे अधिक उपयोगमें लाये जायेंगे।

(८) स्थानीय भाषाओंसे बहुतसे शब्द साहित्यिक हिंदीमें आयेंगे।

(९) हिंदी जिनकी अपनी भाषा नहीं है, उनकेलिये एक व्यवहारोपयोगी हिंदी भाषा तैयार करनी होगी। इसमें प्रथम-मध्यम-उत्तम पुरुषका क्रिया-भेद नहीं रहे और वचनमें सिर्फ़ बहुवचन क्रियाका प्रयोग होना चाहिये। स्पष्ट बहुवचन दिखानेकेलिये शब्दोंके साथ 'लोग'का प्रयोग किया जाये। विभक्तिके चिह्नोंमें भी सरलता और उनके कितने ही भेदोंको छोड़ दिया जाये। व्यवहारोपयोगी भाषाकेलिये सारे भारतकी भाषाओंसे डेढ़-दो हजार अत्यावश्यक शब्दोंका एक शब्दकोष संग्रहीत किया जाये—अर्थात् ऐसे शब्दोंको चुना जाये, जो मराठी, गुजराती, पंजाबी, हिंदी, असमिया, बंगला, उड़िया, तथा तेलगू कर्णाटक, मलयालम आदिमें भी समानरूपेण प्रयुक्त होते हैं।

(१०) यह कह ही चुका हूँ कि 'है' 'था' जैसी सहायक क्रियाओंका बहुत कम प्रयोग होने लगेगा।

८—मातृभाषायें

मातृ-भाषाओंका प्रश्न अधिकतर हिंदी-क्षेत्रका प्रश्न है। आज इसपर बहुत विवाद है। कितने ही हिंदीके प्रेमी समझते हैं, कि राजस्थानी, मेवाड़ी, मालवी, बुंदेलखंडी, ब्रज, अवधी, भोजपुरी, मगही, मैथिली, पहाड़ी आदि भाषाओंको साहित्यिक रूप देने या शिक्षाका माध्यम बनानेसे हिंदीकेलिये बहुत भय उपस्थित हो जायगा। उनकी यह शंका सत्य हो सकती है, यदि हिंदी भाषा उतनी दूरकी हो और हिंदी प्रांतोंकी जनता उससे बहुत अलग-थलग होती। हम देखते हैं कि हिंदी-भाषी प्रांतोंमें उज्जैन या दरभंगा अंबाला या रायपुर (छत्तीसगढ़) के गाँवोंमें भी यदि हम हिंदीमें बोलते हैं, तो हमारी बात समझी जाती है, और लोग भी अपने भावोंको किसी तरह समझा देते हैं। यह सिद्ध करता है, कि हिंदी सबकेलिये आसान है। इसपर प्रश्न हो सकता है, तब स्थानीय भाषाओंकेलिये इतना ज़ोर देनेकी आवश्यकता क्या है? आवश्यकता है। यदि हम अपनी तरुण और वयस्क जनताको दस-पंद्रह सालके भीतर शत-प्रतिशत साक्षर और शिक्षित बनाना चाहते हैं, तो मातृ-भाषाओंके बिना यह काम नहीं हो सकता। प्रारंभिक शिक्षाको यदि मातृ-भाषाओंके माध्यम द्वारा कर दें, तो हम बच्चोंको उससे कहीं अधिक ज्ञान उतने ही समयमें दे सकते हैं, जितना कि उन्हें हिंदी माध्यम द्वारा मिलता है। प्राइमरीसे आगेकी पढ़ाई हिंदीमें हो, जिसका द्वितीय भाषाके तौरपर आरंभ बल्कि तीसरी कक्षासे कर देना चाहिये। इस तरह हिंदीको कोई क्षति न होगी और साक्षरता-प्रसारका काम भी सफलतापूर्वक हो सकेगा दूसरी बात ध्यान देनेकी यह है, इन कि

भाषाओंके साथ भाषा-क्षेत्रोंकी संस्कृतिका भी घनिष्ठ संबंध है। वैसे सारे भारतवर्षकी एक संस्कृति है, लेकिन प्रांतोंके अनुसार उसमें अवांतर-भेद भी है। वैसे ही हमारे हिंदीके मातृ-भाषा-क्षेत्रमें भी संस्कृतियोंके कुछ अवांतर-भेद हैं। जन-कविता, कथा लोकोक्ति आदिके रूपमें बहुत भारी निधि इन मातृ-भाषाओंके भीतर सुरक्षित है, जिसकी भी रक्षा हमें करनी है और इसके लिये हमें उन्हें उनका स्थान प्रदान करना चाहिये।

६—हिंदी संघके अधिकारियोंमें हिंदी

अंग्रेज़ी राज्यने सारे भारतकेलिये आई० सी० एस० जैसी केन्द्रीय नौकरियोंकी स्थापना की थी, स्वतन्त्र भारतकेलिये भी ऐसे अधिकारियोंकी आवश्यकता है, इसमें किसीको आपत्ति नहीं हो सकती। हमारी सरकारने दिल्लीमें ऐसा शिक्षणालय खोला है, जिसमें केन्द्रीय अधिकारियोंकी शिक्षा होती है; लेकिन अभी वहाँ शिक्षाका माध्यम अंग्रेज़ी है। आरंभिक अवस्थामें यही व्यवहार्य था, लेकिन प्रश्न है—क्या आगे भी हम वहाँ अंग्रेज़ीको ही शिक्षाका माध्यम रखना चाहेंगे? मैं नहीं समझता, गुलामीकी इस आखीरी कड़ीको हमारा देश बर्दाश्त करेगा। केन्द्रीय सेवामें आनेवाले उमेदवारोंकेलिये हिंदीका ज्ञान आवश्यक होना चाहिये, क्योंकि अब उन्हें शासनका कारबार अंग्रेज़ीमें नहीं करना है। हो सकता है, अहिंदी-भाषा-भाषी प्रांतों में जाने-वाले अधिकारियोंको उस प्रांतकी भाषाकी योग्यता अधिक होनी चाहिये, और उनकेलिये हिंदीकी योग्यता कम होनेसे भी काम चल सकता है। लेकिन यह संक्रांति कालमें ही, आगे चलकर तो केन्द्रीय अधिकारियों और शिक्षार्थियोंकेलिये हिंदीकी योग्यताकी वही कसौटी होनी चाहिये, जो कि अबतक अंग्रेज़ीकेलिये मानी जाती रही।

मेरा अभिप्राय यह नहीं है, कि हमें विदेशी भाषाओंका बहिष्कार करना चाहिये। ऐसी कूप-मण्डूकता नहीं चल सकती। अब हमारा स्वतंत्र देश विश्वका एक अंग है। दूसरे स्वतंत्र राष्ट्रोंसे हमारा राजनीतिक संबंध स्थापित होता जा रहा है। यह संबंध बहुत महत्त्वपूर्ण है, और इसमें अपने प्रथम श्रेणीके मस्तिष्कोंको हमें लगाना है। हम अपने राजदूतों और कौन्सलों-केलिये तत्काल कोई भी कामचलाऊ प्रबंध कर सकते हैं, लेकिन इसकेलिये हमें स्थायी कर्मियोंको तैयार करना पड़ेगा। अभी तो आरंभ ही हुआ है, इस-लिये इस संबंधमें जो हो रहा है, उसे दोष देनेकी आवश्यकता नहीं; लेकिन योग्य कर्मियोंको तैयार करनेकेलिये उनकी सुव्यवस्थित शिक्षाका प्रबंध करना

होगा। अंग्रेज़ीसे भले ही दुनियाके कितने ही मुल्कोंमें काम चल सके, लेकिन केवल अंग्रेज़ी ज्ञानके भरोसे हमारे राज-प्रतिनिधि अंग्रेज़ी-भिन्न-भाषा-भाषी देशोंमें अपने कर्त्तव्यको ठीक तरहसे पालन नहीं कर सकेंगे। अभी हमारे राजनीतिक कार्यधारोंमें अंग्रेज़ीका ही बोलबाला है और दुनियाकी हरेक चीज़को वह अंग्रेज़ीके चश्मेसे देखते हैं। यह मनोभाव हमारे काममें हानिकारक होगा। कुछ विश्व-विद्यालयोंमें दो-चार भाषाओंके पढ़ानेका प्रबंध हुआ है, कुछ निराकार विश्व-राजनीतिका पाठ भी पढ़ा दिया जायगा; लेकिन इतना पर्याप्त नहीं है। राज-प्रतिनिधिकी शिक्षाकेलिये चार-पाँच साल चाहिये। आपको जानना होगा, कि जिस देशकेलिये उसे आप तैयार कर रहे हैं; एक-दो युरोपीय भाषाओंके साथ उसे उस देशकी भाषा अच्छी तरह पढ़नी चाहिये। भाषा पढ़ लेना ही पर्याप्त नहीं है, उसे उस देशकी संस्कृतिका अच्छा ज्ञान होना चाहिये। देशके इतिहास और राजनीतिका पूरा ज्ञान होना चाहिये। वहाँकी कला, साहित्यका परिचय होना चाहिये। मानवतत्त्व,नृवंश आदिके संबंधमें भी उसे पर्याप्त ज्ञान होना चाहिये। हमें चालीससे ऊपर भाषाओं-वाले भिन्न-भिन्न देशोंमें अपने राज-प्रतिनिधि भेजने हैं। शायद कोई कहे कि इन चालीस भाषाओं तथा तत्संबंधी ज्ञानको दस-बारह विश्वविद्यालयोंमें तीन चार करके बाँट देना चाहिये। हमारे कितने ही युनिवर्सिटीवाले इससे प्रसन्न होंगे। लेकिन यह बात ठीक नहीं होगी। यह काम सिर्फ़ एक जगह, और केंद्रीय संस्थाके अधीन होना चाहिये। इसकेलिये सबसे उपयुक्त स्थान है दिल्ली। दिल्ली विश्व-विद्यालय में विदेशी भाषा और संस्कृति की एक पृथक् फैकल्टी बनानी चाहिये।

अलग-अलग युनिवर्सिटियोंमें बाँटनेसे क्या क्षति होगी, इसकेलिये यहाँ एक-दो उदाहरण देना चाहता हूँ। मान लीजिये फैकल्टी के चीनी-विभाग में कोई विद्यार्थी, शामिल हुआ। उन्हें चीनीभाषा और अक्षर पढ़ना होगा। चीनी संस्कृत, साहित्य कलाका पर्याप्त ज्ञान प्राप्त करना होगा। चीनी इतिहास पढ़ना होगा। लेकिन चीनी इतिहास कभी मंचूरिया से टकराता है और कभी मंगोलियासे। इसलिये इतिहासके उस भागके अध्ययनमें मंगोलिया और मंचूरियाके इतिहास-शरीरके भीतरसे मंगोल जातिका ज्ञान प्राप्त करना होगा। इसी तरह यदि आप तुर्कीके लिये अपने किसी तरुणको तैयार करते हैं, तो केवल तुर्कीके इतिहास और संस्कृतिके अध्ययनसे काम नहीं चलेगा, क्योंकि तुर्क-जातिका सम्बंध किसी समय ईरानसे रहा, और किसी वक्त मध्य-एसियासे; और उसके उद्गमको ढूँढ़ते आपको ई० पू० दूसरी शताब्दीमें उनके पूर्वज हूणोंकेपास मंगो-

लियामें जाना होगा। इसी तरहसे हर देशके इतिहास और संस्कृति का जाल आप काल और देश में दूर-दूर तक फैला पायेंगे। यदि यह सारे विभाग दिल्ली युनिवर्सिटीकी एक फैकल्टी में रहेंगे, तो विद्यार्थी उस-उस विषयके विशेषज्ञोंके उपयोगी और अपने विषयसे सम्बद्ध प्रवचनोंको जाकर सुन सकेंगे। कलकत्ता, बंबई, इलाहाबाद, मद्रासमें प्रसाद बाँट देनेपर यह सम्भव नहीं होगा।

यहाँ हमें यह भी स्मरण रखना चाहिये, कि हमारे देशका प्रतिनिधि बाहर यदि केवल राजनीतिक प्रतिनिधि ही बनकर जाय, तो वह सफल नहीं हो सकता। उसे सांस्कृतिक प्रतिनिधि भी बनना होगा, तभी अधिक सफल राज-प्रतिनिधि हो सकता है। इसके कितने ही उदाहरण हमें अंग्रेजी, फ्रेंच और जर्मन दूतोंमे मिलते है। इस फैकल्टीमें जिन्होने शिक्षा समाप्त की है, उनमेंसे जहाँ हमें योग्य राजदूत और कौंसल मिलेंगे, वहाँ इन्हींमेंसे भावी विश्व-विश्रुत विद्वान् भी प्राप्त होंगे—कोई चीन-तत्त्व-निष्णात होगा, वहाँके इतिहास, साहित्य और कलाके सम्बन्धमें महत्त्वपूर्ण नई-नई खोजें करेगा, जो भारतके साथ और भी घनिष्ठ सम्बन्ध स्थापित करनेमें सहायक होगी, कोई तिब्बत और मंगोलियाके इतिहास, भाषातत्त्व, धर्म और संस्कृतिके दूसरे अङ्गोंमें अपनी प्रतिभा और खोजसे भारतका नाम उज्ज्वल करेगा। इसी तरह अफग़ानिस्तान, ईरान आदि दूसरे देशोंके बारेमे भी समझना चाहिये। संक्षेपमें यह, कि इस तरहकी एक केंद्रीय शिक्षा-व्यवस्था अंतर्राष्ट्रीय राजनीतिके विशिष्ट विद्वान् तथा गंभीर वैज्ञानिक अनुसंधानकर्ता दोनोंके पैदा करनेकेलिये आवश्यक हैं। इस शिक्षाका भी माध्यम हमारी हिंदी होनी चाहिये। विदेशोंमें हम हर जगह अंग्रेजीमें बोल-बोलकर इसी बातका परिचय देंगे, कि अब भी अंग्रेज़ोंकी ग़ुलामी हमसे दूर नहीं हुई।

हमारे स्वतन्त्र देशके सामने बहुतसे और भारी-भारी काम हैं। हमारी चिरदासताने हमें दुनियाके और देशोंसे बहुत पीछे रखा। विदेशी शासक इसीमें अपना हित समझते थे। अब सदियोंकी पिछड़ी यात्राको हमें वर्षोंमें पूरा करना है। इसमें साहित्यकी सहायता सबसे अधिक आवश्यक है। हमें ऐसा साहित्य तैयार करना है, जो दुनियाकी दौड़में आगे बढ़नेमें सहायक हो, न कि हमें पीछे खींचे। निराशाकेलिये मैं कहीं भी गुंजायश नही देखता। हमारे पास बुद्धिबल है। हमारी भारतमही सचमुच वसुन्धरा है। हमारे बहत्तर करोड़ हाथ हैं। हमें विश्वकी सबसे बड़ी तीन शक्तियोंमें अपना स्थान लेना है। इसकेलिये भारतके हरेक पुत्र और पुत्रीको विश्राम लेनेका मौक़ा

नहीं है। सबको एक साथ लेकर आगे क़दम बढ़ाना है। देशके उद्योगीकरण और कृषिको विज्ञान-सम्मत बनानेमें हमारे साहित्यको बहुत बड़ा भाग लेना है। अगले पचीस साल देशका सबसे अधिक कर्मठ जीवन होना चाहिये। आइये, भारत-माताके प्रति हम अपने कर्त्तव्यका पालन करें। जय हिन्द!

सोवियतके दो भारती तत्त्वज्ञ

सोवियत-संघ आज भारतका पड़ोसी है। यद्यपि दोनोंकी सीमायें एक दूसरेको नहीं छूती हैं, किन्तु इसका कारण ब्रिटिश और जारके साम्राज्य-वादोंका पारस्परिक संघर्ष था; अन्यथा ताजिक प्रजातन्त्रके गोर्नो-बदख़शां के लोग ही हमारी सीमा तक बसते हैं। किन्तु एक समय था, और दूर नहीं सिर्फ साढ़े पाँच हज़ार वर्ष पूर्व (३५०० ईसा पूर्व, नव-पाषाण युगमें) भारतीय आर्यां और रूसियोंके पूर्वज शकोंकी एक जाति थी, वह एक भाषा बोलते थे। वह एक ही प्रकारके भगवानोंकी पूजा करते थे। यद्यपि इन साढ़े पाँच हज़ार वर्षोंमें भारी परिवर्तन हुए हैं, चिकने पाषाण अस्त्रोंकी जगह हम अणु-बम तक पहुँच गए हैं। काल, देश और भिन्न-भिन्न जातियोंके समागमने हममें अपने जातीय व्यक्तित्व पैदा किए हैं, और यह समझना भी मुश्किल है, कि कभी हमारी इतनी समीपता थी। सिर्फ उत्तरी भारतकी भाषाओंकी ही समीपताकी बात नहीं, सोवियत संघमें बसने वाली फिन (करेलीय), एस्तोन, कोमी आदि भाषाओंका द्राविड़ भाषाओंसे संबंध बतलाता है, कि भारतके उत्तर और दक्षिणकी सारी जातियाँ मानव इतिहासमें एक समय सोवियतकी इन जातियोंसे अभिन्नता रखती थीं।

ईसा-पूर्व २०००में जब आर्योंकी एक शाखा पंजाबमें और दूसरी ईरान तक पहुँच गई, उसी समय इनके सहोदर शक दुनाई (डेन्यूब)से तरिम (चीनी तुर्किस्तान)की उपत्यकाओं तक फैल गये, वह बल्काशके उत्तर और अल्ताईकी सोने-ताँबेकी खानोंका काम करते थे। और कई सदियाँ बीतीं। ईसा-पूर्व दूसरी सदीमें चीनके प्रहारके मारे हूणोंका भारी भाग पश्चिमकी ओर भागा और अगली ६ सदियोंमें वे (ईसा चौथी सदी तक) दुनाई तट तक पहुँच गये। हूणोंने वोल्गासे पूर्वके शकोंकी सारी गोचर भूमि ले ली, मृत्युसे बचे शक दक्षिणकी ओर भागे, जिनमें-से कितने आभीर, जाट, कुषाण आदि भारतमें आज भारतीय हैं, दूसरे आजके अफगान, ईरानी और ताजिकोंमें हजम हो गये। पश्चिमी शकों-

को यद्यपि कुछ समयके बाद निम्न वोल्गा, निम्न दोन, निम्न द्नियेपर और निम्न दुनाईको खाली करना पड़ा, किन्तु वह उत्तरके जंगलोंमें अपना अस्तित्व कायम रख सके। ईसाकी पाँचवीं सदीके बाद इन्हे ही हम स्लाव जातियोंके रूपमें पाते हैं। स्लाव जातियोंके चेक, स्लावक, पोल, सर्ब, क्रोश, स्लावन, बुल्गार, उक्रइनी, ब्येलोरूसी और रूसी, अपनी सख्या, राजनीतिक शक्ति और विश्व संस्कृति और विज्ञानमे अपने ज्ञानके कारण प्रधानता रखते हैं।

इतिहासके इस पुराने संबधका अवशेष अब भी हमारी भाषाओंमें रह गया है और आज भी रूसी शब्दकोष देखनेपर हमें दस सैकड़ा शब्द एकसे मिलते है। नवपाषाण-कालसे समाजका जैसे आगे विकास हुआ, उसी तरह शब्दोंकी भी वृद्धि हुई, कुछ अपने मूल धातुओंसे और कुछ सांस्कृतिक, राजनीतिक, व्यावसायिक और औद्योगिक सबधोंके कारण विदेशोंसे उधार लेकर।

किन्तु यह पुराना सम्बन्ध विस्मृतिके गर्भमें चला गया। रूसियोंके कानोंमें भारतके वैभवकी कहानियाँ कभी-कभी पहुँचती भी थी, किन्तु भारतीयोंके लिए रूसियोंका अस्तित्व भी संदिग्ध था। १३९५में तैमूर लंग ने पश्चिम की चंगेजी शाखा सुवर्ण-उर्दू के सम्राट् (खान) तख्तामिशको भीषण पराजय दे रूसके कंधेसे तातारी (मगोल) जूयेको हटानेका काम किया। रूसी राजुलोमे शक्तिके लिए संघर्ष हुआ, और प्रमुख व्यापारिक नगर मास्कोके राजुलको सफलता हुई। सबसे पहिले एकीकरणका कार्य महाराजुल तृतीय इवान (१४६२-१५०५ ई०)ने किया, किन्तु उसे सुदृढ़ और अधिक व्यापक बनानेका श्रेय अकबरके समकालीन चतुर्थ इवान (१५३३-८४) को है, जिसने १५४७में सम्राट् (जार)की उपाधि धारण की। किन्तु, चरम वैभव और प्रगतिका रास्ता दिखला रूसको विश्वकी प्रबल राजशक्ति बनानेका श्रेय औरङ्गजेब समकालीन प्रथम पीतर (१६८२-१७२५ ई०)-को है। जिस समय औरंगजेब अपनी धर्मान्धतासे भारतकी राजनीतिक एकताको छिन्न-भिन्न कर रहा था, उसी समय पीतर धर्मान्धताको छिन्न-भिन्नकर यूरोपके नवजागरणको आवाहन करते एक राष्ट्रका निर्माण कर रहा था।

रूसी एकीकरणके प्रथम पुरस्कर्ता इवान तृतीयका दूत अथानियोन निकितिन पहिला रूसी यात्री था, जो ईरानसे समुद्री मार्ग द्वारा दिउ (काठियावाड़)में उतर १४६६में विदर पहुँचा और छ साल तक वहाँ

रहा। तैमूर-संतान बाबर स्वयं मध्य-एसियाका वासीहोनेसे रूसका ज्ञान रखता था। उसने अपने दूत ख्वाजा हुसेनको व्यापार सम्बन्ध स्थापित करनेकेलिए १५३२ मे मास्को भेजा, किन्तु संदेहने सफलता न होने दी। कालासागर, कास्पियन और प्रशांत महासागर तक बाहु फैलाने वाला प्रथम पीतर भारतसे सम्बन्ध स्थापित करनेका क्यों न ख्याल करता? स्थल-मार्गसे असफल होनेपर उसका एक दूत सेम्योन मलिनिकोफ १६९५ ई०में सूरतमें उतर औरंगजेबसे मिला। उसने आगरा, दिल्ली भी देखी, किन्तु लौटते वक्त रास्तेमें शेरवानमें मर गया और उसके साथ-साथ उसकी यात्राका नोट भी जाता रहा। सरकारी तौरपर चाहे भारतका दौत्य सम्बन्ध रूससे न भी रहा हो, मगर भारतीय व्यापारी और शिल्पी सत्रहवीं सदीमे रूसमें रह व्यापार करते, त्वेर (मास्कोसे उत्तर वर्तमान कलिनिन्) तक धावा मारते थे। १६२५ ई०मे (जहाँगीरके समय) आस्त्राखानमें भारतीयों के लिए एक अच्छी कारवाँसराय बनाई गई थी।

यह सब होते ही भारतके साथ गम्भीर परिचयका काम अठारहवीं सदी के अन्तसे पहिले न हो सका। रूसी गायक गेरासीम लेबेदोफ रूसी लन्दन दूतावासकी नौकरी छोड़, ईस्ट इंडिया कंपनीका क्लर्क बन १७८५ में कलकत्ता (फोर्ट विलियम्स) पहुँचा। उसने कलकत्तामें नाट्यशाला स्थापित की. वह स्वयं अभिनयमे भाग नहीं लेता था, बल्कि अभिनयके लिए विदेशी नाटकोंके बँगलामे अनुवाद किये, संस्कृत पढ़ी। लन्दनमे लौटकर उसने एक व्याकरण लिख १८०१में छपाया। पीतरबुर्ग लौटकर जार अलेक्जन्डरकी आज्ञासे १८०५में पहिली बार उसने नागरी-टाइप ढाले। १८०५में हिन्दू धर्मपर उसने अपनी पुस्तकें रूसी भाषामे प्रकाशित की। इससे पहिले ही १७८७में न० इ० नोवीकोफने चार्ल्स विल्किन्सके अंग्रेजी अनुवादसे भगवद्गीताका रूसीमें अनुवाद किया था। किन्तु यह काम उस समय हुए थे, जब भाषा-विज्ञान अभी अविष्कृत नहीं हुआ था। बोपकी खोजों-ने यूरोपीय भाषाओंका संस्कृतके साथ सम्बन्ध स्थापित कर पश्चिमी यूरोप-में जो तीव्र जिज्ञासा पैदा कर दी थी, रूसी विद्वन्मंडलीपर भी उसका प्रभाव पड़े बिना नहीं रहा। रूसी सरकारने एक होनहार तरुण राबर्त लेंज (१८०८-३६)को संस्कृत पढ़नेके लिए विदेश भेजा। उसने बर्लिनमे बोपसे पढ़ा, आक्सफोर्डमे बर्नफसे परिचय प्राप्त किया। स्वदेश लौटकर १८३५ ई०मे वह पीतरबुर्ग (आजके लेनिनग्राड) यूनिवर्सिटीमें संस्कृतका

प्रोफेसर नियुक्त हुआ, किन्तु दुर्भाग्यसे अगले ही साल २८ सालकी आयु-में यह तरुण संस्कृतज्ञ चल बसा। किन्तु धारा रुकने वाली नहीं थी। पेत्रोफ (मृ० १८७६ ई०) कोसोविस्क (१८७२) शिफ्नर (१८१७-७६), बोथलिङ (१८१५-१६०४ ई०) मिनयेफ (१८४०-६० ई०), ओल्डेन बुर्ग (१८६३-१६३४), श्चेर्बात्स्की (१८६६-१६४१) बराज्निकोफ जैसे भारतीय तत्व और संस्कृतके महान् आचार्य रूसकी भूमिमें पैदा हुए। इनमें से दो-तीन ही नाम भारतीयोके परिचित हैं, क्योंकि इनकी कृतियाँ अधिकाश रूसी भाषामें होनेसे भारतीयोंकी पहुँचसे बाहर हैं। ज्ञानकी गंभीरता और विशालता हमेशासे रूसी विद्वानोंकी विशेषता रही है, वही बात इन विद्वानोंके सम्बन्धमें भी सत्य है। इसका प्रमाण सेंतपीतरबुर्गका बृहत् संस्कृत कोश है, जो यद्यपि पिछली शताब्दीमे तैयार हुआ, मगर आवश्य-कता होनेपर भी अभी तक उससे अच्छा विशाल कोश नहीं बन सका। आचार्य श्चेर्बात्स्कीके भारतीय दर्शनके गंभीर ज्ञानका लोहा सारी विद्वन्-मडली मानती है।

आचार्य श्चेर्बात्स्की १८६६-१९४२

शायद यह कहनेमें अत्युक्ति नहीं है, कि पश्चिममें आज तक इतना बड़ा भारतीय दर्शन और सस्कृत भाषाका पडित नहीं हुआ। जब मैंने १६२६में लंकामें आये बर्लिनके प्रोफेसर ल्युडर्ससे किसी पश्चिमी दर्शन-निष्णातके बारेमें पूछा, तो उन्होंने आचार्य श्चेर्बात्स्कीका नाम लिया। भारततत्वके अद्भुत विद्वान् प्रोफेसर सेल्वेन लेवीके मुँहसे भी श्चेर्बात्स्क की प्रशंसा १६३२में सुनी थी। १६२८-२६में मैंने भारततत्वके वैज्ञानिकी-अध्ययनका क-ख ही शुरू किया था। समय बीतता गया, मेरा अध्ययन और अनुशीलन भी बढ़ता गया। मैंने आचार्य श्चेर्बात्स्कीके अंग्रेजीमें उपलब्ध ग्रथोंको पढ़ा, फिर मुझे उनके गभीर ज्ञान, तीक्ष्ण विवेचन शैली का परिचय मिला। और अन्तमे १६३७-३८में कुछ महीनोंके दर्शन-सम्मिलनने हमें एक दूसरेसे बहुत घनिष्ठ बना दिया। अफसोस, हमारा वही अन्तिम मिलन था! श्चेर्बात्स्की सौहार्द और सौजन्यकी मूर्ति थे। स्नेह, भक्ति, वात्सल्य उनमें अपार थी। माँकी आज्ञा उनके लिए ब्रह्म-वाक्य थी। वह ६३ वर्षके थे, जब माँ मरी, श्चेर्बात्स्कीके आँसू सप्ताहों बन्द नहीं हुए। अपने शिष्योंको पुत्रवत् नहीं आत्मवत् प्रेम करते थे। उनके सुयोग्य शिष्य ब्लादिमिरसोव सबसे तरुण अवस्थामें अकदमी सदस्य निर्वा-

चित हुए। वे संस्कृत-तिब्बती-मंगोल भाषाओंके अद्वितीय विद्वान थे। वे चालीस सालकी अवस्था हीमें जब मर गये, तो श्चेर्बात्स्कीको भारी शोक हुआ और जब शिष्य-पत्नी मिलने आई, तो उसे अंकमें ले फूट-फूटकर रोने लगे। उन्हें कोई सन्तान न थी,। ब्याह उन्होंने ७४ सालकी उम्रमें अपनी रसोइया वृद्धासे इस ख्यालसे किया, कि उनके न रहनेपर वह पेंशन पा सके, और उसको दुःख न सहना पड़े, किन्तु संतति स्नेहसे वह वंचित न थे। सौभाग्यसे उन्हें रोजनबर्ग, ओबरमिलर आदि एकसे एक मेधावी शिष्य मिले थे, यद्यपि "हसरत उन गुंचों पे है जो बिन खुले मुर्झा गये" के अनुसारअन्तमें सभी उन्हें विषएण छोड़ गये। उन्होनेहर एकके वियोगपर आँसुओंसे शोकको धोना चाहा। वह अपने शिष्योंके प्रति यूनिवर्सिटी प्रोफेसर जैसे न थे। वह प्राचीन भारतके गुरु जैसे थे, और उनका घर गुरुकुल। पति-पत्नीसे विवाद होनेपर पत्नी उलहना ले आचार्य-के पास पहुँचती, और वह बीचमें पड़ते। शिष्योंके लिए उनके विद्या-भंडारका द्वार ही नहीं खुला रहता था, बल्कि उनके सामने वह रुपये-पैसे-को कुछ नहीं समझते थे। उनके एक शिष्यको जब छात्रवृत्ति न मिलने से उनकी एम० ए०की पढ़ाई रुकने जा रही थी, तो वह पाँच सौ रुपये मासिक देने लगे। और उनकी आहार-पान गोष्ठीमें तो सदा ही कोई न कोई शिष्य-शिष्या निमंत्रित रहते—यह उस समय भी, जब कि क्रान्तिके बाद वह अपनी विशाल जमींदारीके स्वामी न थे, और खान-पानकी वस्तुएँ बहुत महँगी हो चुकी थीं।

ब्यूलर, याकोबी और मैथिल पंडित (जिनसे उन्होंने बम्बईमें अध्ययन किया था) अपने इन तीन गुरुओंके प्रति उनकी अगाध श्रद्धा थी, हिन्दुओंकी कृतियोंके गम्भीर अध्ययनमें उन्होंने सारा जीवन बिताया था। अश्वघोष, कालिदास, दंडीके मधुर काव्यरसका आस्वादन किया था। दिङ्नाग और धर्मकीर्तिके रूपमें हिन्दकी प्रतिभा जो दार्शनिक विकासके उच्चतम शिखरपर पहुँची थी, उसे उन्होंने प्रत्यक्ष किया था—और इनकी कृतियाँ प्रायः सारी तिब्बती अनुवादोंमें ही सुलभ होनेपर ऐसे प्रत्यक्षदर्शी हालकी सदियोंमें वहप्रथम थे। वह कहा करते थे, "हिन्दू सबसे प्रतिभाशाली जाति है"। "है" की जगह "थे" कहना चाहिए। अपने पूर्वजोंकी योग्य संतान सिद्ध करनेके लिए अभी हमने बहुत कम कर पाया है।

फेदोर (श्योदोर) इप्पोलित-पुत्र श्चेर्बात्स्कीका जन्म १६ सितम्बर १८६६में पोलैण्डके केल्स नगरमें हुआ था, जहाँ उनके पिता उस वक्त

एक उच्च सरकारी पदाधिकारी थे। उनकी माँ ग्रीस-कुमारी थी। यह एक सुशिक्षित, सुसंस्कृत धनाढ्य परिवार था। जमींदारी ही नहीं, वह परिवार भी पुराना उपाधिधारी सामन्त था। फेदोर बचपन हीमें अपनी मातृभाषा रूसीके अतिरिक्त जर्मन, फ्रेंच और अंग्रेजी दाइयोंसे सीख गये थे। १८८४ ई०में उन्होंने जारकी सेलोके कुमार स्कूल (जम्नासिया)की पढ़ाई समाप्त की, और सेंट पीटरबर्ग (लेनिनग्राद) विश्वविद्यालयके भाषातत्व विभागमें दाखिल हुए। भाषा तत्वमें उन्हे रस आने लगा। मिनयेफ उनके संस्कृतके गुरु थे, जो एकसे अधिक बार भारत, लंका, बर्माकी यात्रा कर चुके थे। प्रोफेसर ब्राउनसे उन्होंने गाथ, प्राचीन स्कंडनेवन, प्राचीन जर्मन, एंग्लो सेक्सन भाषाओंका परिचय प्राप्त किया। प्राचीन स्लाव्यान और सेर्वोक्रोस भाषायें उन्होंने याणिच्से सीखी। किन्तु सबसे ज्यादा उन्हें अपनी ओर खींचा, संस्कृतने—उसका भंडार उन्हें इतना उच्च, गम्भीर, विशाल, सुन्दर और सम्पन्न मालूम हुआ और जिसके अन्दर मिनयेफ उन्हें खींच ले गये। यूनिवर्सिटीके प्रथम वर्षमें ही उन्होने अपना पथ निर्धारित कर लिया था। उन्हें अपना जीवन अपने गुरु मिनयेफकी तरह संस्कृत और भारतको देना है। १८८६में श्चेर्वात्स्कीने यूनिवर्सिटी परीक्षा बड़ी योग्यतासे पास की और डाक्टर उपाधिके लिए तैयारी करने लगे। उनके अध्यापकोंने उनकी असाधारण प्रतिभाको देख विशेष अध्ययनके लिए उन्हें वीना भेजा गया, जहाँ उन्होने डाक्टर ब्युलरसे विशेषतया संस्कृत काव्य पढ़े। इसके परिणाम थे "हैहयेन्द्रचरित"का जर्मन अनुवाद और "भारतीय काव्य सिद्धान्त" जो दोनों ही ब्यूलरकी मृत्युके बाद समाप्त हुए। काव्यों-के अतिरिक्त श्चेर्वात्स्कीने ब्युलरसे पुरालिपि, धर्मशास्त्र और पाणिनि व्याकरण पढ़ा। पुरालिपिमें उन्होंने शीलादित्य द्वितीय (सप्तम सदी)-के अभिलेखपर लेख लिखा। इस कालमें उन्होने स्लाव भाषाओं, रोमन भाषाओं तथा वैदिक भाषा का (फ्रेडरिक मुलर से) विशेष अध्ययन किया। वीनासे शिक्षा समाप्तकर श्चेर्वात्स्की १८६३में स्वदेश लौटे।

लेकिन अगले छै साल उन्हे युनिवर्सिटी नहीं अपनी तालुकदारीमें लगाने पड़े। तालुकदारीका प्रबन्ध करते उन्हें रूसके हरे-भरे प्रकृति सौंदर्यपूर्ण गाँवोंमें रहना उन्हें ज्यादा पसन्द आया। लेकिन इसका यह अर्थ नहीं कि उन्होंने स्वाध्यायको छोड़ दिया था। हर रोज सबेरे चार बजे (ब्राह्म मुहूर्त) उठ सात-आठ बजे तक पढ़ना उनकी आदतमें शामिल

हो गया था।

१८९९में रोमकी प्राच्य-कांग्रेसके साथ फिर उन्होंने प्राच्य-विद्या में पैर रखा। अब उनका ध्यान भारतीय दर्शनकी ओर था। वह इसके लिए बोन (जर्मनी)में प्रोफेसर याकोबीके पास पहुँचे। सिर्फ भाषा और इतिहासकी दृष्टिसे संस्कृत साहित्यके अध्ययनसे याकोबी भी संतुष्ट न थे, उन्होंने यही बात अपने इस प्रतिभाशाली रूसी तत्वजिज्ञासुमें देखी। श्चर्बात्स्कीने याकोबीसे भारतीय दर्शन पढ़े।

१९००में रूस लौटकर श्चेर्बात्स्की अपनी युनिवर्सिटीमें संस्कृतके उप-प्रोफेसर (प्रीवत-दोत्सन्त) नियुक्त हुए। नई सदीके आरम्भके साथ पूर्वी मध्य-एसिया (चीनी तुर्किस्तान)मे भारतीय पुरातत्वकी बहुमूल्य सामग्री उद्घाटित होने लगी, जिसमे पश्चिमी देशोंके विद्वानोंने भाग लिया। ओल्देनबुर्ग दो बार अभियान लेकर गये। वहाँ बहुतसे बहुमूल्य बौद्ध ग्रंथ सस्कृत, तिब्बती और दूसरी भाषाओंमें मिले, बहुतसे चित्र और कलाकी चीजें उद्घाटित हुई। इससे उत्तरी बौद्ध धमके अध्ययनको जोर मिला। श्चेर्बात्स्की हिन्दू दर्शनोके अध्ययनसे साधन-सम्पन्न हो चुके थे, उन्होंने अब बौद्धद-र्शनकी ओर ध्यान दिया। १९००में ही वह कुछ समयके लिए मंगोलिया गये, और वहाँ एक मगोल विद्वान भिक्षुसे उन्होंने तिब्बती भाषा और बौद्ध न्याय ग्रंथ न्याय-बिंदुको पढ़ा। धर्मकीर्तिके इस छोटेसे ग्रंथके पढ़ते ही उन्होंने "जगदभित्रघोर धीमान् धर्मकीर्ति"-की प्रतिभा और शैलीका लोहा मान लिया। वह धर्मकीर्ति को "भारतका कान्ट" कहा करते थे।

श्चेर्बात्स्की युनिवर्सिटीमें जहाँ अपने छात्रोंको संस्कृत व्याकरण (ब्युलर), मेघदूत, शकुन्तला, दशकुमार चरित, शिशुपाल वध और तर्कभाषा पढ़ाते, भविष्यके गवेषक पंडितोको तैयार करते, वहाँ बाकी समय अपने स्वाध्याय और लेखनमें लगे रहते। छुट्टियोंको मगोलियाके बौद्ध बिहारो या किसी दूसरी जगह गम्भीर अध्ययनमें बिताते और अपने गवेषणापूर्ण निबन्धोंको प्रकाशित करते। १९१० पहुँचते-पहुँचते रूसी विज्ञान-अकदमी (सर्वोच्च विद्वत्परिषद्) के वह उप-सदस्य निर्वाचित हुए। इसी साल उनकी भारत जानेकी अभिलाषा पूर्ण हुई। वह पल्लवग्राही पांडित्य के पक्षपाती न थे, और १९१०-११ के भारत-प्रवासको उन्होंने भारतीय दर्शन—ब्राह्मण, जैन, बौद्ध दर्शन—के अध्ययनमें बिताया। वह उत्तरी भारतमें भी घूमे, हिमालयमें

दार्जिलिंग तक गये जहाँ उन्होंने दलाई लामासे भेंट की किन्तु ज्यादा समय बम्बईमें दरभङ्गाके एक दार्शनिक विद्वानसे पढ़नेमें बीता। उन्होंने इसके बारेमें लिखा—"हम बिल्कुल भारतीय मुहल्लेमें रहते, जहाँ एक भी यूरोपियन न था। हमारा वार्तालाप होता था केवल संस्कृतमे। पूर्णमासी और अमावस्थाके दो अनध्यायोंको छोड़ बाकी सारे दिनो सबेरेसे शाम तक दर्शनका अध्ययन और चर्चा रहती।" अपने गुरु मैथिल पंडितके गम्भीर ज्ञान और सौजन्यका वह सदा बहुत आदरसे स्मरण किया करते।

१६१७की फरवरी आई, जारका मुकुट जमीनपर लोटने लगा, फिर ७ नवम्बरकी महाप्रलय आई, जिसने कलके सारे प्रभुवर्गको खतम कर दिया—श्चेर्वात्स्कीकी तालुकदारी भी उड़ गई। लेकिन श्चेर्वात्स्की तो सरस्वतीके वरपुत्र थे। "विद्वान सर्वत्र नहि सर्वदा पूज्यते।" २ नवम्बर १६१८को श्चेर्वात्स्की अकदमीके सदस्य चुने गये—यह वह पद है, जो कि रूसी विद्वानकी सर्वोच्च पहुँच है, और एक समय मुश्किलसे सौ वहाँ पहुँचा पाते थे।

अगले चौबीस साल उन्होंने एक कर्मठ मनीषीका जीवन बिताया। "बौद्ध न्याय"की दो बड़ी-बड़ी जिल्दें १६३०के बाद प्रकाशित कीं। "बौद्ध मूल विचार", "बौद्ध निर्वाण विचार" जैसे गम्भीर निबन्ध लिखे। "दशकुमार चरित" सुन्दर अनुवाद किया।

१६३६की तिब्बत मेरी यात्रामें जब उन्हें मालूम हुआ कि वहाँ मैंने धर्मकीर्ति और दूसरे कितने ही बौद्ध दार्शनिकोंके संस्कृत मूल ग्रंथ खोज निकाले हैं, तो उनकी प्रसन्नताकी सीमा न रही। उनके कहनेपर अकदमीने मुझे १६३७में निमंत्रित किया, किन्तु कई कारणोंसे मैं लेनिनग्रादमें आकर भी ज्यादा समय न रह सका। उनकी बड़ी इच्छा थी, धर्मकीर्तिके मुख्य ग्रन्थ "प्रमाणवार्तिक"का अनुवाद करने की, और यह भी कि हम दोनों मिलकर बौद्ध दर्शन ग्रंथोपर काम करें। वह इसके लिए कोशिश कर ही रहे थे, कि महायुद्ध छिड़ गया।

जब जर्मन-सेनायें लेनिनग्रादकी तरफ बढ़ने लगीं, राष्ट्रकी बहुमूल्य वस्तुओंको विमानों और दूसरे साधनों द्वारा हटाया जाने लगा, तो इस महान् विद्वानको भी विमानपर चढ़ पूर्वकी तरफ उड़ना पड़ा। उन्होंने अन्तिम बार अपने प्रिय नगरको देखा, शायद उनको अब भी आशा थी, कि

लौटकर फिर वहाँ अपने कार्यको शुरू करेंगे, लेकिन वह पूरी न हो सकी। १८ मार्च १९४२को ७९ सालकी उम्रमे उन्होने बरोवा (उत्तरी कजाकस्तान प्रजातन्त्र)में निर्वाण लाभ किया। आज भी उस पार्वत्य भूमिमें देवदारोंसे आच्छादित सदाहरित एक भूखडमें यह महान् प्रतिमा अनंत-निद्रा मे विलीन है।

आचार्य बरन्निकोफ

आज भी हममें मौजूद आचार्य बरान्निकोफका भाषा-ज्ञान बहुत विस्तृत है। भारतकी पुरानी भाषाओ संस्कृत, और प्राकृतके अतिरिक्त वह आधुनिक भाषाओं हिन्दी, उर्दू आदिके भी उद्भट विद्वान हैं। जीवित भाषाओंकी उपेक्षाकर केवल प्राचीन भाषाओंके पक्षपातको न पसन्द करते उनका ध्यान विशेषतौरसे आजकी भाषाओंकी ओर आकृष्ट हुआ। हिन्दी तो उनकी कृतियोंके लिए सदा कृतज्ञ रहेगी। प्रथम हिन्दी गद्य ग्रंथ "प्रेमसागर" का वह रूसी भाषामें सरस अनुवाद कुछ साल पहिले करके प्रकाशित कर चुके हैं। हिन्दी कविताके अनमोल रत्न तुलसीकृत रामायणका पद्य मय अनुवाद उन्होंने बहुत प्रयत्नसे किया है, जो कि हालहीमें छपा है। यहाँ हम इसी महान् पडितकी जीवनीपर कुछ लिखने जा रहे हैं।

× × ×

अलेकसेइ पेत्रोविच् (पेतर-पुत्र) बरान्निकोफ २१ मार्च १८९० ई०को वर्त्तमान उक्रइन प्रजातंत्रके पोल्तावा जिलेमे द्रियेपरनदीसे ६ मील जोलोतनोशा कस्बेमें एक गरीब बढ़ईके घरमे पैदा हुए। जीवन-संग्रामको लड़ते हुए उन्हे आगे बढ़ना पड़ा, जिसने उनकी सहानुभूति दलित जनताकी ओर अधिक बढ़ा दी। पिता पेतर बरान्निकोफ बढ़ईका काम करते थे, और आज (१९४७) ८८ सालकी उम्रमें जो-जोलोतोनोशामें शान्ति और संतोषका जीवन बिता रहे हैं। माता १९१४में ही मर गई और अपने यशस्वी पुत्रको उसके वैभव कालमें न देख सकीं। बरान्निकोफको अपने पितासे बहुत प्रेम है, उन्हें जोलोतोनोशा और उसके पास बहने वाली द्रियेपर अभिमान है। यह वही द्रियेपर है जिसके तटपर उनके पूर्वज 'घुमंतू शकोंने संस्कृतिकी अगली सीढ़ियोको पार किया, यहीं उनके पहिले ग्राम और नगर बसे; द्रियेपर रूसी संस्कृतका गहवारा है।

यद्यपि परिवार बिलकुल निरक्षर नहीं था, तो भी वहाँ अलेक्सीके भविष्य के लक्ष्यके लिये कोई पथप्रदर्शक न था। उन्हें स्वयं पथ-प्रदर्शन और

लक्ष्य पर बढ़ते हुए उसे प्राप्त करने की कोशिश करनी थी। सात वर्षकी आयुमें वह अपने कस्बेके स्कूलमें भरती हो गये। दस साल तक वहाँ पढ़ते रहे, किन्तु आर्थिक कठिनाइयोंके कारण स्कूलमें और पढ़ना नहीं हो सका, और बिना पहिली मंजिल पार किये ही घर बैठना पड़ा। किन्तु वह हिम्मत हारने वाले तरुण नहीं थे। उन्होंने पुस्तकोंको अपना गुरु बनाया, और घरपर ही तैयारी करने लगे। शिक्षाका माध्यम अपनी मातृ-भाषा (रूसी) थी जरूर, किन्तु जेम्नासियम (मेट्रिक) परीक्षा पास करनेके लिए उन्होंने फ्रेंच, जर्मन, लातिन और ग्रीक भाषाएँ सीखी थीं। गणित और भाषामें उनकी अधिक रुचि थी, इसलिए अपनेसे पढ़कर १९१० ई०में २० सालकी उम्रमें उन्होंने जेम्नेसियम पास किया।

ज्ञान-मन्दिरका द्वार अभी आधा ही उनके लिए खुला था। अब वह पुस्तकोंको स्वयं पढ़कर आगे नहीं बढ़ सकते थे। पढ़नेके लिए घरसे दूर किसी बड़े शहरमें जाना था, अर्थात् और भी ज्यादा खर्च, और अलेक्सी धनी पिताके पुत्र नहीं थे। किन्तु वह बीस सालके थे। उनका दृढ़ मनोबल उनके साथ था। उन्होंने एक दिन कियेफके प्राचीन नगर—जहाँ रूसी जातिके पश्चिमी संस्कृति की प्रथम दीक्षा प्राप्त की थी—को प्रयाण कर दिया। संबल थोड़ा था, इसलिए जीविकाकी खोज पहिली समस्या थी। आशा-निराशाके साथ इधर-उधर भटकते, उन्होंने 'जिन खोजा तिन पाइयाँ'की कहावतको सच किया। किसी धनिक पुत्रको पढ़ानेका काम मिल गया। उन्होंने विश्वविद्यालयमें नाम लिखाया। पहिलेकी भाषाओंमे स्लाव (प्राचीन रूसी) लिथुवन, प्राचीन जर्मन, प्राचीन फ्रेंच, इतालियन, पहलवी, जन्द, और संस्कृत भी शामिल हो गईं। ट्यूशन करते और फिर बड़े परिश्रमसे अपने अध्ययनमें लग जाते। भाषाओंके शौकने उन्हें सिगानोंके तम्बुओंमें पहुँचाया। सिगान जिन्हें अँगरेजीमें जिप्सी, ईरानमें लूरी भी कहते हैं, और वह स्वयं अपने लिए 'रोम' या 'रोमनों' शब्दका प्रयोग करते हैं। भाषा-तत्वज्ञों-ने स्वीकार किया है, कि ये लोग भारतसे गये हैं। यद्यपि इनकी भाषा-में उन देशोंके बहुतसे शब्द शामिल हो गये हैं, जहाँ उन्हें उनका घुमक्कड़ जीवन ले गया; तो भी उनकी भाषा हिन्दीकी सगी बहिन है। अलेक्सीको सिगानोंकी भाषा सीखनेका शौक था, किन्तु साथ ही इन सनातन घुमन्तुओंका स्वच्छन्द जीवन भी उन्हें बहुत प्रिय मालूम होता था। वह कितने ही दिनों उनकी खिरकियोंमें रह जाते, उनके

साथ खाते, पान करते, नाचते गाते। उनकी सिगान भाषाको सुन अपरिचित सिगान कह उठते "तु रोम"। लेकिन इसका यह अर्थ नहीं, कि उन्होंने अपने अध्ययनमे शिथिलता की। चार सालकी पढ़ाईके बाद (१९१४) उन्होंने विश्वविद्यालयकी परीक्षा बड़े सम्मानके साथ पास की। उनके ३०० पृष्ठोके निबन्ध "स्लाव, लिथुव और जर्मन भाषाओंमें धातु रू" पर स्वर्ण-पदक मिला। "प्रसिदाय" मिला। "मगिस्तर"की उपाधि और छात्रवृत्ति भी। इस प्रकार चौबीस वर्षकी उम्रमें पहुँच अब आर्थिक कठिनाइयोंसे उन्हें कुछ मुक्ति मिली। उन्होने आगेकी पढ़ाईके लिए सेंतपीतरबुर्ग विश्वविद्यालयको चुना।

सेंतपीतरबुर्ग (आजका लेनिनग्राद) विद्याका महान् केन्द्र था। वहाँ बिकोफने सस्कृत, ग्रीक, लातिन, और तुलनात्मक भाषाविज्ञानको अपना पाठ्य-विषय चुना। आल्देनबुर्ग, श्चेर्बोत्स्की और जाल्मान जैसे दिग्गज विद्वान अध्यापक मिले। यद्यपि छात्रवृत्ति मिलती थी, किन्तु विद्याव्यसनीके लिए पुस्तकोंका लोभ-संवरण करना मुश्किल है। बिरान्निकोफ एक जेम्नासियम (हाई स्कूल)मे पढ़ाया भी करते। यह प्रथम महायुद्ध-का जमाना था। 'अस्पेरात' (एम० ए०)की परीक्षा खतम करते-करते १९१७की महान् क्रांति भी हो गई। पुरानो दुनिया उलट गई, उसकी जगह नया संसार बनने लगा। बरान्निकोफ—गरीब बढ़ईके पुत्र—से बढ़कर इस नये संसारके निर्माणसे किसको प्रसन्नता होती?

परीक्षा पास करते ही वह तुलनात्मक भाषा तत्त्वके प्रोफेसर हो समारा (आधुनिक कुविशियेफ) विश्वविद्यालयमें भेज दिये गये, जहाँ चार साल तक काम कर १९२१में लेनिनग्राद (तब पीतरबुर्ग) विश्व-विद्यालयमें लौट आये तबसे लेनिनग्राद ही उनका घर बन गया। सिगान भाषाका हिन्दीके साथ घनिष्ठ सम्बन्ध उन्हें उधर ले गया, और क्रांतिने जातियों के भूतों साथ वर्तमान भाषाओंका जो महत्त्व बढ़ा उसने हिन्दीको विश्वविद्यालयमें सम्माननीय स्थान दिलाया।

अलेक्सी पत्रोविच् पिछले बत्तीस सालोसे अध्ययन और अनुसंधान में निरत हैं। दो सौसे ऊपर निबन्ध और ग्रन्थ उनके प्रकाशित हो चुके हैं, अफसोस है कि वे सभी रूसी भाषामें हैं, इसलिये भारतीय पाठकोंकी पहुँचसे बाहर हैं। हिन्दी-उर्दू भाषाओके व्याकरण और कोषके अतिरिक्त वह एक बृहत् हिन्दी-रूसी कोषमें लगे हैं। "प्रेमसागर" और 'रामा-

यथा" (तुलसी)के अनुवाद रूसी भाषाकी स्थायी सम्पत्ति हैं। सिगान भाषा-पर उनके कितने ही निबन्ध और ग्रंथ गीतिसंग्रह छप चुके हैं। इस विषय-में उनका पहिला ग्रंथ "बेल ग्रोरद (उक्रइन)की सिगान बोली" १९२९-में छपी और अनेक अभिनन्दन-ग्रंथोमें उनके लेख पाठकोंने पढे होंगे, बी० ए०, एम० ए० जैसी उपाधियाँ पहिले भी रूस में नहीं थी और डाक्टर जैसी प्रचलित उपाधियाँ क्रांतिके बाद बन्द कर दी गई थीं। १९३५में फिर युनिवर्सिटीयोंने उपाधियाँ देनी शुरू की। उसी साल वरान्निकोफको भाषाविज्ञान-आचार्य (डाक्टर आफ फिलालोजी)की उपाधि मिली। और १९३९में सोवियतके विद्वानोंका सबसे बड़ा सम्मान, विज्ञान अकदमी (अकदमी आफ साइंस)का सदस्य बनाया गया, वह अब अकदमिक वरान्निकोफके नामसे प्रसिद्ध हुए, इस सम्मानके पात्र व्यक्ति सारे सोवियत संघमें एक समय मुश्किलसे डेढ़ सौ होते हैं। लेनिनग्राद युनिवर्सिटी और अकदमीके प्राच्य विद्या इतिहास दोनोके वे हिन्दतिब्बती विभागके अध्यक्ष हैं।

अकदमिक वरान्निकोफका परिवार सुशिक्षित संस्कृत परिवार है। पिता अब भी जोलतोनशामें रहते हैं, जहाँ पौत्र या पौत्री अकसर अपनी छुट्टियोको बिताने चले जाते हैं। पत्नी युनिवर्सिटीमें जर्मन पढ़ाती है। ज्येष्ठ पुत्र जर्मनोंसे लड़ते वीर-गतिको प्राप्त हुआ। दूसरा पुत्र सेनाका अफसर, और अफसरों की अकदमीका विद्यार्थी है। पुत्री युनिवर्सिटीमें तृतीय वर्षमें पढ़ रही है।

वैशालीका प्रजातन्त्र[1]

वैशालीकी यह भूमि कितनी पुनीत है, इसका इतिहास कितना गौरव-पूर्ण है, इसका स्मरण करते भी हृदय इतने भावोंसे भरा हुआ है, जिनके प्रगट करनेके लिये वाणी असमर्थ है। आज २४२८ वर्ष हुए, जब कि वैशालीके संघ राज्य, जनताके पचायती राज्य-की ध्वजा अवनत हुई और तबसे निरंकुश रजुल्ले सवा चौबीस सौ वर्षों तक स्वतन्त्रताकी भूमिपर मनमानी करते रहे। दूसरोंकी तो बात क्या, खुद वैशालीवासी भी भूल गये, कि एक समय था, जब उनकी इस गंगा और मही (गडक)-द्वारा सिंचित वज्जी-भूमिमें किसी राजाका शासन नहीं था, जनताके ७७७७ प्रतिनिधि सारा राज-काज चलाते थे और न्यायका इतना ध्यान था, कि अपने समय और सर्वदाके अद्वितीय महामानव बुद्धने अपने मुखसे इसकी प्रशंसा की थी। गंगा पार-का रजुल्ला अजातशत्रु वज्जीकी समृद्धि-भूमिको देखकर जीभसे पानी टपका रहा था और उसने एक-दो बार कोशिश भी की, किन्तु मुँहकी खानी पड़ी। इसके बारेमें दीघनिकायकी अट्ठकथामें कहा है—"एक नदीके घाटके पास आधा योजन अजातशत्रुका राज्य था और आधा योजन लिच्छवियोंका.......। वहाँ पर्वतके नीचेसे बहुमूल्य सुगंधित माल उतरता था।

"अजातशत्रु 'आज जाऊँ कल जाऊँ' करता रहता, उधर एकराय एकमत लिच्छवि पहले जाकर सब (कर) ले लेते। अजातशत्रु पीछे जाता और इस समाचार को सुन कुपित हो लौट आता। वे दूसरे वर्ष भी वैसा ही करते। अजातशत्रुने अत्यन्त कुपित हो सोचा 'गण (प्रजातन्त्र)के साथ युद्ध करना कठिन है, उनका एक भी प्रहार विफल नहीं जाता। किसी बुद्धिमानसे मंत्रणा करना अच्छा होगा। और इसीके लिये उसने अपने महामात्य वर्षकार ब्राह्मणको बुद्धके पास भेजा।[2]

---

[1]चतुर्थ वैशाली-महोत्सव (२१ अप्रैल, १९४८)में सभापतिके पद-से दिया गया भाषण।

[2]दीघनिकाय (महापरिनिब्बाणसुत्त) अट्ठकथा

बुद्धका गण-संस्थाके प्रति अगाध प्रेम था और वैशालीके साथ और भी अधिक, इसीसे ४८३ ईसा-पूर्व वैशाख मासमें जब उन्होंने अन्तिम बार वैशालीको छोड़ा, तो एक बार फिर उस वीतरागने अपने सारे शरीरको घुमाकर (नागावलोकन करके) वैशालीको आँख भरकर देख अपने प्रिय शिष्यसे कहा—"आनन्द ! तथागत (बुद्ध) यह अन्तिम बार वैशालीका दर्शन कर रहा है[1]। इसी वैशालीके प्रति उस दयामूर्तिके हृदयोद्गार थे—"आनन्द ! रमणीय है वैशाली, रमणीय है उसका उदयन-चैत्य, गोतमक चैत्य, सप्ताम्रक-चैत्य बहुपुत्रक-चैत्य, सारंदद-चैत्य। "ये चारो चैत्य वैशाली नगरद्वारके बाहर क्रमशः पूर्व, दक्षिण, पश्चिम उत्तर दिशाओंमें देवस्थान तथा वनपुष्करिणीसहित रमणीय भूभाग थे। वैशालीवासी लिच्छवि भगवान्‌के दर्शनके लिये वैशाली नगरीसे कुछ दूर दक्षिणमें अवस्थित अम्बपाली-वनमें पहुँचे । उन्हें देखकर बुद्धने कहा था—"देखो भिक्षुओ ! लिच्छवियोंकी परिषद्‌को, देखो भिक्षुओ ! लिच्छवियोंकी परिषद्‌को भिक्षुओ ! इस लिच्छवि-परिषद्‌को त्रायस्त्रिंश (देवताओं)की परिषद् समझो ।" त्रायस्त्रिंश इन्द्रलोकके देवता हैं। बुद्धने वैशालीवासियोंकी उपमा उनसे दी थी, यह प्रकट करता है, कि, बुद्धके भाव इस भूमिके निवासियोंके प्रति कैसे थे ।

वर्षकार को अजातशत्रुने बुद्धके पास भेजा था कि उनसे ऐसा कोई उपाय मालूम करें, जिसमें वज्जियोंको आसानी से हराया जा सके । बुद्ध-को कितना कष्ट लगा होगा यह प्रश्न, और इसीलिये उन्होंने वर्षकारको सीधे जवाब न दे पीछे खड़े हो पखा झलते आनन्दसे कहा—

"आनन्द ! सुना है न कि वज्जी (१) बराबर सभा करके, बार-बार सभा करके अपना काम करते हैं ?"

"सुना है भगवान् !......"

"आनन्द ! जब तक वज्जी सभा, बार-बार सभा करके काम करेंगे, तब तक वज्जियोंकी उन्नति होगी, हानि नहीं ।"

इसी तरह बुद्धने वज्जियोंकी समृद्धि और स्वतन्त्रताकी कुँजी सात बातोंको एक-एक करके दोहराया : वैशालीके प्रजातन्त्री (१) सभामें बहुमतसे निर्णय करके किसी कामको करते थे; (२) वह एकरायसे काम करते, उठते-बैठते थे; (३) अवैधानिक, वज्जिधर्म (वैशालीके कानून)

---

[1]वही।

दीघनिकाय-महापरिनिब्बाणसुत्त (पृष्ठ १३३)

विरुद्ध कोई काम नहीं करते थे; (४) अपने वृद्धोंका सम्मान-सत्कार करते, उनकी बातपर कान देते थे; (५) स्त्रियों, कन्याओंपर अत्याचार और जबर्दस्ती नहीं करते थे; (६) नगरके भीतर और बाहरके चैत्यों (देवस्थानों)का सत्कार-सम्मान करते और उनके लिये प्रदत्त सम्पत्ति और धार्मिक बलिको छीनते नहीं थे; (७) धर्माचार्यों (अर्हतों)की रक्षा करते और इस बातका ध्यान रखते कि वे देशमें सुखसे विचरें।

वैशाली-वासियोंके ये सात गुण बुद्धको बहुत पसन्द आये थे। इनमें पहले तीन तो जनतान्त्रिक व्यवस्थाके मूलमंत्र हैं। वृद्धों और स्त्रियों के प्रति सम्मानका भाव उनकी उच्च संस्कृतिका द्योतक है। अन्तिम दो बातें धर्मके प्रति लिच्छवियोंकी उदारताको बतलाती हैं।

बुद्धने इसी वैशालीके बाहर सारंदद-चैत्यमें वैशाली-वासियोंको उनकी इन सात बातोंपर अटल रहनेका आदेश दिया था। अजातशत्रु-के महामंत्री वर्षकारको उसकी बातका जवाब देते मगधकी तत्कालीन राजधानी राजगृहमें बुद्धने कहा था "ब्राह्मण! एक समय मैं वैशालीके सारंदद-चैत्यमें ठहरा हुआ था, वहाँ मैंने वज्जियों (लिच्छवियों) को यह सात पतनविरोधी बातें बतलायी थीं। जब तक ये सात बातें वज्जियोंमें रहेंगी......तब तक वज्जियोंकी उन्नति ही होगी, हानि नहीं।

वैशाली प्रजातंत्रकी न्याय-व्यवस्था कितनी सुन्दर थी, इसकी कुछ झलक हमें दीघनिकायकी अट्ठकथा[1]में मिलती है: "परम्परासे चला आया वज्जि-धर्म यह था, कि वज्जिके शासक 'यह चोर है अपराधी है' न कह आदमीको विनिश्चय-महामात्य (न्यायाधीश)के हाथमें दे देते थे। वह विचार करता, अपराधी न होनेपर छोड़ देता, अपराधी होनेपर अपने कुछ न कह व्यवहारिक (न्यायाधीश) को दे देता।......वह भी अपराधी जाननेपर सूत्रधारको दे देता। ...वह भी विचारकर निरपराध होनेपर छोड़ देता, अपराधी होनेपर अष्टकुलिकको दे देता। वह भी वैसा ही करके सेनापतिको, सेनापति उपराज (उपाध्यक्ष)को, और उपराज राजा (गणपति)को दे देता। राजा विचारकर यदि अपराधी न होता तो छोड़ देता और अपराधी होनेपर प्रवेणि-पुस्तक (दण्डविधान) बँचवाता।

[1]वहीं (पृष्ठ ११८)

प्रवेणि-पुस्तकमें लिखा रहता, कि अमुक अपराधका अमुक दण्ड है। अपराधको उससे मिलाकर दण्ड दिया जाता।"

अपराधीके अपराधके सम्बन्धमें न्याय करनेके लिए कितना ध्यान रखा जाता, यह इस उद्धरणसे मालूम होता है। इससे यह भी मालूम होता है, कि वैशाली प्रजातन्त्रकी अपनी प्रवेणि-पुस्तक या दण्डविधान भी था, जिसका बड़ी कड़ाईसे अनुसरण किया जाता था।

वर्षकार बुद्धके मुखसे वज्जियोंके बारेमें अपने अनुकूल कोई बात नहीं सुन सका। उसने लौटकर अजातशत्रुसे कहा "श्रमण गौतम (बुद्ध)-के कथनसे तो वज्जीको किसी प्रकार लिया नहीं जा सकता। अच्छा तो उपलापन (घूस-रिश्वत) और आपसमें फूट पैदा करनेसे काम बनाया जाय।" अजातशत्रु और उसके कुटिल मंत्री वर्षकारने भेद (फूट)-नीतिको ही पसन्द किया। वर्षकारने सलाह दी—"महाराज! परिषद्में वज्जियोंकी बात उठाओ। मैं कहूँगा उनसे क्या लेना है, रहने दो, वज्जीके शासक अपनी खेती और वाणिज्यसे जीयें।" राजा और मन्त्रीने षड्यन्त्र किया; दोनोंकी मिली-भगत रही। वर्षकार वज्जियोंका पक्षपाती बनकर राजसभासे निकल गया। उसकी ओरसे वज्जियोंके पास भेजी जाती चीज पकड़ी गई। राजाने उसे इस अपराधमें बन्धन-ताड़न न करा शिर मुड़ा नगरसे निकाल दिया। वर्षकार गंगापार हो वज्जी-भूमिमें जाने लगा, तो कुछ वज्जियोंने कहा—"ब्राह्मण बड़ा मायावी है, गंगापार न उतरने दो।" लेकिन लिच्छवि वर्षकारके जालमें फँस गये और उसे अपने यहाँ शरण ही नहीं दी, बल्कि अपना विनिश्चय-महामात्य (न्यायाधीश) बना दिया। वर्षकारने तीन वर्ष तक वैशालीका नमक खाया और उसका प्रतिशोध उसने अपने विश्वासघात द्वारा किया। तीन वर्षके भीतर उसने वैशाली वालोंमें ऐसी फूट डलवा दी कि "दो आदमी एक साथ नहीं जा सकते थे।" वर्षकारने अपने मालिकको सूचना दी और फूटके कारण निर्बल वज्जी लोगोंको अप्रयास मगधराजने दास बना लिया।

वैशालीके पतनका यह समय बौद्ध-परम्पराके अनुसार बुद्ध-निर्वाण (४८३ ईसा पूर्व)से तीन साल बाद (४८०) है।

वैशाली इतने दिनों तक अनाथा रही, किन्तु इसीके विस्मृत इतिहासने पहले-पहल भारतीयोंको बतलाया, कि हम सदा निरंकुश राजाओंके जूओंको ही नहीं ढोते रहे, बल्कि हमारे यहाँ भी अपने प्रजातन्त्र थे। वैशाली प्रजातन्त्र बहुत शक्तिशाली था। बुद्धके समयके भारतके सबसे बड़े राज्य कोसल—जो

गंडक, गंगा और हिमालय की सीमाओंसे घिरा था—का राजा प्रसेनजित एक बार बहुत घबड़ाया हुआ था। उसे देखकर बुद्धने पूछा—"क्या महाराज! तुमपर राजा मागध श्रेणिक बिम्बसार या वैशालिक लिच्छवि तो नहीं बिगड़े हैं।" लिच्छवियोंके कोपसे कोसल-राज्यका होश-हवास बिगड़ सकता था, यह लिच्छवियोंकी शक्तिका परिचय देता है। वैशाली गणके सीमान्तपर दो ही प्रबल राजशक्तियाँ थीं—दक्षिण और पूर्वमें मगध और पच्छिममें कोसल। पच्छिमी सीमापर मही (आधुनिक गंडक) बहती थी, इसके लिये साक्षात् प्रमाण नहीं मिलता, लेकिन वज्जीके पच्छिम का सघराज्य मल्ल था, जो कोसल राज्यके आधिपत्यको स्वीकार करते अपनी संघप्रणालीको किसी न किसी तरह सुरक्षित रखे हुए था। मल्ल और लिच्छवि दोनों पड़ोसी जातियोंकी सीमा गंडक ही रही होगी, लेकिन उस समय गंडक (मही)की धारा वहीं नहीं थी, जहाँ कि वह आज है। सोनपुर, शीतलपुर, मढ़ौरा होती जो नदी आजकल छपरा जिलेमे बहती है, उसकी निचली धारा आज भी महीके नामसे प्रसिद्ध है। हम कह सकते हैं, कि वज्जीकी प्राचीन भूमि वही थी, जिसकी सीमाएँ आजकलकी भोजपुरी, मगही और अंगिका (मुंगेरकी छिका-छिकी) भाषासे सीमित थी, इतने अपवादके साथ कि वर्तमान चम्पारन का भाग भी प्राचीन वज्जीगणके भीतर पड़ता था।

वर्तमान भारतके लिये यह भूमि अत्यन्त पुनीत है। ढाई हजार वर्ष बाद भारत फिर अपना प्रजातंत्र स्थापित करने जा रहा है। उसे अपने यशस्वी वैशालीगण और उसकी परम्पराका अभिमान होना आवश्यक है। वस्तुतः हमारे ऊपर निरंकुश राज-शासनकी कालरात्रिमें वैशाली और यौधेय दो ही जनतन्त्रके प्रकाश-स्तम्भ थे, जो यह भी सिद्ध करते रहे, कि प्रजातन्त्र शासन-प्रणाली हमारे लिये बिल्कुल नयी चीज नहीं है। सहस्रों वर्षोंसे देशी और विदेशी निरंकुश शासक बराबर यही प्रयत्न करते रहे, कि हम अपनी प्रजातान्त्रिक परम्पराको भूल जायें। वह बहुत हद तक अपने इस कार्यमें सफल भी हुए, किन्तु पुरातत्त्व-वेत्ताओं और इतिहासज्ञोंकी खोजोंने उनके प्रयत्नोंको सफल नहीं होने दिया और अब तो देशकी आवश्यकता और माँग है, कि विदेशी शासनके हटनेके बाद भारत प्रजातन्त्र राज्य घोषित किया जाय। हम जानते हैं, वह समय दूर नहीं है, जब हमारे बालकोंके लिये इतिहासकी पुस्तकोंमें वैशाली प्रजातन्त्र-के लिये एक विशेष स्थान रखना पड़ेगा। हाँ, अभी भी देशके बड़े नेता इस

महत्त्वको नहीं समझते और न समझनेकी कोशिश कर रहे हैं, कि भावी भारतीय प्रजातन्त्रको अपने वैशाली और यौधेय प्रजातन्त्रोंसे कितनी प्रेरणा मिलेगी। यौधेय वही भूमि है, जिसमें राजधानी दिल्ली अवस्थित है, लेकिन दिल्लीके आधुनिक प्रभुओंको इसका ख्याल नहीं है, कि एक समय यौधेयके कट्टर शत्रुने उनके लिये "यौधेयानां जयमंत्रधारिणाम्" लिखा था। जनतन्त्रतासे ही बहुजनहित हो सकता है, हमारे देशका गौरव-पूर्ण भविष्य इसी बातपर निर्भर करता है, कि यहाँ जनतन्त्रताका एकच्छत्र राज्य हो और इस जनतान्त्रिक भावनाके सार्वजनीन प्रसारके लिए हमारे प्राचीन प्रजातन्त्रोंका इतिहास बहुत सहायक हो सकता है।

प्रजातन्त्रीय कार्य-प्रणाली

गणोंकी सर्वोपरि शासन-सभा या पार्लियामेंटको संस्था कहा जाता था और जहाँ संस्थाकी बैठक हुआ करती, उसे संस्थागार (संथागार) कहा जाता। वैशालीके भीतर संस्थागारकी एक बड़ी शाला थी, जिसमें गणतन्त्रके सदस्य इकट्ठा होकर राजकाज और विधानकी बातोंका निर्णय किया करते थे। संस्थागारकी बैठकोंमें शासनीय कार्यके समाप्त हो जानेपर लोग दूसरी सामाजिक आदि चर्चाओंमें लग सकते थे। संस्थागारमें कभी-कभी अतिथियोंको भी ठहराया जाता था। पाली ग्रन्थोंमें इस बात का बहुत ध्यान रखा गया है, कि संस्था तथा संस्थागारको राजतन्त्रीय देशोंसे सम्बद्ध न किया जाय।

वैशाली या कुसीनाराकी संस्थाएँ किस तरह सभाकी कार्यवाही करती थीं, कैसे वादविवाद होते थे और किस तरह वादोंका निर्णय और मत लिया जाता था, इसका हमारे पास कोई साक्षात् प्रमाण नहीं है। किन्तु हम जानते हैं, कि बुद्धने अपने भिक्षु-संघकी स्थापना इन्हीं संघराज्योंके नमूनेपर की थी। इसलिये इस विषयमें भिक्षुसंघके विधान (विनय-नियमों)से हम समझ सकते हैं, कि संघ-राज्योंमें किस तरह संस्था काम करती थी। गण-राज्यके लिए संघका शब्द त्रिपिटकमें आया है—"हे गौतम! यह जो संघ है, जैसे कि वज्जी या मल्ल, वह अपने राज्यमें 'मारो' कहकर मरवा सकते हैं, 'जलाओ' कहकर जलवा सकते हैं, 'देश निकालो' कहकर देशसे निकाल सकते हैं।"[1]

संस्थाके प्रमुख व्यक्तियोंमें संस्था-राज, उपराज, सेनापति, अट्ठकुलिक, व्यवहारिक और विनिश्चय-महामात्यका नाम हम बतला चुके हैं। राजा और

---

[1] मज्झिमनिकाय १।४।५ (पृष्ठ १४०)

उपराज राष्ट्रपति और उपराष्ट्रपति को कहा जाता। सेनापति सारी लिच्छविसेनाका प्रमुख होता—बुद्धके समय सिंह सेनापति लिच्छवियोंका सेनापति था। अष्टकुलिकसे 'आठ कुलोंके प्रधान-व्यक्ति' अर्थ नहीं लिया जा सकता, क्योंकि "कुलिक" नामक पदाधिकारी गुप्तकालमें भी होता था। नगरकी निगम-सभामें एक श्रेष्ठी और एक सार्थवाह हुआ करते थे और बाकी सदस्य कुलिक कहे जाते थे, जिनका प्रमुख "प्रथम-कुलिक" होता था। यहीं बसाढ़की खुदाईमें गुप्तकालीन स्तरसे हरि और उग्रसिंह नामके दो प्रथम कुलिको और भगदत्त, गोरीदास, गोंड, ओमभट्ट जैसे कितने ही कुलिकोंकी मुद्राएँ मिली हैं। अष्टकुलिक, जान पड़ता है वैशालीके आठ नगराधिकारियोंको कहा जाता था। व्यवहारिक और विनिश्चयमहामात्य दोनों न्यायाधिकारी थे।

संस्थाकी बैठक संस्था-राज या उपराजकी अध्यक्षतामें हुआ करती थी। यदि बौद्ध भिक्षु-संघकी समानतासे काम लिया जाय, तो किसी भी प्रस्तावको जब कोई सदस्य पेश करता, वह सीधे पूज्य संघ—भन्ते संघ—को संबोधित करता था। प्रस्ताव रखनेके क्रम बँधे थे। जैसे—

(१) याचनामें संघके सामने प्रस्ताव रखनेकी आज्ञा माँगी जाती।

उदाहरणके लिये हम उद्वाहिका (Select Committee) के निर्वाचनकी विधिके बारेमें यहाँ विनयपिटकके वचनको देते हैं :—

"याचना—पहले उस व्यक्तिसे पूछना चाहिये तब......

"(२) ज्ञप्ति—भन्ते! संघ मेरी बात सुने। हमारे इस अधिकरण (विवाद-विषय)पर विचार करते समय अनर्गल बातें होने लगती हैं—भाषण-का अर्थ नहीं समझ पड़ता। यदि संघ उचित समझे, तो इस बातको उद्वाहिका द्वारा निर्णयके लिये अमुक-अमुक व्यक्तियोंको चुने।"

इस प्रकार प्रस्तावकी सूचना सामने रख दी जाती।

फिर अनुश्रावण द्वारा उसके सम्बन्धमें खुले वाद-विवादके लिए प्रस्ताव को रखा जाता, जैसे—

"(३) अनुश्रावण—"भन्ते! संघ मेरी बात सुने। हमारे इस अधिकरण (विवाद-विषय) पर विचार करते समय अनर्गल बात होने लगती है, भाषणका अर्थ नहीं समझ पड़ता। संघ इस अधिकरणको उद्वाहिका द्वारा निश्चय करानेके लिए अमुक-अमुक व्यक्तियोंको चुन रहा है। जिस आयुष्मान्‌को यह बात पसन्द हो, वह चुप रहे, जिसको न हो वह बोले।"

यदि कोई प्रस्तावके विरुद्ध बोलना चाहता, तो उसे बोलनेका

अधिकार था। यदि कोई नहीं बोलता, तो अनुश्रावणके वाक्यको फिर दोहराया जाता। और इसपर भी यदि कहीसे कोई विरोधमें बोलनेको तैयार नही होता, तो अनुश्रावण वाक्यको तेहराया जाता। अन्तमें सघनायक संघकी रायके बारेमे निम्नप्रकार अपनी धारणा घोषित करता :

(४) धारणा—"संघने इस अधिकरणको उद्बाहिका द्वारा निश्चय करानेके लिए अमुक-अमुक व्यक्तियोंको चुन लिया। संघ इसे स्वीकारता है, इसीलिए वह चुप है, ऐसा मै धारण करता हूं।"[१]

जब संस्था सर्व सम्मतिसे किसी निर्णयपर नहीं पहुँचती, तब इसके लिए सम्मति या वोट लेना पड़ता था। वोटके लिए उस समय छन्द शब्द-का प्रयोग होता था। (इसी छन्दसे आधुनिक चन्दा शब्द निकला प्रतीत होता है, जिसमें मत-दानके स्थानमें अर्थदानका भाव आ गया है)। छन्द ग्रहणके लिए रंगीन शलाकाओका उपयोग किया जाता था, जिन्हे छन्द-शलाका कहा जाता था। प्रस्तावके पक्ष और विपक्षमें प्रत्येकके लिए अलग-अलग दो रगकी शलाकाएं निश्चित कर ली जाती थीं। फिर इन शलाकाओको दो भिन्न-भिन्न डलियोंमें रखकर शलाकाग्राहक सदस्योंके भीतर घूमता था, और वह अपने मतके अनुसार एक-एक शलाका ले लेते थे। बाकी बची शलाकाओंको गिनकर मालूम कर लेते थे, कि बहुमत किस पक्षमें है। इस बहुमतके निर्णयको यद्भूयसिक कहा जाता था।

आजकल यह तरीका व्यवहार्य नहीं हो सकता और छन्द-शलाकासे छन्द-पत्रिकाका ढंग बेहतर है।

हमारे विशाल प्रजातन्त्रके इतिहास-भवनके ये थोड़ेसे अवशेष रह गये हैं और इन्हें भी हम नहीं रक्षित कर पाये थे, बल्कि इन्हें समुद्र पार सिंहल और चीनके लोगोंने सुरक्षित रखा। अथेन्सके प्रजातन्त्रकी बहुत-सी बातें लिखित रूपमें रक्षित रह गयीं, जिससे हम वहाँकी प्रजातन्त्र-प्रणाली को जान सकते हैं। लेकिन वैशालीको वह सौभाग्य प्राप्त नहीं हुआ। अथेन्सके शिल्पियोंने पाषाणपर सौन्दर्य-सृष्टि की, जिससे उसके ध्वंसाव-शेषोंमें प्रजातन्त्रीय गौरवके साक्षात्कार करनेमे बड़ी सहायता मिली। हमारा दुर्भाग्य है, कि प्रजातन्त्रीय वैशालीके कलाकार पाषाणपर नहीं, काष्ठ और मृत्तिका जैसे भगुर पदार्थोंपर सौन्दर्य-निर्माण किया करते थे,

[१] विनय-पिटक, (चुल्लवग्ग) ४।३।५ (मेरा अनुवाद पृष्ठ ४१२)

इसलिए बहुत कम ही आशा है, कि हम वैशालीके ध्वंसावशेषोंमें अधिक महत्त्वपूर्ण वस्तुओंको प्राप्त कर सकेंगे। लेकिन यह धरती हमारे प्राचीन गौरवकी किन-किन वस्तुओंको अपने भीतर छिपाये हुए है, इसके बारे में हम क्या कह सकते हैं? आखिर वैशालीके सिर्फ एक छोटेसे अंशकी ही खुदाई हो पाई है।

वैशाली नगरी

बौद्ध-परम्पराके अनुसार लिच्छवियोंकी नगरीका यह नाम इसीलिए पड़ा, कि जन-संख्याकी वृद्धिके कारण नगर-प्राकारको कई बार हटा-हटा कर उसे विशाल किया गया। "उस समय वैशाली समृद्धिशाली बहुत मनुष्यों-से भरी, अन्न-पान-सम्पन्न थी। उसमें ७७७७ प्रासाद, ७७७७ कूटागार (कोठे), ७७७७ आराम (उद्यानगृह) और ७७७७ पुष्करिणियाँ थीं।"[1] जैन ग्रन्थोंसे यह भी पता लगता है कि वैशालीके क्षत्रिय, ब्राह्मण और वणिक् अलग-अलग उपनगर थे। वर्तमान बनिया वाणिय-गाम था। बासुकुण्डको क्षत्रियकुण्ड ग्राम माना जा सकता है। लेकिन प्रश्न है मुख्य नगरी कितनी दूरमें थी। बसाढ़ बस्ती और गढ़ मुख्य नगरमें थे, इसमें सन्देह नहीं। वैशालीका विशाल नगर और दूर तक रहा होगा। उसमें नगर-प्राकार और नगर-द्वार भी थे, किन्तु आज भूमिसे ऊपर कोई चिह्न दिखाई नहीं देता, यद्यपि वैशालीके समकालीन श्रावस्ती (सहेट-महेट, जिला गोंडा) और कौशाम्बी (कोसम, जिला प्रयाग)के नगर-प्राकारोंके ध्वंस अब भी दिखलाई पड़ते हैं। नगर-प्राकारका इस तरह लोप यही बतलाता है, कि वैशाली बहुत पहले उजाड़ हो गयी। सातवीं शताब्दीके चीन-यात्री ह्वेन्-चाङ्के समय वैशाली बिलकुल उजाड़ थी, और बौद्ध तीर्थ स्थान भी इतने उजड़ गये थे, कि ह्वेन्-चाङ्के वर्णनसे भिन्न-भिन्न स्थानोंका कोई ठीकसे परिचय नहीं मिलता। ईसाकी चौथी सदीमें फाहियानका वर्णन अधिक स्पष्ट है और अधिक प्रामाणिक भी मालूम पड़ता है। तीरभुक्ति (तिरहुत)के उपरिक (गवर्नर) और कुमारामात्य (जिलाधीश)की मुद्राओंसे सिद्ध होता है, कि गुप्तकालमें उसका महत्त्व था। लेकिन साथ ही इन मोहरोंसे यह सिद्ध नहीं होता, कि प्रजातंत्रीय वैशालीका वैभव तब तक अक्षुण्ण चला आया था।

कोल्हुआमें, जहाँ आज भी अशोकस्तम्भ खड़ा है, वहीं कूटागार-शाला थी। भगवान् बुद्ध वहाँ कई बार निवास कर चुके थे। यह कूटागार-

[1] अंगुत्तरनिकाय अट्ठकथा २।४।५

[2] दीघनिकाय, पाथिकसुत्त (पृष्ठ २१८)

शाला महावनके भीतर थी, जो कि हिमालयसे समुद्र तक चले गये महावनका एक अंश था। जगलोंकी इस अधिकतासे यह भी मानना होगा, कि मौर्य चन्द्रगुप्त कालीन पाटलिपुत्रकी तरह वैशालीका नगर-प्राकार भी शालकाष्ठका था। इसीलिए उसका पीछे तक बचा रहना सम्भव नहीं था। पाली ग्रन्थो से मालूम होता है, कि वैशालीकी चार दिशाओंमें चार प्रसिद्ध चैत्य (उद्यान-पुष्करिणी सहित देवस्थान) थे—पूर्वमें उदयन-चैत्य, दक्षिणमें गोतमक-चैत्य, पच्छिममें सप्ताम्रक-चैत्य और उत्तरमें बहुपुत्रक-चैत्य। वैशालीमें अचेल कोर-मट्टक नामक एक बड़ा प्रभावशाली नागा रहता था। वैशालीके लोगोंमें उसका बड़ा सम्मान था। उसने सात प्रतिज्ञाएँ ले रखी थीं—

(१) सदा नंगा रहना, वस्त्र न धारण करना; (२) जीवन भर ब्रह्मचारी रहना; (३) भात दाल न खा, केवल मांस खाना और सुरा पीना; (४) वैशालीमें पूर्वकी ओर उदयन चैत्यसे आगे न जाना; (५) दक्षिणमें गोतमक चैत्यसे आगे न जाना; (६) पच्छिममें सप्ताम्रक चैत्यसे आगे न जाना, और (७) उत्तरमें बहुपुत्रक चैत्यसे आगे न जाना। ये चारों चैत्य, जान पड़ता है, वैशाली नगरके पूर्व, दक्षिण, पच्छिम और उत्तरके महाद्वारोके बाहर थे। आज भी पूरबमें कामन-छपराके चौमुखी महादेव, उत्तरमें बनियाके चौमुखी महादेव मौजूद हैं, जो क्रमशः उदयन और बहुपुत्रक चैत्य हो सकते हैं। फाहियानके अनुसार बुद्धने अन्तिम बार वैशालीके पश्चिम-द्वारसे बाहर निकलकर नागावलोकन किया था। यह स्थान सप्ताम्रक चैत्यके आसपास रहा होगा, जिसे बोधाके आसपास कहीं होना चाहिये। दक्षिण द्वारके बाहर गोतमक चैत्य था, जिसे परमानन्दपुरसेकोसाके गुप्त महादेवके दक्षिण तक ढूँढना होगा। इस प्रकार हम पुरानी वैशालीके नगर-सीमान्तका कुछ अनुमान कर सकते हैं।

इन प्रधान चैत्योंमे अच्छा वृत्ति बन्धान रहा होगा, यह वज्जी-धर्मके अनुसार उचित ही था। इन चार प्रधान चैत्योंके अतिरिक्त और भी कई चैत्य थे, जिनमे एक था चापाल चैत्य। यहींपर बुद्धने ई० पू० ४८२की माघ-पूर्णिमाके आस पास कहा था—"आजसे तीन मास बाद तथागत का निर्माण होगा।" फाहियानने इसे नगरसे ३ ली उत्तर-पच्छिम बतलाया है। अनुवादकोंने इस शब्दको धनुर्बाण-त्याग बना दिया है, जो वस्तुतः चापाल (चाप रख देने)के चीनी भावान्तरका विकृत रूप है। यह स्थान भीमसेन-का-पल्लाके आसपास कहीं होना चाहिये। सारंदद-चैत्य भी

वैशालीके पास था। यहींपर बुद्धने लिच्छवियोंको सात अपरिहाणीय (हानिसे बचाने वाले) धर्मोंका उपदेश किया था। यह स्थान कहाँ था, इसे नहीं कहा जा सकता। फाहियानने इसके बारेमें कुछ नहीं लिखा है। इनके अतिरिक्त वैशाली नगरके बाहर कितने ही और साधुओंके आराम थे, जिनमे तिंदुक-खाणुमें परिव्राजकोका आराम और अवरपुर-वनसंडमें भी एक आराम था—अवरपुर-वनसंड नगरसे पच्छिममें रहा होगा। बालुकाराम अशोक-स्तभसे पच्छिममें रहा होगा यहीं द्वितीयसंगीति हुई थी।

नगरके भीतर संस्थागार, कूटागारों और प्रासादोंके अतिरिक्त एक महत्त्वपूर्ण वस्तु थी, अभिषेक-पुष्करिणी, जिसमे संस्थाके सदस्योंका अभिषेक कराया जाता था और उसमे किसी भी बाहरी आदमीका प्रवेश अत्यन्त निषिद्ध था।

वज्जीके दूसरे नगर और गाँव

पाटलिपुत्रसे गगापार होकर बुद्ध कोटिग्राम पहुँचे थे। इसके अतिरिक्त उक्काचेल (उल्काचेल) नामक नगर भी गगाके तटपर था। कोटिग्राम और उल्काचेल कहाँ थे, इसके बारेमें इससे अधिक कुछ नहीं कहा जा सकता, कि वह सोनपुर, हाजीपुरके आस पासमे थे। गण्डक तो अवश्य ही उस समय सोनपुरसे पच्छिम बहती थी।

अपनी अन्तिम यात्रामें राजगृहसे आते वक्त बुद्ध पाटलिपुत्रमें गगा पार हुए। पाटलिपुत्रको उसी समय दुर्गबद्ध और एक बड़े नगरके रूपमे बसाया जा रहा था। गगा पार हो वह कोटिग्राम पहुँचे थे। कोटिग्रामसे अगला पड़ाव नादिकामें पड़ा। नादिका एक अच्छा खासा नगर था, जो ज्ञातृकाका अपभ्रंश मालूम होता है। ज्ञातृके पालीमें नाट और नात दोनों रूप मिलते हैं, जैसे ज्ञातृ-पुत्रका नाटपुत्त और नातपुत्त। नादिकाका दूसरा उच्चारण नादिका भी है। नादिकामें गिञ्जकावसथ नामक ईंटोकी बनी एक अच्छी अतिथिशाला थी। बुद्धने इसमें निवास किया था। इसीके पास गोसिंग-सालवन नामक शालोंका जगल था। नादिकासे बुद्ध अम्बपालीके बगीचेमे पहुँचे थे। वैशालीकी कीर्तिमती रूपाजीवा अम्बपालीने यहीं अपने आमोंके बगीचेमें बुद्धको भोजनके लिए निमंत्रित किया था, और बुद्धकी स्वीकृतिसे इतनी उल्लसित हुई थी, कि लौटते समय उसने तरुण-तरुण लिच्छवियोंके रथके धुरोंसे धुरा, चक्कोंसे चक्का और

जुओंसे जुआ टकरा दिया। लिच्छवियोंने जब इसका कारण पूछा, तो बोली[1]—

"आर्यपुत्रो! क्योंकि मैंने भिक्षु-संघके साथ भगवान्‌को कल भोजके लिए निमन्त्रित किया है।"

"जे! अम्बपाली, सौ हजार लेकर इस भोजको हमें देने दो।"

"यदि वैशाली-जनपद भी दे दो, तो भी इस महान् भोजको मैं नहीं दूँगी।"

इसपर लिच्छवियोंने कहा था—"अरे! हमें अम्बिकाने जीत लिया, हमें अम्बिकाने छका दिया।"

इस घटनासे यह भी पता लगता है, कि वैशालीके शासक एक गणिकाके आत्मसम्मानका भी कितना ख्याल करते थे।

इसी बार अम्बपालीने अपने आम्रवनको भिक्षु-संघको प्रदान किया था।

भगवान् बुद्धने अपने जीवनका अन्तिम वर्षावास वेलुवगामक नामक वैशालीके पासके ग्राममें बिताया।

वैशालीसे अपने निर्वाण-स्थान कुसीनारा (कसया)की ओर जाते वक्त रास्तेमे उन्हें भण्डगाम, अम्बगाम, हत्थिगाम (हस्तिग्राम) मिले थे। इसके आगे भोगनगर आया, जो सम्भवतः वज्जी प्रजातन्त्रसे बाहरका गाँव था।

वज्जी भूमिकी नदियोंमें मही और वग्गुमुदा दोके नाम मिलते हैं। वग्गुमुदा सम्भवतः वागमतीका ही नाम था।

वैशाली संघ-राज्यके इतिहासके बारेमें यहाँ पालीमें मौजूद ऐतिहासिक सामग्रीके आधारपर कहा गया है। बौद्ध वाङ्मय पालीके अतिरिक्त चीनी और तिब्बती भाषामें भी बहुत विशाल परिमाणमें पाया जाता है। उनसे भी हमें कितनी ही महत्वपूर्ण ज्ञातव्य बातें मालूम हो सकती हैं। फिर जैन वाङ्मय भी बहुत विशाल है, और उसके कितने ही ग्रन्थ अब भी अप्रकाशित हैं। जैन प्राचीन ग्रन्थोंके दोहाई देते रहनेपर भी वैशालिक भगवान् महावीरको जैन लोग इस भूमिसे दूर खींच ले गये हैं। उन्हें अपने वाङ्मय के अध्ययनसे यह समझना मुश्किल नहीं होता, कि श्रमण महावीर कहाँ पैदा हुए थे। जैन विद्वान् अब इसे समझने लगे हैं। भगवान् महावीरने अपने सिद्धिलाभके पहिलेके तपस्वी जीवनके आठ वर्षावास वैशालीमें बिताये थे। और सिद्धिलाभके बाद चार और वर्षावास

---

[1]दीघनिकाय (महापरिनिब्बाण सुत्त) (मेरा अनुवाद, पृष्ठ १२८)

वैशालीमें बिताये। वैशाली ही श्रमण महावीरकी जन्मभूमि थी। यह कम आश्चर्यकी बात नहीं है, कि जैनोंने अपने तीर्थंकरकी जन्मभूमिका नाम तक भुला दिया। ऐसा क्यों हुआ? इसके लिए दो-चार शताब्दियाँ ऐसी होनी चाहियें, जब कि वज्जी भूमि और वैशालीसे जैनोंका कोई सम्पर्क नहीं रह गया था। अस्तु।

वैशाली संघके सामने काम

आदमी प्राचीन इतिहासके सहारे नहीं जी सकता। प्राचीन इतिहासका काम है हमे उत्प्रेरित करना। वह प्रेरणा हमें मिलती रहेगी। वैशालीगणको आज हमें नये रूपमें उज्जीवित करना चाहिये। हमें कमसे कम रत्ती परगने तकको संघ का कार्य-क्षेत्र बनाना चाहिये—रत्ती भी, मैं समझता हूँ, लत्ती—नत्ती—ज्ञातृका ही अपभ्रंश रूप है। रत्तो परगनेमें लिच्छवियोकी जनतंत्रता और स्वातन्त्र्य-प्रेमके साथ आर्थिक और सांस्कृतिक नवनिर्माणको हाथमें लेना चाहिये। वैसे तो सारे देशमे उद्योगीकरण और कृषिके आधुनिक ढंगपर नवनिर्माणको छोड़कर दूसरा कोई रास्ता नहीं है। हमारा जीवनस्तर बेतरह गिरा हुआ है, और ऊपरसे पचास लाख खाने वाले मुखोकी प्रतिवर्ष वृद्धि बड़ी ही भयंकर स्थिति पैदा कर रही है। संघको इस नवनिर्माणको अपने हाथमें लेकर पथप्रदर्शन करना चाहिये।

यह ठीक है, कि इस काममे तब तक सफलता नहीं मिल सकती, जब तक सरकार पूरी तरहसे सहायता देनेको तैयार नहीं हो। लेकिन सरकार की सहायता भी उतनी लाभदायक नहीं होगी, यदि उसे काममें लानेके लिए जनताको तैयार नही किया जायगा।

मैं समझता हूँ, शिक्षा और संस्कृतिके कामोके लिए आपके पास बड़ी-बड़ी योजनाएँ हैं, जिनमे कई लाखोका खर्च है। लेकिन यदि इस खर्चके लिए आप सिर्फ सरकारी सहायता और बाहर वालोंके दानपर भरोसा रखेंगे और यदि वह आपको प्राप्त भी हो गया; तो भी उससे जनताका बहुत दूर तक आप फायदा नहीं कर सकेंगे।

इसकेलिये आर्थिक नवनिर्माण ही सबसे अच्छा ढग है। रत्ती परगनामें कोई पहाड़ नही और न किसी प्रकारके खनिज पदार्थकी ही सम्भावना है। यहाँ अनाज, ऊख, कपास, तेलहन, मछली, अंडो-चीका-के उत्पादन और उनपर आधारित उद्योग-धधोंको बढ़ाया जा सकता है।

खेतीकी उपजको बढ़ानेके लिए सिंचाई और उसके लिए पानीको प्रचुर परिमाणमें सुलभ करना होगा। यह काम बिजली या तेलसे

चलने वाले पम्पोंसे ही हो सकता है। यहाँ सरकारी सहायता अनिवार्य-तया आवश्यक है। पानी बारहो महीना हमारी धरतीके नीचे बह रहा है। हमें बारहो महीना उसे धरतीके ऊपर ला रखनेका प्रबन्ध करना है, जो कि आजके यान्त्रिक युगमें बिलकुल आसान है। यदि हर खेतके लिए हर वक्त पानी सुलभ हो और खाद भी मिल सके, तो हम हर वक्त खेतमें फसल तैयार रख सकते हैं और पैदावारको दुगुना-चौगुना नहीं, दस गुना बढ़ा सकते हैं।

खेतोंमें किसानोंको पूरा श्रम करने और उसका फल प्राप्त करनेके लिए जमींदारी और सूदखोरोंके चंगुलसे बचाना है। लेकिन इतनेसे ही हमारा अभीष्ट पूरा नहीं हो सकता। खेतोंके जोतने और खोदनेमें कुछ हद तक यंत्रोंकी आवश्यकता है :

उदाहरणार्थ मोटरहल (ट्रैक्टर)से एक बार गहरी जोताई कर देने-पर तीन साल तक खेत घाससे पाक हो जाता है और पौधेकी जड़ भी अधिक नीचे तक पहुँच, पृथिवीकी नमीसे लाभ उठा सकती है। लेकिन यह सब काम तभी हो सकता है, जब कि छोटे-छोटे कोलों और क्यारियों-को बड़े चकोंमें परिणत किया जाय, अर्थात् साझेकी खेतीका प्रचार हो। साझेकी खेतीके लिए किसानोंको तैयार करना असम्भव नहीं है, यदि इसके लिए लगनवाले मार्गदर्शक, कम झगड़े वाले ग्राम और सरकारकी पूरी सहायता मिले। गावोंमें तीन तरहके लोग रहते हैं : किन्हींके पास पर्याप्त भूमि होती है, किन्हीके पास थोड़ी और कुछ लोग बिलकुल बिना खेतके होते हैं। खेत वालों—विशेषकर अधिक खेत वालों—को साझे की खेतीमें लानेके लिये यही रास्ता है, कि उन्हें फसलके सारे खर्चको काटकर प्रति एकड़ जितना अनाज आजकल मिल रहा है, उतना आगे मिलते रहनेका विश्वास दिला दिया जाय। इसके बाद उनको साझे की खेतीमें सम्मिलित होनेमें कोई उचित एतराज नहीं हो सकता। इस तरह हम खेतोंकी मेड़ोंको तोड़कर बड़े-बड़े चक बना सकते है, जिनमें नये ढङ्गसे खेती करके उपज बढ़ाई जा सकती है, जिससे निवासियोंकी आय बढ़ सकती है। फिर भोजपुरी कहावतके अनुसार "चारों वेद धमाकें नौके झाड़े", और तब सांस्कृतिक कार्योंको भी आप तेजीसे आगे बढ़ा सकते हैं। कृषिके साथ जिन उद्योगोंकी संभावना हो सकती है, उनकी संस्थापन-से भी वज्जि-भूमिको समृद्ध कर सकते हैं।

हमें प्राचीन वैशालीसे उत्प्रेरित हो नवीन प्रजातंत्रीय भारतके लिए यहाँ एक आदर्श-भूखंड तैयार करना चाहिये।

कुछ वक्तव्य

(१) हिन्दी ही राष्ट्रभाषा

हिन्दी भाषा भाषी प्रान्तोंने हिन्दीको राजभाषा बनानेके पक्षमें अपनी राय दे दी, हिन्दुस्तानीके पक्षपाती अब एक दूसरी चाल चल रहे हैं। हिन्दी प्रान्तोंमें अपनी दाल गलते न देखकर उन्होने अ-हिन्दी प्रान्तोंको अपना कार्य-क्षेत्र बनाया है और अपने मनोरथ-सिद्धिकेलिये कोई भी उपाय छोड़ना नही चाहते। सुनते हैं, हिन्दुस्तानी-समर्थक एक धुरन्धर आचार्य ने विधान-परिषद् में हिन्दी को भारत सङ्घ को राष्ट्रभाषा न बनने देनेके लिए बीड़ा उठाया है और दूसरों के असगुनकेलिए अपनी नाक तक कटवानेको तैयार हैं। वह कहीं कहते हैं—'बापूके जीवित रहने तक तो चाहे हिन्दुस्तानी उर्दूका ठुकरा भी सकते थे, लेकिन अब उसका ठुकराना बापूके प्रति महान कृतघ्नता होगी।' कहीं लोगोंको यह कह कर भड़काया जाता है कि हिन्दी जैसी एक तुच्छ भाषा कैसे सारे भारतकी राष्ट्रभाषा हो सकती है, राष्ट्रभाषा बनाना है तो बङ्गला, मराठी, गुजराती, तमिल, तेलगू जैसी समुन्नत भाषाओंको वह पद दिया जाय। और कहींपर यह भी कहते हैं कि क्यों एक राष्ट्रभाषा हो। क्यो नहीं स्विटज़रलैंडकी तरह हमारे देशमें अनेक राष्ट्रभाषाएँ हों। अहिंसा और सत्यके ये अवतार अब कल-बल छल हर तरहसे हिन्दीका विरोध करनेकेलिए कटिबद्ध हुये हैं। हिन्दुस्तानीका अर्थ उर्दू-लिपि और उर्दू-भाषाको घुसेड़ना छोड़कर और कुछ नहीं है। आसेतुहिमालय जहाँ उर्दू आज तक पहुँच नही पाई थी, वहाँ भी उसे लादनेका यह प्रयत्न कितना दुस्साहस है। इसे कई बार बतलाया जा चुका है कि उर्दू जिस अरबी लिपिमें लिखी जाती है, यदि सुगम होती तो वह तुर्की और मध्य-एसियाके देशोंसे निकाली न जाती। रही उर्दू भाषा उसका अर्थ है साठ-सत्तर प्रतिशत संस्कृतके तद्भव-तत्सम शब्दोंकी जगह उससे अधिक परिमाणमें अरबी-फारसी शब्दोको स्वीकार करना। यही तद्भव तत्सम शब्द हैं, जो भारतकी सभी भाषाओको एक दूसरेके समीप लाते हैं—बङ्गला, मराठी, गुजराती, तेलगू आदि सभी भाषाओंमें यह संस्कृतके शब्द एक समान मिलते हैं। इन साठ-सत्तर प्रतिशत शब्दों-

---

*मईसे अगस्त (१९४८) तकके वक्तव्य

को निकालकर अरबी-फारसीके अपरिचित् साठ-सत्तर शब्दोंको रखना कौन-सा अविकृत-मस्तिष्क ठीक समझ सकता है।

देशके स्वतंत्र होनेके साथ अब गाँवकी पचायतोंसे लेकर हाई-कोर्टों तक, प्रांतो और केन्द्रकी पार्लियामेंट तक, प्राथमिक पाठशालाओंसे विश्वविद्यालयों तक अँग्रेजीका स्थान मातृभाषायें लेने जा रही हैं। हिन्दी कभी नहीं चाहती, कि वह प्रान्तोंकी मातृभाषाओंका स्थान ले। अपने-अपने क्षेत्र में मराठी, गुजराती, तेलगूका सभी जगह अखण्ड-राज्य होगा। हमें मातृ-भाषाओंको अपने लिये उचित स्थान दिलानेके लिए एक विशाल साहित्य तैयार करना है। जिसके लिए सबसे पहली आवश्यकता है पारिभाषिक शब्दों की। और ये पारिभाषिक शब्द थोड़े नहीं ढाई लाखसे चार लाख तक होंगे। क्या हिन्दुस्तानीकी खालमें छिपे ये उर्दू-पक्षपाती चाहते हैं, कि ये लाखोंको संख्यामें लिये जाने वाले पारिभाषिक शब्द अरबीसे लिये जायँ। कमसे-कम राजकाज-सम्बन्धी पारिभाषिक शब्द तो सबकेलिये एक-से चाहिये। तो क्या इन शब्दोंको अरबीसे लेकर सारे भारतको सिखलाया जाय। इस विषयमें हिन्दीका रास्ता सरल और समान है। वह अपने पारिभाषिक शब्दों-को संस्कृतसे लेती है, उसी तरह जैसे बङ्गला, गुजराती, मराठी, तेलगू आदि ही नहीं बल्कि स्यामी और सीलोनी (सिंहली) भी। यह साफ है, कि हिन्दी-का रास्ता सभी प्रान्तीय भाषाओंके लिए सुलभ और व्यावहारिक है।

हमें आशा है, आज जो हिन्दुस्तानीके प्रचारक हिन्दोके विरुद्ध पागल होकर अहिन्दी भाषा-भाषी प्रान्तोंमें घूम-घूमकर झूठा प्रचार करके अपनेको गाँधीजीका सच्चा भक्त सिद्ध कर रहे हैं, उनके धोखेमे कोई नहीं आवेगा। भारतकी एकाबद्धताके लिए एक राष्ट्रभाषाकी आवश्यकता है, जिसका काम प्रान्तीय भाषाका स्थान ग्रहण करना नहीं है, बल्कि एक भाषा-भाषी प्रान्तका दूसरे भाषा-भाषी प्रान्तके साथ और प्रान्तोंका केन्द्रके साथ सम्बन्ध जोड़ना है। हमारा हिन्दीकेलिये आग्रह सिर्फ इसोलिए है, कि वह पहले हीसे भारतके एक विशाल भागमे व्यवहृत होती है। यदि लोग हिन्दीकी जगह किसी दूसरी भाषाको इसके योग्य समझें, तो उसे भी हम माननेकेलिये तैयार हैं; लेकिन वह भाषा ऐसी होनी चाहिये, जो दूसरी भारतीय भाषाओंके साठ-सत्तर सैकड़े समान शब्दोंको रखे। उर्दू ऐसी भाषा नहीं है, यह निश्चित है।

× × ×

(२) हिन्दीमें पारिभाषिक शब्दोंका निर्माण

स्वतंत्र भारतकी शिक्षा अपनी भाषामें हो, यह कहनेकी आवश्यकता नहीं। ऐसा कोई स्वतंत्र देश नहीं, जिसकी अपनी स्वतंत्र भाषा न हो, या कि जो दूसरी भाषामें शिक्षा देता हो। हमारेलिये ऐसी भाषा हिन्दी है यह निर्विवाद है।

परन्तु हिन्दी प्रांतीय भाषाओंका स्थान नहीं लेना चाहती। सब प्रांतोंमें अपनी-अपनी भाषामें उच्च विश्वविद्यालय तक शिक्षा देनी चाहिये। हिन्दी भाषाका तो हिन्दी-भाषी प्रांतोंके अतिरिक्त, सारे भारतकी राष्ट्र-भाषा होनेके कारण कर्त्तव्य और भी बढ़ जाता है। हिन्दी उच्च अध्ययनके लिये पारिभाषिक शब्दोंकी कमीको पूरा करके अपनी ही नहीं परन्तु सभी भारतीय भाषाओंकी सहायता कर सकती है। इस काममें सभी प्रांतीय भाषाओंको भाईचारेसे काम लेना चाहिये।

परंतु यह काम बहुत बड़ा जान पड़ता है, कि समूचे ज्ञान-विज्ञानको हिंदीमें लाया जाये। जिस कामको दूसरे देशों ने २००-३०० वर्षोंमें किया है, उसे हमें बहुत थोड़े समयमें करना है। परतु यह काम हमें जल्दीसे जल्दी करना है। हिंदी साहित्य सम्मेलनने इस कामको अपने हाथमें लिया है। शासन-शब्दकोश १३०००से ऊपर शब्दोंका बनकर तैयार है, जो प्रेसमें जाने तक १६००० शब्दोका हो जावेगा।* शुद्ध-विज्ञान और कलाके अन्य विषयोंपर पारिभाषिक शब्द-निर्माण-कार्य अन्य संस्थाएँ कर रही हैं; इसलिये सम्मेलनने पहिले व्यावहारिक विज्ञानकी २३ शाखाओंके शब्दोंका काम हाथमें लिया है। इसमें करीब सवा-लाख शब्द होंगे। यदि सबका सहयोग मिले और पर्याप्त परिश्रम किया जाये, तो यह काम एक सालमें हो सकता है। यह वैज्ञानिक पारिभाषिक कोष छः जिल्दोंमें तैयार होगा—चिकित्सा, विज्ञान, इंजीनियरिंग, भूगर्भ, नौ-विमान, रसायन, कृषि।

पारिभाषिक शब्द बनानेमें हमने कुछ नियम रखे हैं। हिन्दी साहित्य सम्मेलनकी ओरसे जो शासन-विषयक तथा अन्य प्रयोगिक विज्ञानोंकेलिये पारिभाषिक शब्दावली और कोश बन रहे हैं, उनमें भाषा-विषयक नीति नीचे दिये सिद्धान्तोंपर आधारित होगी, इसीके अनुसार शब्दोका चुनाव तथा निर्माण किया जावेगा।

*१६००० शब्दोंका अक्तूबर १६४८ में छपा।

प्रचलित शब्द

जन-प्रचलित शब्दोंके रखनेकी पूरी कोशिश की जायेगी। पारिभाषिक शब्द भी आखिर जनसाधारणके प्रयोगके लिये ही तो बन रहे हैं, वह केवल विशेषज्ञोंके लिये ही तो नहीं है। बढ़ती हुई साक्षरता और उद्योगीकरणके साथ-साथ जनता व्यावहारिक विज्ञानको अपनी ही भाषामें समझेगी और समझावेगी। ऐसे समय किसी भी जनप्रचलित शब्दको इसलिये त्याज्य मानना, कि वह विदेशी अथवा अपभ्रंश है, भाषाके मूल उद्देश्य जन-सुलभता और जन-सुगमताके विरुद्ध होगा। अतः कोई भी शब्द, चाहे वह अहिंदी प्रांतोंका हो, अंग्रेजीका हो या अन्य विदेशी भाषाका, यदि वह बहुप्रचलित है और वह यथार्थ परिभाषा दे सकता है, तो उसे लेना चाहिये।

परन्तु इन जनप्रचलित शब्दोंके लेनेमें यह ध्यान रखा जाये, कि वे सारे भारतकी दृष्टिसे लिये जायँ। पारिभाषिक शब्द कुछ ऐसे भी हो सकते हैं, जो भिन्न-भिन्न प्रांतोंमें भिन्न-भिन्न अर्थोंमें प्रयुक्त होते हैं, उनमेंसे कई संस्कृतके तत्सम रूप भी हैं। वहाँ प्रधानता ऐसे रूपोंको दी जाये जो अधिकाधिक प्रान्तोंमें बोले जाते हों। यदि कुछ शब्द नये भी बनाने पड़ें तो तीसरे कॉलममें, यानी दूसरे विकल्प देते समय सर्व-भारतीय शब्द दिये जायँ।

अप्रचलित शब्द

सभी अप्रचलित नये शब्द संस्कृतसे लिये जायँ। क्योंकि वह हमारी प्रांतीय भाषाओंके ही नहीं बृहत्तर भारतीय भाषाओंकी मूलभाषा है। परन्तु इस बातमें भी उच्चारण-सौकर्य का ध्यान रखा जाये। अर्थकी अलग बारीकियोंको भी व्यक्त करनेकी सुविधा संस्कृतसे ही मिल सकेगी, शब्दोंकी व्युत्पत्तियाँ भी संस्कृतसे सहज-साध्य हैं।

नये शब्द बनाते समय दो पद्धतियाँ सुझाई जाती हैं—(१) अंतर्राष्ट्रीय शब्दोंको ज्यों-का-त्यों ले लिया जाये, और (२) सब शब्द केवल संस्कृतसे लिये जायँ। दोनों पद्धतियों की चरम पंथिता ठीक नहीं है। दोनों विचारोंमें ग्राह्य अंश लेकर तीसरा नया मध्यम मार्ग स्वीकार करना होगा।

(अ) अंतर्राष्ट्रीय शब्द कह कर जो अंग्रेजी, जर्मन या फ्रेंच शब्दोंकी दुहाई की जाती है, वे केवल पश्चिमी युरोप तक सीमित हैं। पूर्वी

युरोप, रूस, चीन, जापान और दक्षिण-पूर्वी एसियामें वे शब्द प्रचलित नहीं। वहाँ दूसरे शब्द प्रचलित हैं।

(क) परंतु जो अंतर्राष्ट्रीय शब्द वस्तुओंके साथ जनता तक पहुँच गये हैं, उन्हें लेना है, जैसे टेलीफोन, रेडियो, इंजीनियर, डाक्टर, फौजके पद (लेफ्टनेंट, मेजर, कर्नल), आयुधनाम (मशीनगन, ब्रेन गन, टारपीडो) आदि। परन्तु निराकार भाव-वाचक शब्द या अप्रचलित साकार वस्तुओंके व्यंजक शब्द संस्कृत से लिये जायँ।

(ख) जो शब्द वस्तुओंके साथ जनता तक पहुँच गये हैं, उनकेलिये संस्कृत शब्द गढ़ना अनावश्यक है, जैसे रेल, टाइपराइटर, टिकट, सिग्नल आदि। परन्तु जहाँ संस्कृत शब्द और देशज शब्दोंकी स्पर्द्धा हो, वहाँ देशज शब्दको प्रधानता दी जाये।

(ग) संस्कृत शब्द जो तत्समके रूपमें शिक्षित जनताके सामने पहुँच गये हैं, उनसे ही, संस्कृतके मूल शब्द लिये जायँ। यही नये शब्द गढ़नेका मूल उपादान हो।

इस प्रकार ऐसे अंतर्राष्ट्रीय या संस्कृत शब्द जो कि अप्रचलित हों या केवल विशेषज्ञोंमें प्रचलित हों, अग्राह्य हैं। सैद्धान्तिक तथा व्यावहारिक विज्ञानमें निश्चय ही संस्कृत-मूलक शब्द अधिक आवेंगे।

परिभाषा-निर्माण पद्धति

किसी भी अंग्रेजी या अन्य पारिभाषिक शब्दका पर्यायवाची पहिले प्रचलित, देशज शब्दोंमें देखें। यदि न हो तो फिर नया शब्द बनाया जाय, किन्तु शब्दको प्रयोगमें लाने वाले वर्ग या जनसाधारणका ध्यान रखा जाये। जहाँ केवल सैद्धान्तिक अथवा विभाजन-विषयक शब्दावली हो (जैसे वनस्पति-विज्ञान, प्राणी-विज्ञान आदि) वहाँ संस्कृतसे सहायता लेना आवश्यक है। इसमें इन बातोंका ध्यान रखा जावे:—

(क) शब्दोंके समान-व्युत्पत्तिक ग्रहणमें एकताका ध्यान रखा जावे, परंतु वह एकता यांत्रिक न होकर भाषाके विकासमें जैसी विकासकी स्वतंत्रता देखी जाती है, वैसा ही ध्यानमें रखकर हो।

(ख) शब्दोंके निर्माणमें समासमें संस्कृत-असंस्कृतका कोई विचार न रखा जाये। यह ध्यान अवश्य रखा जाये, कि वह जनसाधारणको खटकनेवाली न हो।

(ग) बड़े सामासिक, उच्चारण-क्लिष्ट शब्दोंकी अपेक्षा सरल शब्द अधिक उपयोगी होंगे।

हम सभी शिक्षा-प्रेमियों, टेकनिकल शिक्षा-विशारदो, वैज्ञानिकों, भाषा-शास्त्र-विदों तथा साहित्यिक, वैज्ञानिक, औद्योगिक संस्थाओंसे आशा रखते हैं, कि हमारे इस काममें वे पूरा सहयोग देंगे। इस विषयमें जो भी परिभाषा-निर्माण कार्य कहीं भी किसी भारतीय भाषामें हुआ हो और हो रहा हो, उसको भी हमें सूचना दें। जो भी व्यक्ति इस कामको करना चाहें, या जो कर रहे हों या कर चुके हो, वे कृपया अपने नाम पते और कार्यका विवरण हमें दें और इस महान अनुष्ठानको सफल बनायें।

× × ×

(३) राष्ट्रभाषाका नेहरूजी द्वारा विरोध

मद्रासमें २६ जुलाईको नेहरूजीने हिन्दुस्तानीके पक्षमें सिंहगर्जना करके अपने रुखको स्पष्ट कर दिया। इससे बहुतसे लोगोंका भ्रम निवारण हो जायेगा। राष्ट्रभाषाके सम्बन्धमें विधान-परिषद्में वह वही पक्ष लेने जा रहे हैं, जिसे बापूने ले रखा था। अर्थात् हिन्दुस्तानी भारतकी राष्ट्रभाषा हो, जिसमें हिन्दुस्तानीका अर्थ है हिन्दी और उर्दू दोनो लिपियोमें लिखी जाने वाली मौलाना आजाद और दूसरे न जाने किसकी भाषा। जिसका स्पष्ट अर्थ है हिन्दको दो राष्ट्रलिपियाँ और दो राष्ट्रभाषाएँ हो—यहाँ यह कहनेकी आवश्यकता नहीं कि उर्दूलिपि दुनियाकी कितनी अवैज्ञानिक और दूषित लिपि है, जिसके कारण उसे तुर्की और मध्य-एसियासे हटाया गया। इतना ही नहीं, नेहरूजी इसके लिए भी तैयार नहीं, कि अँग्रेजोंकी भाँति भारत परसे अँग्रेजीकी भी छत्र छाया जल्दी उठा दी जाय। इसीलिए नेहरूजी महात्मा गांधी द्वारा निर्धारित मार्ग या नीतिसे हटनेकी हर कोशिशका विधानपरिषद्में विरोध करेंगे। नेहरूजीको साफ दीख रहा है, कि भारतके विभाजनके बाद कुछ लोगोने पाकिस्तानसे खफ़ा होकर हिन्दुस्तानीमें संस्कृतको ठूँसना शुरू कर दिया है। वह उन लोगोंको फटकारते हैं, जो समझते हैं कि जनताकी भाषा साहित्य-सृजनका उचित माध्यम नहीं हो सकती। नेहरूजी का फतवा है, कि हिन्दुस्तानीमें संस्कृत या फारसी शब्दोंके भर देनेसे जो भाषा बनेगी, वह जनताकी भाषा नहीं रहेगी। जनता ऐसी सब कोशिशोका विरोध करेगी और ऐसी सारी कोशिशें असफल रहेंगी। यहाँ शिष्टाचारके नाते यद्यपि नेहरूजीने फारसी शब्दोंको ठूँसनेकी भी बात की है, किन्तु उनके तीरका मुख्य निशाना है संस्कृतनिष्ट हिन्दी।

नेहरूजीका चैलेंज सिर्फ हिन्दीवालोंको ही नहीं, भारतके उन सारे ही लोगोंके लिए है, जो भारतमें एक राष्ट्रभाषा और एक राष्ट्रलिपिका समर्थन करते हैं। किन्तु नेहरूजीके सिंहनादसे हिन्दीकी जरा भी क्षति नहीं हो सकती, क्योंकि हिन्दी अपने स्थानमें अचल रूपसे प्रतिष्ठित हो चुकी है। क्या किसीकी मजाल है, जो हिमाचलप्रदेश, युक्तप्रदेश, बिहार, मध्यप्रदेश (हिन्दी), मालवसंघ, राजस्थानसंघ, विन्ध्यप्रदेश, मत्स्यसंघ और पूर्वी पंजाबसे हिन्दीको राजभाषा पदसे हटा दे? यह असम्भव है। ऐसा प्रयत्न चट्टानसे सिर टकराने जैसा होगा। बड़े-बड़े नेता चट्टानसे सिर टकरा भी चुके हैं। उनके सारे प्रयत्नोंके बाद भी युक्तप्रान्तकी सरकारने काफी आगा-पीछा करके हिन्दीको राजभाषा घोषित किया। जनताके प्रबल बहुमतने उसे इसके लिए बाध्य किया। युक्तप्रान्तके पीछे एक-एक करके सारे हिन्दी-भाषी प्रान्तोंने पन्त-सरकारका अनुसरण किया। हिन्दुस्तानीके पक्षपाती महानेताओंने सारी शक्ति लगाकर देख लिया कि मरुभूमिसे कोशीके पूर्व तक, हिमाचलसे नर्मदाके और दक्षिण तक हिन्दीको हटा या उसके साथ कोई दूसरी भाषा राजभाषा नहीं बनाई जा सकती।

हिन्दीके राष्ट्रभाषा बनाए जानेका सबसे बड़ा कारण यह है, जो कि वह भारतके इतने बड़े भूभाग तथा इतनी बड़ी जनसंख्याकी सामान्य और राजकाजकी भाषा है। अँग्रेजीके प्रभुत्वके समय भी इसी कारण अन्य प्रान्तवासियोंको हिन्दी-भाषियोंके साथ ही नहीं दूसरे प्रान्त वालियोंके साथ भी बोलते समय हिन्दीका सहारा लेना पड़ता रहा, यदि वह अँग्रेजी या संस्कृत नहीं जानते थे—अँग्रेजी या संस्कृत जाननेवाले कितने कम हैं, इसे कहनेकी आवश्यकता नहीं। यदि नेहरूजी और उनके जैसे विचार रखने वाले हिन्दुस्तानीके नामपर उर्दू-लिपि और भाषाको भी भारतकी राष्ट्रभाषा और राष्ट्रलिपि बनवाना चाहते हैं, तो उन्हें विधानपरिषद्में नहीं, पहले हिन्दीको राजभाषा माननेवाले नव हिन्दी प्रान्तों और राजसंघोंसे उसे मनवाना चाहिए। यदि वह भली प्रकार अनुभव करते हैं, कि वहाँ कहीं जौ भर भी अँगुली गड़ानेकी जगह नहीं है, तो उर्दूको सारे भारतवर्षमें राष्ट्रभाषा बनानेका प्रयत्न एक विडम्बना मात्र है। हिन्दी-भाषी प्रान्तोंमें—जहाँ ही अरबी-मिश्रित हिन्दी अर्थात् उर्दूकी गुंजाइश होनी चाहिए थी—तो उर्दूकी कोई बात न पूछे और बंगाल, असाम, उड़ीसा, आन्ध्र, तामिलनाड, केरल, करनाटक, महाराष्ट्र और गुजरातसे कहा जाए, कि तुम राष्ट्रभाषाके नाते उर्दू-लिपि और भाषाको भी पढ़ो। यह निश्चित है, कि

उर्दूके सम्बन्धकी ऐसी कोई अनिवार्यता अहिन्दी भाषी-प्रान्तोंमें भी उसी तरह नहीं चल सकेगी, जिस तरह वह हिन्दी-भाषी प्रान्तोंमें नहीं चल सकी। फिर क्या केन्द्रमें उर्दूको भी राष्ट्रभाषा मानकर उसके छापने में हजारों टन कागज बरबाद करने तथा उसकेलिए मशीनें खरीदने में धन खर्च करना अपव्यय नहीं है?

नेहरूजी जनताकी भाषामें साहित्य-सृजनकी बात करते हैं। कौन साहित्य? आजका सर्वतोमुखीन साहित्य, जिसमें केवल साइंस के तीन लाखसे ऊपर शब्दोंकी आवश्यकता होगी। नेहरूजी अपनेको साइंसका आदमी कहते हैं। समझमें नहीं आता कि वह किस जनताकी भाषामें साहित्य-सृजनकी बात करते हैं। आज तक किसी देशकी भाषामें ऐसे साहित्यका सृजन बिना किसी क्लासिकल भाषाकी सहायताके नहीं हुआ। नेहरूजीने कई बड़े-बड़े ग्रन्थ लिखे हैं और निश्चय ही उनके ग्रन्थ इंग्लैंड-की जनताकी उस भाषामें नहीं लिखे गए हैं, जिसमें वहाँकी क्लासिकल भाषा ग्रीक और लातीनीको "ठूँसा" नहीं गया। भारतके साहित्यकार भारी उपकार मानेंगे यदि नेहरूजी साइंस सम्बन्धी किसी विषय पर एक पुस्तक जनताकी भाषामें लिखनेकी कृपा करें। एक साक्षर संस्कृत ही नहीं लेखककेलिए यह कम लज्जाकी बात नहीं है, कि वह अपने देशकी साहित्यिक भाषामें कुछ लिख न सके। पौन शताब्दी पहले महाकवि माई-केल मधुसूदनदत्त इस तत्त्वको समझ गए थे और विदेशी भाषामें ख्याति प्राप्त करनेका मोह छोड़कर उन्होंने अपने देशकी भाषामें साहित्य सृजन किया था। अस्तु।

हमारे देशमें अब भी कितने श्वेतकेश हैं, जिन्होंने अपने बाल्यके वातावरणके प्रभावको अब तक अक्षुण्ण रखा है। उन्नीसवीं सदीका अन्त और बीसवींका आरम्भ ऐसा समय था, जबकि युक्तप्रान्तके कितने ही भद्र परिवार हिन्दी-चिन्दीको उसी दृष्टिसे देखते थे, जैसे साहब लोग। अभी उन परिवारोंकी परम्परा हमारे देशसे उच्छिन्न नहीं हुई है और उनके वातावरण-में पले व्यक्तियोंको हिन्दीके महत्त्वका समझना आज भी मुश्किल हो रहा है।

अंग्रेज़ीके बाबू सचेत हों

वर्तमान शताब्दीके आरम्भमें शैशव बितानेवाले ऐसे लोग आज जब हिन्दुस्तानीकी बात करते हैं, तो उसका अर्थ विशेष तौरका होता है। जब हिन्दुस्तानी-राष्ट्रभाषामें हिन्दी-उर्दू दोनों भाषाएँ शामिल हो गईं, तो

वह अपने मनमें सोचते हैं—हम तो इस जन्ममें न हिन्दी ही सीख सकते हैं, न उर्दू; हाँ इन दोनोंके झगड़ेकी आड़में हमारी जीवन-नैया मज़ेमें पार हो जायगी, अंग्रेजीके सहारे। इस बातकेलिए नेहरूजी से भी ज्यादा उत्सुक हैं, हमारे बहुत-से अंग्रेजीके बाबू लोग, जो नेहरूजीके मद्रासके सिंहनादसे गद्‌गद हो गए होंगे। जबसे अंग्रेजीके पदच्युत होनेका डर पैदा हुआ, तबसे इन लोगोंकी नींद हराम हो गई है। किन्तु क्यां इसे गम्भीर राजनीतिक सूझ कहा जा सकता है? क्या हमारी आँखोंके सामने ही वर्ष भी नहीं बीतने पाया और विश्वविद्यालयोंमें अंग्रेजी लेने वाले विद्यार्थियोंकी संख्यामें भयंकर रूपसे ह्रास नहीं दिखाई दिया है? क्या आजसे १० वर्ष बाद हाईस्कूल पास करनेवाले विद्यार्थियोंका अंग्रेजी-का-ज्ञान उतना ही नहीं रह जायगा, जितना फ्रांस, जर्मनी, रूस, जापानमें अंग्रेजी की द्वितीय भाषाके तौर पर पढ़ने वाले विद्यार्थियोंका? फिर अपनी नैया पार करनेके लोभसे क्या हम अगली पीढ़ीका अनिष्ट नहीं करेंगे? निश्चय रखिए लंदन, आक्सफोर्ड, कैंब्रिजका रंग पोतकर धाक जमाने वालोंके दिन इने-गिने रह गए हैं। आगे आशा नहीं कि उतने ही उत्साहसे लोग वहाँ ठप्पा लगाने जाया करेंगे। यह गाँठ बाँध लीजिए कि हमारे नौ हिन्दी-भाषी प्रदेश अपने सारे दफ़्तरोंका सारा कार्य हिन्दी-में करनेको तुले हुए हैं, दनादन शीघ्रलिपिक तैयार हो रहे हैं। अंग्रेजी टाइपराइटरोंपर नागरी अक्षर लगवाने या नये नागरी टाइपराइटरोंको लेने और पैदा करनेमें लोग लगे हुए हैं। बहुत समय नहीं बीतेगा, जब हमारे दफ़्तरोंमें उन्हींका सर्वत्र प्रचार होगा, फिर आजकी भाँति हर दफ़्तरमें हज़ार-हज़ार रुपयेके न अंग्रेजी टाइपराइटर देखनेमें आयेंगे न शीघ्रलिपिक ही। फिर जो लोग हिन्दुस्तानीकी आड़में अंग्रेजीका शिकार खेलना चाहते हैं, उन्हें बहुत सफलताकी गुञ्जाइश नहीं है। हिन्द-भाषी प्रदेश अंग्रेजीके साथ जो सलूक कर रहे हैं, उससे बेहतर सलूककी आशा बँगला, मराठी आदि भाषाओंके प्रदेशोंसे नहीं हो सकती। हमारे अंग्रेजीके बाबू लोगों-को समझ लेना चाहिए, कि अंग्रेजीका मोह जितना जल्द छोड़ दिया जावे, उतना ही अच्छा है। यदि केश श्वेत हो गए, सिर हिल रहा है, और इस जन्ममें अपने प्रदेशकी भाषा सीखनेकी बात असम्भव मालूम होती है; तो उनके लिए अब भी हिमालय, विन्ध्य, सतपुड़ा और श्रीशैलमें कितनी ही खाली गुफाएँ पड़ी हैं। वह व्यर्थ आनेवाली पीढ़ीके रास्तेमें रोड़े न अटकाएँ।

हिन्दुस्तानीवादी लोग, ऐसी अवस्थामें पहुँच गए हैं, जबकि हिन्दीका सीखना उनके लिए असम्भव है। वह खा-मखा जनताकी भाषा और संस्कृत ठूसनेकी बात कहकर अपनेको धोखा देना चाहते हैं। आधुनिक ढङ्गका सबल राष्ट्र बनानेकेलिये उत्सुक किसी देशकेलिए यह असम्भव है, कि वह अपने साहित्यको उतने ही शब्दों तक सीमित रखे, जितने शब्दोंका प्रयोग वहाँकी साधारण निरक्षर जनता करती है। नेहरूजी जैसोंको पता भी नहीं, कि जनता किस तरहकी भाषा बोलती है। उनको ऐसा अवसर नहीं मिला, तो उसके लिए हम उन्हें दोषी नहीं ठहरा सकते। हाँ, यह ठीक नहीं कि वह अपने सीखे शब्दोंको जनताके शब्द मान लें। खा-मखा संस्कृत ठूसनेका पक्षपाती आज कौन है? हिन्दी, बंगला गुजराती, मराठी आदि सभी भाषाओंके उच्च साहित्यकार पंडिताई दिखलानेकेलिए संस्कृत शब्दोंके ठूँसनेको उपहासास्पद समझते हैं। नेहरू जी को आज क्या किसी समयके भारतीय साहित्यको उसकी अपनी भाषामें पढ़नेका कष्ट नहीं उठाना पड़ा, नहीं समझते, कि संस्कृत शब्दोंके ठूँसनेकी प्रवृत्ति, देशके विभाजनके बाद पाकिस्तानसे खफा होकर नहीं हुई, बल्कि वह उस समय हुई थी, जब वह अतितरुण थे। आज संस्कृत शब्दों को तभी लिया जाता है, जब विशेष भावोंको प्रकट करनेकेलिए विशेष प्रकारके शब्दोंकी आवश्यकता होती है। और यह कार्य केवल संस्कृत शब्दोंसे ही नहीं लिया जाता, बल्कि कितने ही स्थानीय बोलियोंके शब्द भी लिए जाते हैं। संस्कृतके ठूँसनेका अर्थात् संस्कृतके उपयुक्त शब्दों के लेनेका आरोप एक ऐसे व्यक्तिके मुँहसे शोभा नहीं देता, जिसने अपने लिए तो अवश्य 'भारतका आविष्कार' किया है। विकसित होते समाजके प्रवर्धमान ज्ञानको समझानेकेलिए प्रत्येक देश अपनी क्लासिकल भाषाका सहारा लेता है। इसके लिए नेहरूजी हमें किसके पास जानेकेलिए कहते हैं? ग्रीकके पास, लातीनीके पास, या अरबीके पास? कभी तो वह कहते हैं, हम धुली स्लेटसे आरम्भ नहीं कर सकते, क्योंकि हमारे पास पूर्वजोंकी उपादेय निधि है। कोई भी समझदार भारतीय उनकी इस बातसे इन्कार नहीं कर सकता। फिर भाषा-निर्माणकेलिए क्या हमें धुली स्लेट हाथमें लेनी चाहिए? क्या भारतकी भूमिकी भाँति उसकी भाषा और संस्कृतका हमसे कोई सम्बन्ध नहीं है? क्या वह हमारे लिए अरबी-फारसी जैसी, पराई चीज है? यदि हम दिन-प्रतिदिन बढ़ते अपने सूक्ष्म ज्ञानके दानादानकेलिए संस्कृतसे शब्द न लें, परिभाषाएँ न बनाएँ, तो किससे

लें ? अंग्रेजीसे अर्थात् ग्रीक, लातीनी से ? यदि किसी ने विदेशी भाषा पढ़नेको कई वर्ष लगाये, किन्तु अपने देशकी साहित्यिक भाषाकेलिए उसने कुछ घन्टे देनेको भी बेकार समझा और वह उस भाषाको समझ नहीं पाता तो इसमें अपराध किसका है ?

हिन्दुस्तानीके समर्थकोंका हथियार

आज हिन्दुस्तानीके समर्थक हिन्दी प्रान्तोंसे निराश हो अ-हिन्दी भाषी प्रान्तोंसे बल प्राप्त करनेकी कोशिश कर रहे हैं। नेहरूजी से पहले ही से दौड़-धूप करने वाले लोगोंको उलटा-सीधा समझानेकी कोशिश करते हैं। उनका सबसे बड़ा हथियार है—"हिन्दी अपना साम्राज्य बनाना चाहती है, हिन्दी तुम्हारी भाषाको खा जायगी। इसलिए हिन्दीको अकेली राष्ट्रभाषा न बनने दो, उसके साथ उर्दूको भी होने दो, जिससे शक्ति-संतुलन बना रहे।" क्या उपरोक्त कथन सरासर झूठ नहीं है, जिसकी 'सेवा-ग्रामियों' से आशा नहीं की जा सकती ? हिन्दीका झगड़ा बङ्गला, मराठी तेलगू या मलयालमसे बिल्कुल नहीं है। हिन्दी उनके प्रदेशके भीतर कोई दखल नहीं देना चाहती। उसे राज्यविस्तारका कोई लोभ नहीं है। उसका अपना क्षेत्र बहुत ही विस्तृत है। और वहाँ उसका स्थान अचल हो चुका है, जिसे कोई डिगा नहीं सकता। इसीलिए विधान-परिषद्में अपने पक्षका बल बढ़ानेकेलिए हिन्दुस्तानीका प्रोपेगण्डा और सिंहनाद हिन्दी भाषी प्रान्तोंसे दूर मद्रास जैसी जगहोंमें किया जाता है, जहाँ यह भी सोचा जाता है, कि वहाँके बाबुओंके भीतर अब भी सूक्ष्म लोभ है, कि अंग्रेजी किसी तरह टिक जाती।

अ-हिन्दी-भाषी प्रान्तोंको सारी परिस्थिति आँख खोलकर देखनी चाहिए। हिन्दी प्रान्तोंमें हिन्दी सार्वभौम हो चुकी है; बङ्गालमें बँगला, असम में असमिया, उड़ीसामें उड़िया, आन्ध्रमें तेलगू, तमिलनाडमें तमिल, केरलमें मलयालम, महाराष्ट्रमें मराठी और गुजरातमें गुजरातीकी सार्वभौमिकताको कोई नहीं हटा सकता। आवश्यकता है एक प्रान्तके दूसरे प्रान्तके साथ, सभी प्रान्तोंके केन्द्रके साथ व्यवहारकेलिए एक भाषा की। क्या वह इन्हीं प्रान्तीय राजभाषाओंमें से होनी चाहिए या हिन्दुस्तानी, जिसे हिन्दी प्रान्तोंने ठुकरा दिया है ? या टट्टी की आड़में एक और ही भाषा उर्दू और उसकी लिपिको भी राष्ट्रभाषा बनाकर लाद दिया जाय ? उर्दू हमारे किसी प्रान्तकी राजभाषा नहीं है। प्रत्येक विचारशील पुरुष मानेगा, कि राष्ट्र भाषाकेलिए इन्हीं प्रान्तीय राजभाषाओंमेंसे एकको

चुनना चाहिए। आजके हिन्दी-भाषी क्षेत्रकी भाषा सदासे सारे भारत-के प्रान्तोंमें पारस्परिक व्यवहारकी भाषा मानी जाती रही। उसका प्रमाण २२ शताब्दी पहले अशोकके शिला-लेखोंकी भाषा देती है, और आज भी साधुओंके मठोंमें बोली जाने वाली भाषा भी वही रही है। जो भाषा बहुसंख्यक जनताकी भाषा और बहुस्थान-व्याप्त होती है, उसे अन्तर्प्रान्तीय भाषा बनानेमें आसानी होती है; वही व्यवहार-साध्य होती है। किन्तु, यदि अ-हिन्दी भाषा-भाषी प्रान्त उसके लिए किसी दूसरी प्रान्तीय राजभाषाको चुनें तो उन्हें पूरी स्वतन्त्रता होनी चाहिए।

हमारी इन प्रान्तीय राजभाषाओंमें से किसीके भी सारे भारतकी राष्ट्रभाषा होनेमें हर्ज नहीं है। नेहरूजी हिन्दीमें संस्कृत शब्दोंके ठूँसनेकी बात कहते हैं। उन्हें मालूम नहीं ठूँसना किसे कहते हैं। इसे देखनेके-लिए उन्हें हिन्दी, बँगला, नहीं द्रविड़ भाषाओंमेंसे एक मलयालमकी ओर निगाह करनी चाहिए, जिसमें ८० और ६० प्रतिशत संस्कृतके शब्द मिलते हैं। इसे हम श्लाघनीय नहीं कहते। व्यर्थ ही संस्कृत शब्दोंका ठूँसना या तो सस्ती पंडिताई दिखलाना है या भारी अदूरदर्शिता और हठधर्मीका परिचय देना है। आदि-कालसे विकसित होती आई भाषाओंमें जो नए शब्द अपभ्रष्ट होकर या दूसरी तरह चले आये, वे हमारी महत्वपूर्ण निधि हैं। अगत्या ही संस्कृत शब्दोंको लेना चाहिए और ठूँसनेके लांछनकी बिलकुल परवाह न करके लेना चाहिए। सामान्य उपयोगके शब्द हिन्दीमें एक लाखसे अधिक नहीं हैं और उनमें दो-तिहाईके करीब शुद्ध संस्कृतके हैं। यही बात प्राय: दूसरी प्रान्तीय भाषाओंकेलिए है। किन्तु भारतके उच्चतम न्यायालयों, पार्लियामेंटों और विश्वविद्यालयोंके व्यवहारकेलिए इससे तिगुने-चौगुने शब्दोंकी आवश्यकता होगी। सिर्फ शासन-विभागकेलिए हमें १६ हजार शब्दोंकी ज़रूरत पड़ी। कानूनकेलिए भी हमें उतने ही शब्दोंकी आवश्यकता पड़ेगी। हिन्दी-परिषद्, (प्रयाग) की ओरसे जो कोष छप रहा है, उसमें तीस हज़ार शब्द हैं, जो सिर्फ तात्कालिक आवश्यकताओंकी पूर्ति कर सकते हैं। प्रयोगीय साइंसकेलिए डेढ़ लाख शब्दोंकी और आवश्यकता होगी। शुद्ध-विज्ञान, दर्शन, कला आदिकेलिए और भी भारी संख्यामें शब्द चाहिए। इस तरह सब मिलाकर तीन लाख शब्दोंकी और आवश्यकता होगी। हम अन्तर्राष्ट्रीय शब्दावलीके पक्षपाती नहीं हैं, क्योंकि उसका अर्थ हमारे विद्यार्थी नवजवानोंकेलिए अंग्रेजी शब्द होता है, चाहे इस बातको जर्मन, रूसी, जापानी नहीं मानते। हाँ, हम किसी तरहसे विशेषज्ञोंकी मंडलीसे बाहर दूर

तक प्रचलित हो गए शब्दोंके बाइकाटके पक्षपाती नहीं हैं। हम पेन्सिलको आलेखनी, स्टूल और बेंचको प्रौष्ठ, रेलको धूमयान नहीं बनाना चाहते, किन्तु ऐसे शब्द हमारे परिभाषा-कोषमें सौमें नही हजारमें एक होंगे। बाकी सारे शब्द सभी प्रान्तीय भाषाएँ संस्कृतसे लेंगी। हमें पूरी कोशिश करनी है, कि ये सारे शब्द सभी प्रान्तीय भाषाओंमें एक हों। शासन-शब्दकोश तैयार करते समय हमने बँगला, मराठी तथा दूसरी भाषाओंमें हुए प्रयत्नोंका उपयोग किया है। जब एक भाषामें लेनेके प्रयत्नका इस प्रकार उपयोग हो सकता है, तो हमें परिभाषा-निर्माणके कामको एक ही प्रान्तमें नहीं दूसरे प्रान्तोंमें बाँटकर कराना चाहिए, इस तरहके संगृहीत शब्दोंमें मुश्किलसे सौमें एक शब्द ऐसा होगा, जिसे प्रान्तीय भाषाओंकी परम्परा एक दूसरेसे लेनेमें बाधक होगी।

सारांश यह कि जिन संस्कृत शब्दोंके प्रचारको नेहरूजी ठूँसना कहते हैं, वे अनिवार्यतया आवश्यक और उपयोगी ही नहीं हैं, बल्कि वे सारे भारतकी भाषाओंके शब्दकोशको ८०-८५ प्रतिशत तक एक कर देते हैं। संस्कृत शब्दोंके ठूँसनेको सिर्फ हिन्दीमें ही नहीं रोका जा सकता, उसकेलिए आपको हिट्लरी हुकम निकालकर बँगला, उड़िया आदि सभी प्रान्तीय भाषाओंको ऐसा न करनेकेलिए वाध्य करना और सूर-तुलसी कृत्तिवास-चंडीदासके महान् काव्योंका छापना, पढ़ना भी दंडनीय घोषित करना होगा। फिर एक हिन्दुस्तानी ही नहीं, बंगस्तानी, ओडियस्तानी, मराठस्तानी तेलगुस्तानी आदि न जाने कितनी 'स्तानियों' को राजभाषा पदपर प्रतिष्ठित करना पड़ेगा। तब जाकर नेहरूजीकी 'जनताकी भाषा' अपनानेकी प्रतिज्ञा पूरी हो सकेगी।

नागरीमें शुद्ध नाम लिखे जायँ

अंतमें हमें हिन्दुस्तानी और हिन्दुस्तानीकी आड़में अंग्रेजीके हिमायतियोंसे यही कहना है, कि भारतीयोंने स्वतन्त्रताको प्राप्त करनेमें जो सफलता प्राप्त की है, उसका प्रभाव बहुत गम्भीर और दूर तक होकर रहेगा, जिसे समझनेमें आज "भारतके आविष्कार" करनेवाले भी धोखा खाया कर रहे हैं। अब अंग्रेजी अपने खोये स्थानको नहीं प्राप्त कर सकती और न भारत-प्रजातन्त्रके जन्मको रोककर इंगलैंडके बादशाहका सिक्का यहाँ चलाया जा सकता है। "ते हि नो दिवसा गताः" का रोना छोड़कर सप्रू-नेहरू, ताराचन्द-आजादको भवितव्यताके सामने सिर झुकाना चाहिये और हिन्दी और नागरी-लिपि को हिन्द-संघ की राष्ट्रभाषा तथा

सर्वत्र व्यवहारकी भाषा और लिपि स्वीकार करनी चाहिए। भारत सरकारको सबसे पहले देहरादूनके सर्वे-विभाग को आज्ञा देनी चाहिए, कि अंग्रेजीके भ्रष्ट उच्चारणोंके साथ छपनेवाले नक्शोंका छपना बन्द करे और आगे से नागरी अक्षरोंमें स्थानीय लोगोंके उच्चारण-के अनुसार भारतके ही नहीं, दुनिया भरके भौगोलिक नामोंके साथ नक्शे छापे जायँ। जिसमें कि न रूसियोंको 'कलकुत्ता', 'मुम्बा' कहनेका मौका मिले, और न हमें स्टैलिनग्रेड (स्तालिनग्राद) और व्लेडीवोस्टेक (व्लादीवोस्तोक) कहने का।

यूरोपके 'रोमनी' भारतीय

रोमनी एक घुमंतू जाति है, या रही है। वह यूरोपके सभी देशोंमें फैली हुई है। इतना ही नहीं, वह यूरोपीय लोगोंके साथ-साथ अमेरिका और दूसरे मुल्कोंमें भी पहुँची है। उनकी संख्या पचास लाखसे कम नहीं होगी। लोली और दूसरे नामसे रोमनी लोग पश्चिमी एसियामें भी हैं। पश्चिमी यूरोपमें उनका घुमंतू और स्वच्छंद जीवन पहलेसे भी खतम होने लगा था और रूसमें सोवियत्-क्रांतिके बाद वे जगह-जगह बसने लगे। पश्चिमी यूरोपमें, विशेषतः इंगलैंडमें, बहुत कुछ वे अपनी भाषा छोड़ चुके हैं और स्थायी अधिवासी बन साधारण जनतामें करीब-करीब हजम हो चुके हैं। घुमतू जीवनके साथ भी उन्होंने अपनी भाषा और बहुत अंशोंमें अपने रंग-रूपको भी सुरक्षित रखा था। उनके लिये पहले राजनीतिक सीमा भी बाधक नहीं थी, और वे हर साल अपनी घोड़ा-गाड़ियों और तंबुओंके साथ सैकड़ों कोस चले जाते थे। वे अपनी विचरण-भूमिकी कई भाषाओंपर अधिकार रखते हुए भी अपनी मूल भाषाको कायम रखे हुए थे; इसका यह मतलब नहीं कि उनकी भाषामें दूसरी भाषाके शब्द नहीं आए। आए अवश्य, लेकिन उनकी मूल भाषा रोमनी (हिंदी) बराबर बनी रही। तो क्या पचास लाख हिंदुस्तानी यूरोपके भिन्न-भिन्न देशोंमें फैले हुए हैं? हाँ; पिछले सौ सालके अनुसंधानने पश्चिमी विद्वानोंके समक्ष यह प्रमाणित कर दिया है। इसे आप भी उनके उद्धृत गीतों और शब्दोंको देखकर मान लेंगे।

वे अपने लिये रोमनी या रोम नाम इस्तेमाल करते हैं, लेकिन दूसरे लोग उन्हें जिप्सी (इंगलैंड), सिगान (रूस), लोली (ईरानी प्रदेश) आदि नामोंसे पुकारते हैं। विद्वानोंने यह भी माना है, कि रोम शब्द डोम का ही अपभ्रंश है। लेकिन डोमको संकुचित अर्थमें न लेना चाहिए। डोम हमारे यहाँ घुमंतुओंकी सिर्फ एक जातिका नाम है, जिनमेंसे कुछ स्थायी अधिवासी भी हो गए हैं और कुछ घूमा करते हैं। वे तब भी बराबर घूमा करते थे, जब भारतकी भूमि बहुत बसी नहीं थी, अर्थात् जन-संख्या कम थी और वन-प्रांतर अधिक थे। आबादी बढ़नेके साथ ही उनके स्वतंत्र भ्रमणमें रुकावट हुई। खाने-पीनेकी तकलीफोंने जीविकार्थ दूसरे तरीकोंको

स्वीकार करनेके लिये उन्हें बाध्य किया, जिससे आगे चलकर उन्हें अपराध-पेशेके गड्ढेमें गिरना पड़ा और कितने लोग समझने लगे कि चोरी और अपराध उनके रक्तमें है। उन्होंने उनकी आर्थिक मजबूरियोंकी ओर ध्यान नहीं दिया। अस्तु।

डोमके अतिरिक्त और भी घुमंतू जातियाँ हमारे देशमें हैं। कितने ही बंदर-भालू नचाते हैं, कितने ही मदारीका खेल दिखलाते हैं, कितने ही नटका खेल करते हैं और भाग्य भाखते हैं। कितने ही नट हैं जो आल्हा गाते और कुश्ती सिखलाते हैं। इसी तरह कँगड़े, बंगाली (मुजफ्फरनगर जिलेमें), गदहिया (दरभंगा जिलेमें), बनजारे आदि भी इसी घुमंतू जातिमें शामिल हैं। भारतसे बाहरके रोमनी इन सब भारतीय घुमंतुओंके प्रतिनिधि हैं। वहाँ उनका पेशा नाचना-गाना, बंदर-भालू नचाना, घोड़फेरी करना, हाथ देखना आदि रहा है। ये सभी पेशे आज भी भारतीय घुमंतुओंमें देखे जाते हैं।

रोमनी कब भारतसे बाहर गए, इस विषयमें बहुतसे मत हैं। कितने ही विद्वान् तो उनकी भाषाको प्राकृतसे निकली साबित करना चाहते हैं, जिसका अर्थ यह है कि रोमनी ईसाकी छठीं सदीसे पहले हिंदुस्तानसे गये थे। लेकिन उनकी भाषाका उदाहरण देकर प्रमाणित करते हैं, कि वह समय इतना प्राचीन नहीं हो सकता। उसे ग्यारहवीं-बारहवीं सदीसे पहले ले जाना बिलकुल संभव नहीं मालूम पड़ता। यह बात उनकी शब्दावली और उनके क्रिया-पदोंसे स्पष्ट हो जाती है। वैसे तो वे लोग इससे बहुत पहले भी अफगानिस्तान ईरान और मध्य-एसियामें घूमते-फिरते रहे होंगे, जैसा कि उनके भाई-बंधु 'ईरानी' आज भी हिंदुस्तानमें घूमते-फिरते देखे जाते हैं। लेकिन मुसलिम-युगसे पहले भारतके साथ उनका संबंध बराबर बना रहा, उनका यहाँ आना-जाना लगातार लगा रहा; इसीलिये भाषाका संबंध भी अक्षुण्ण बना रहा। जान पड़ता है, एक ऐसा समय आया, जब भारतसे उनका संबंध टूट गया, भारतसे बाहर गए रोमनी फिर भारतमें फेरा नहीं दे सके। धीरे-धीरे वे पश्चिमकी ओर बढ़ते हुए यूरोपमें आ गए। ऐसा करनेमें उन्हें सदियाँ लगीं और जिन देशोंसे होकर वे गुजरे, उनके कितने ही शब्द उनकी भाषामें मिल गए। पंद्रहवीं-सोलहवीं सदीमें वे यूरोपमें जरूर पहुँच गए थे।

रोमनी भाषाके तुलनात्मक अध्ययनसे पता चलता है, कि उसका संबंध अवधी और भोजपुरीसे बहुत अधिक है—विशेषतः भोजपुरीसे। वैसे तो बँगला, ब्रज और पंजाबीके भी कितने ही शब्द उसमें मिलते हैं। हमारे यहाँके घुमंतुओंकी भाषाका अध्ययन अभी शुरू भी नहीं हुआ। उनके जीवनके

बारेमें अभी कम खोज हुई है। दक्षिणमें आंध्र और कर्णाटकसे लेकर सारे भारतमें इस संबंधमें खोज होनेकी आवश्यकता है। यूरोपमें कितने ही खोजियोंने अपने कामके लिये उनके साथ सालों घुमंतू जीवन बिताए, कितनोंने अस्थायी तौरपर उनके डेरोंका आश्रय लिया। रूसमें रोमनी-भाषाके सबसे बड़े विद्वान् अकदमिक वरन्निकोफ अपनी तरुणाईके जीवनको बहुत ईर्ष्या-पूर्वक अब भी स्मरण करते हैं, जब उन्होंने 'सिगान' लोगोंके डेरोंमें अपना समय बिताया था। श्री वरन्निकोफ संस्कृत और दूसरी प्राचीन भारतीय भाषाओंके पंडित हैं। हिंदीका उनके जैसा बड़ा विद्वान् यूरोपमें आजकल शायद ही होगा। 'प्रेमसागर'का रूसी अनुवाद उन्होंने पहले प्रकाशित कराया था। इसी साल उनके 'रामचरित-मानस'का पद्यबद्ध रूसी भाषांतर प्रकाशित हुआ है। श्री वरन्निकोफने रोमनी भाषाके विषयमें बहुतसे लेख और पुस्तकें लिखी हैं। उसका कोश और व्याकरण भी बनाया है। यूरोपके और देशोंमे भी कई विद्वानोंने इस संबंधम खोज की है। रोमनी लोगोंके स्वच्छन्द जीवनने अनेक कवियों तथा लेखकोंको अपनी ओर आकृष्ट किया। रूसी कालिदास पुश्किन्ने उनकी ओर आकृष्ट हो उनके विषयमें कविताएँ कीं।

रोमनी लोग साँवले हुआ करते हैं। चार पाँच सौ साल तक रूस जैसे सर्द मुल्कमें रहनेपर आज भी बहुतसे सिगान रंगमें मुझसे मिल जाते थे और मेरे लड़के ईगरको तो दूसरे लड़के सिगान कहा करते हैं। इसपर वह जवाब देता है—"नहीं, मैं इंदुस् (हिंदू) हूँ।" उसे क्या मालूम कि सिगान भी 'इंदुस्' हैं। वस्तुतः रोमनी भी यह भूल गए हैं, कि हमारे पूर्वज हिंदू थे। एक दिन लेनिनग्रादके एक बागमें मैं टहल रहा था। दो रोमनी स्त्रियाँ मेरे पास आईं और 'भाग्य' भाखनेके लिये कहने लगीं। मुझे अधिक शिक्षा-संपन्न जान उन्हें भ्रम हुआ होगा। मैंने कहा—"क्या सिगान भी सिगान का भाग्य भाखेगा?' एकने 'बारिन (भद्र जन)' कहना चाहा, किन्तु उसकी सखीने दृढ़तापूर्वक कहा—"देख नहीं रही है, शकल सूरत रोमकी है?" सिगान भाषामें बात-चीत नहीं हुई, अन्यथा पोल खुल जाती, क्योंकि तब बहुत थोड़े ही शब्द मुझे मालूम थे।

सिगान बहुत सुंदर होते हैं। लेकिन इसका यह अर्थ नहीं कि सभी सिगानुष्काएँ (रोमनी तरुणियाँ) उर्वशी और मेनका होती हैं। हाँ, रूसियों और दूसरोंकी अपेक्षा उनमें सुन्दरियोंकी संख्या अधिक होती है। यूरोपीय सौंदर्य-प्रेमियोंको यदि कोई शिकायत हो सकती है, तो सिर्फ उनके रंगसे। वे उन्हें काले कहते हैं। लेकिन काले वे यूरोपीय लोगोंमें ही हैं। भारतीयों-

से तो वे बहुत अधिक गोरे हैं। मास्कोके 'रोमन-थियेटर'की तारकाएं असली सिगान बननेके लिये अपने मुँह-हाथपर रंग पोतती हैं।

नृत्य और संगीत तो सिगानके खूनमें भरा हुआ है। कमसे कम रूसमें तो उनके बारेमें यही ख्याति है। उनका संगीत शुद्ध रूसी संगीत नहीं होता। इसी तरह उनके नृत्यमें भी भारतीयताकी पुट रहती है, लेकिन दर्शक उनके परिदर्शनोंमें टूट पड़ते हैं। कितनी तरुणियाँ तो सिगानुष्का बननेके लिये गरमीके दिनोंमें सूर्यकी धूपमें बैठी रहती हैं और गर्दन तथा दूसरी जगहोंसे चमड़ीकी एक-एक तह निकल जानेकी परवाह नहीं करतीं। डेढ़-दो महीनेकी कठिन साधनाके बाद वे अस्थायी तौरसे सिगानुष्का बन भी जाती हैं, परन्तु भूरे पिंगल केश तथा न-काली आँखें उनका भंडाफोड़ कर देती हैं। सौंदर्य और संगीतके लिये इतना आदर होनेपर भी महाक्रांति (सन् १९१७)से पहले सिगानोंका बहुत नीची दृष्टिसे देखा जाता था। कितनी बार सिगान-सौंदर्यपर मुग्ध हो कोई भद्रकुल-पुत्र प्रणय और परिणयके पाशमें बँध जाता था, किन्तु उसे गुप्त रखनेकी चेष्टा की जाती थी। अब तो तीन-चार पीढ़ीमें इस तरहका कोई संबंध रहा हो, तो उसे बड़े अभिमानसे प्रगट किया जाता है। मेरे एक दोस्तकी महाश्वेता पत्नी, जिनके महापिंगल केशको देखकर सिगान-रक्तका संदेह भी नहीं हो सकता था, बड़े अभिमानसे कह रही थीं कि मेरी दादी सिगानोंके डेरेमें पैदा हुई थी।

बहुतसे सिगान तो मेरे जैसे भारतीयोंको देखकर समझते हैं, कि यह आकस्मिक सादृश्य है। 'मास्को रोमनी-नाट्यशाला'के कुछ अभिनेताओं और अभिनेत्रियोंसे बात करते समय जब मैंने कहा, कि तुम हमारे ही वंशके हो, बहुत सदियाँ हुईं जब कुछ हमारे बहन-भाई पश्चिमकी ओर आए, वे ही आदि-सिगान थे; तब नाट्यशालाके सूत्रधारने इतना भर कहा "मैंने भी ऐसा ही सुना है।" दूसरे तो यह सुन भी नहीं पाए थे। जब मैंने यहाँ दी हुई शब्दावलीके सौ शब्दोंका पारायण किया, तब सबने एक स्वरसे कहा—"तो निश्चय ही हम इंदुस् हैं।" एक दिन तो प्रधान अभिनेत्रीने अपनी भतीजीको दिखलाकर कहा—"मैं चाहती हूँ कि इसका ब्याह किसी इंदुस्से हो।" मैंने कहा—"यह त्रिपुर-सुंदरी भला किसी इंदुस् तरुणको क्यों सौभाग्यशाली बनाने लगी !" तरुणीने हँसकर कहा—"नहीं, मैं चाहूँगी।"

धर्मके विचारसे हमारे यहाँकी तरह बाहर भी सिगानोंको कोई आग्रह नहीं था। मध्य-एसिया, ईरान, तुर्की और मिस्रमें सब लोग मुसलमान थे, इसलिये वे भी मुसलमान बन गए, लेकिन कट्टर नहीं। इसी प्रकार यूरोपके

ईसाई मुल्कोंमें रोमनी (जिप्सी) लोग ईसाई बन गए, मगर उनका ईसाई-पन सदा संदेहकी दृष्टिसे देखा जाता रहा है।

पूर्वी यूरोप और सोवियत्के सिगान भारतकी दृष्टिसे विशेष महत्व रखते हैं। शिक्षा और संस्कृतिके विकासके साथ अपने इतिहासके प्रति उनमें स्वाभिमान जागरित हो चला है। आवश्यकता यह है, कि हम सांस्कृतिक तलपर उनके साथ अधिक घनिष्ठता स्थापित करें। सिगान कलाकार स्त्री-पुरुष भारत आएँ, अपने संगीत, नृत्य, अभिनयको यहाँ दिखलाएँ और हमारे संगीत, नृत्य, अभिनयको अच्छी तरह देखें। वह पश्चिममें हमारी कलाके कुशल दूत बन सकते हैं। भारतीय संस्कृति और कलाके प्रति अनुराग पैदा करानेमें वे बहुत बड़ा काम कर सकते हैं। बहुत कम सिगान अब घुमंतू रह गए हैं, वे गाँवों और शहरोंमें बस गए हैं। उनके कितने ही पंचायती खेतवाले अपने गाँव हैं; अपनी नाट्य-संगीत मंडलियाँ तो हैं ही। अभी वे आपसमें अपनी ही भाषा बोलते हैं; किंतु यह आशा नहीं करनी चाहिए, कि बहुत पीढ़ियों तक वे उसे सुरक्षित रख सकेंगे। यदि वे कहीं एक इलाकेमें अधिक संख्यामें बसे होते, तो सोवियत्-नीतिके अनुसार उनका स्वायत्त-प्रजातंत्र या स्वायत्त-जिला बन जाता, जहाँ सिगान-भाषा राजकीय भाषा हो जाती। लेकिन वे सारे देशमें बिखरे हुए हैं। समान अधिकार है, इसलिये इकट्ठा करनेकी आवश्यकता नहीं है।

यहाँ मैं रोमनी भाषाके २६८ शब्द और ७ गीत दे रहा हूँ। इनके विश्लेषणके लिये स्वतंत्र लेखकी आवश्यकता है। पाठक शब्दोंमें कई महत्व-पूर्ण विशेषताएं पायेंगे। उन्हें कविताओंमें रोमनी जीवनकी स्वच्छंदता उसके सौंदर्य और प्रेमकी झाँकी मिलेगी।

रोमनी भाषाके कुछ शब्द[1]

अवेर—और	आछे—आछे (है)
अमरो—हमरो	आछो—आछो (अच्छा), (ब्रज)
अमे—हम (आमि, बँगला)	अंदूलो—आनल (लाया) (भोजपुरी)
अंदर्—अंतर्	
अनेस्—आनेस् (अवधी)	इव—हिंव (हिम)

[1] अकदमिक वरान्निकोफ-कृत त्सिगांस्को-रूसकी स्लोवार (रोमनी-रूसी कोश), १९३८ ई०।

इवंत—हिवंत (हेमंत)
इलो—हि (य) री
उड़्म्यास्—उड़ना
उचेस्—ऊँचे
एव—यो (यह)
कामाव—कामौ (प्रेम करूं)
कामेस्—कामस् (प्रेम करेसि)
कामेल्—कामल (प्रेम किया)
काइ—काईं (क्यों)
कैतिर—कहाँ (केहितीर)
किंड्लो, वि—किनल, वि- (बेंचा)
काको—काका (चाचा)
काकी—काकी (चाची)
कुंच—कुछ (बहुत)
काला—काला
कंक्या—कंघी
कीरी—कीड़ी (चींटी, पंजाबी)
कोते—कोथे (कहाँ)
खाल—खालो
खेलेस्—खेलस्
खेर—घर
गव्—गाँव
गवरो—गँवारो
गीलि—गीत
गिनेस्—गिनेस् (अवधी)
चार—चारा (घास)
चाचो—साँचो
चीब—जीभ
चूची—चूँची
च्योर—चोर
च्योरी—चोरी
च्वोरो—छौंडो, छोरा

छ्योरी—छौंडी, छोरी
जोन—चाँद
जुरालो—जोरावर
तला—तरे, तले
थुद—दूध
थुव—धुआँ
ताता—तातो (गरम)
तुमरो—तुमरो
तुत्—तू
तू—तू
थान—थान (स्थान)
तेनी रे—तरुणपन (तरुनेरी)
थूलो—ठूलो (मोटा, गोर्खा)
दीनो—दीनेउ (दीनों, ब्रज)
दुइ—दुइ (दो)
नशाव—नठा (भागूँ, पंजाबी)
नक—नाक
नंगो—नंगा (नंगा)
पाइँ—पानी
पानी—पानी
पाशे—पासे
पुचिबे—पूछिबे (बँगला)
पुछे—पूछे
पेर—पेट
फागे—भाँगे
फारो—फारे
फारिपे—भारीप (न)
फारो—भारी
फिरे—फिरे
फुव—भूमि (भुइँ)
फुरान—पुरान
फुरो—बूढ़ो

फेन—बेन (बहिन)
फेनेरी—बहिनेरी
फेने—भनै
फुरो—बूढ़ो
फुरेदिर—बूढ़ा
फोरो—पुर
बरो—बड़ो
बकूरा—बकरी
बकरो—बकरा
बल—बाल
बन्धा—पण्य (वाला), दूकान
बर्वालो—बड़वालो (धनी)
बरी—भारी
बरीदिरो—बड़ेड़रो (मुखिया)
बख्त—बख्त (भाग्य) (फारसी)
बख्तालो—बख्तावर (भाग्यवान्)
बीबा—चाची
बीबी—चाची
वो—वो, वह
बोख—भूख
बोखालेस्—भुखालेस् (अवधी)
बोखालो—भुखालो (भोजपुरी)
बोरी—बहुरि (या), बहू
बुत्—बहुत
बुरितो—बुरा
बियातो—ब्याटो (अवधी) बेटा,
बेरश—वर्ष
बेशी—बइसी, बैठी
ब्याव—ब्याह
भइसइा—(न्)
मया—महा (न्)
मइथुलो—महास्थूल, महा ठूलो

माखे—माखत
मंद्रो—मंडा (रोटी) (बुंदेलखंडी)
मनरो—मंडा (रोटी)
मनुम्—मानुस
मस—मांस
मातो—मातो (मस्त)
माच्यो—माछो (मछली)
माछो—माछो
मूके—मौचै
मारव—मारब (भोजपुरी, मैथिली), मारूँगा
मोरेस्—मारेस् (अवधी)
मारेला—मारैला (भोजपुरी)
मागव—माँगब (भोजपुरी, मैथिली)
माँगेस्—माँगेस् (अवधी)
माँगला—माँगैला (भोजपुरी)
माँगलो—माँगलो
मीरी—मेरी
मीरे—मेरे
मीरो—मेरो
मे—मैं
मुलो—मुअलो (मरा)
याग—आग
यावेस्—आइस्
याख—आख
याखोरी—आँखड़ी
याछे—आछे (है)
राइ—राजा, राय
राया—राजा, राय
राखेस्—राखेस् (अवधी)
रातिरी—रात्री
रोवे—रोवै (भोजपुरी)

रुपुए—रुपैया (ओल्तोइ)
रीच—रीछ
लीनो—लीनो (ब्रज)
लावा—लावा (अवधी)
लेला—लेला (भोजपुरी)
लाज—लाज
वस्त—दस्त (बाहु)
वगार—अंगार (कोयला)
वेंग्लो—अंगार
वूचो—ऊँचो
वुश्त—ओष्ठ
विकिद्नो—विकिनल (बेंचा)
(भोजपुरी)
ववुर—और
शागा—साग (शाक)
शाख—साग
शो—सो

शुको—सूखो
शिलालो—सिरालो
शिंग—सींग
शेरांद—सिराहन
शेरो—शेर (फारसी)
सव—छ
ससुइ—सास, ससुई (भोजपुरी)
साकलो—ससुर
सानो—सानू (छोटा-गोर्खा)
सारो—सारा
सिकलो—सीखल (सीखा)
(भोजपुरी)
सिगो—शीघ्र
सिग्—शीघ्र
सोवोरो—सारो
सोवे—सोवै (भोजपुरी)
सो—सो

रोमनी गीत

(मूल)

(१)

ओइज़-बेचिश दूँ पोल-नोची,
दाया गया ना सोवेला।
कइ उदुमये योइ पे-वानूआ,
गिलाबेला इ रोवेला।
तइ लिलों मे वस्तरेस् तीरी,
क्हों कन्न फिरौदों
"खोच उमर मन् रस्त्रेलइ मन,
तुके चचिमो न फेनाव।"

(छायानुवाद)

(१)

ओइ साँझहँ ता अधनिशा,
दैया राया ना सोवैले।
जवै सोचै ओहि बानियहं,
गावैले औ रोवैले।
तब लेलों मैं हाथ तेरो,
समुआकने फिरतौं।
"चाहे मार मोहि गाली मोहि,
तोके साच न भनवौ।"

(१) गायक—सेमेन गुल्दा, आयु १८ वर्ष, स्थान—मरियपोल (उक्रइन), संग्रह-तिथि ५ अगस्त, १९२८, पृष्ठ १२३।

(२)

"सो तेरहा मे बनिच्का,
कइ जाल थिवेन शिलालो।
कइ नेनाइ अमेन्दे बनिच्का,
लोवे नि परूनी।"
'कइ जाव मे अन्द बेश् बरो,
तइ चोराव मे, पजेन् प्रस्तोरेन्।
तइ लदाव मे ते बितिने,
कोलेन् प्रस्तोरेन्।"
अ थेरे रोमनी पशूलाल नस्वली,
इ बियातुरा बोखाले।
अ मन् स्हुतिल्दे चोर्दोने प्रस्तोरेन्ससे,
जलिले मन् आन्दे बरुनो।
"ओइ प्रीलादे मान्दे रोमनी,
प्रीलादे मान्दे रोमनी मोरनी चाची।
वीतिन मन् आन्दा बरुनो,
बो कते मे खशिलों।
अस्तदें मन खलौदे प्रस्तोरेन्स्से,
इ पेरेल वूरम् बोर्त पौ मान्।
इ जा बरे रायेस्ते,
इ मॅंफ लेस् मिशूतो।
इ फेन्, 'राय् तू बरो,
विमूक मीरूने रोमेस्।
अमे चॅरोरे बि-बख्तले,
इ मे रोमूनी इ नस्वली।
छोरे तेहरे इ बोखाले,
निशो अमेन्दो इ वे खा।
चीरिस् कदा न तेरेल,
विमूक मीरने रोमस्।

(२)

"का करब हमन बनिच्का,
कि आइल हेमंत सिरालो।
कि नाही हमनके बनिच्का,
ना एको पैसा।"
"कहूँ जाब मैं बन बड़ो,
तह चोराब मैं, पाँचे घाड़वन।
तब ले जाब बिकिनै, ओहि घाड़वन।'
औ घरे डोमनी बैठल रोगियाली,
औ ब्यादुरा (बेटा) भुखाले।
औ मोह धइलें चोरल घाड़वन-
संग, डरले मोहि अंदर बंदीवर।
"ओइ आवहु मोरी डोमनी,
आवहु डोमनी मेरिये तातो (प्यारी)।
कीनहु मोहि अदर बदीवरहं,
कहे मैं खअलौ।
सिपहिया मोहिं धइलें घाड़वन संग,
औ प्रेरल चीन्हा नियरे मोहि।
औ जा बड़े रायहं,
औ माँग ओहि बिनती।
औ भनु, 'राय तू बड़ा,
मोचु मारयहँ डोमहँ।
हमन बेचारे बे-बख्ते (अभागे),
औ मोर डोमनी रोगियाली।
छोड़न घरे औ भुखाले,
नाहीं हमनके कि खाँव।
एहिसे गइल ओउ चारै,
मोचु मेरयह डोमहं।

---

(२) गायक—ख्वेदर ओलेखन्द्रो-विच् कोवलैंको, आयु ४२, स्थान—स्लाव्यांस्क, संग्रह-तिथि १८ अगस्त, १९२७, पृष्ठ १२८–९।

बुदेर कदा न तेरेला,	फेर कदा न करेला,
बुदेर् कदा न चोरेला।	फेर कदा न चोरेला।
विमूक लेस् चरोरेस्,	मोचु ओहि बेचारइ,
इन् अन्दार पॅ दॅग्रोस्।	औ न डाल कचहरियइं।
वोउ सर दीखेल खसवेल,	ओउ जो देखल खसलस्,
अ वोउ मनुस् इ नस्वलो।	औ ऊ मानुस रोगियालो।
इ सर् मेरेला इ येमेन् मुकेला,	औ ऊ मरेला औ हमनके मुचैला,
अवाइ तुन् चल् ए वियतुरे इ चरोरे।"	होइहैं तब बेटे बेचारे।"
सुनदा दूमा बरो राइ,	सुनतै बात बड़ो राय,
फेन्दा मान्दी बरो राइ,	भनत मोहि बड़ो राय
"जा पेस्ती रोमनोरी,	"जा प्रसन्न डोमनोड़ी,
वोउ न लूंगो प-बेशेला।	ऊ न बहुत बइसैला।
दीवा, ली त्रीन् दिवे,	दुइ या तीन दिवस,
इ विमुकाव मे लेस्, तीरे रोमेस्।	औ मोचब मैं तोरे डोमहँ।
नेकू वोउ बुदेर् कदा न तिरेल,	नेकु ऊ फेरु कदा न करेला,
मे विमुकाव लेस्।	मैं मोचब वोहि।
इ चेरेस् लेस्तिरे वियातो,	औ खातिर ओकरे बेटनके,
इ चेरेस् तुत् रोमूना नस्वला।"	औ खातिर तोहि डोमनी रोगियाली।"
(३)	(३)
ला मुन्दा जा दीखा, बइदा ए रूज़ा,	सुनेउ देखेउ, बइदा रोजइं (गुलरियइ),
"बहोस्लोवी दइ मन् फुरी,	"असीसु दाई मोरी बूढी,
ते जाउ ते लाउ ए रूज़ा।"	सो जाउ सो लावउ रोजइं।"
बं होस्लावि दइ ए बइदस् जा-दिया	असीसेउ दाई (माई) बइदइ, पुकारेउ
गंदूलो बइदा, जा-दिया पे बुतरनेन्दे,	जोरेहं बइदा, पुकारेउ कमकरन् कहं,
"पं देन् मन्गे सिवोने अेस्,	"देहु मोर घोड़वा कबरा,
ओ सवारि रुपंवो।	औ लगाम रुपवा।
यो दोलोहो फरूनो, सेदूलो चेर्कास्को रुपवो।"	औ डोरी रेशमी, चरजामा काकेशशी रुपहुलइं।"

(३) गायिका—नादिया, आयु ४५ वर्ष, स्थान—स्तारी-ओस्कोल, संग्रह-तिथि—१ अगस्त, १६२८, पृष्ठ १४७-४६।

ची लउ, ची दुइ बइदा फेन्दा,
यो दुनायु पेरे गिया ।
दिखेलो बइदा येछेपा,
पे रेका ओ मदा मरेन ।
["उद्रास्तुइते चिहानुक्की-इदालोक्की,]
ओइदाइते मो सदञु मोय्, स्तो बुदेत्
इ स्लुचित्सिनादो मोयु ।"
"छयानेले, म्रा फेनोरया ।
सो स्री का राइ बरो ?
जान् अखारेन् ए रूज़ा ।"
तोल्को रूज़ा रास्तेर जुमावेला,
रूज़ाबरे लोवे लेला ।"
आव्या रूज़ा ए वइदास्ते,
"द्रास्तुइ वारिन्, बारि मोइ,
सो ग्लावस् उहोद्वो प्र बॅरोज़ित,इलि
चिहानम् पॅ मिनात्?"
"दूला मिने उहोद्ना वॅरॅज़ित,
इ म्नु मौदु स्स्कजीते ।"
ची लउ ची दुइ योइ फन्दा,
रुप् इ सुनाकइ होरस्तेन्स्ता लिया ।
ये सेदलो रुपवो योइ लिया,
सिवानेस् अदा ग्रेस् योइ लिया ।
इ पॅ स्लेद्नो गत् फरनो इज़िलया ।
"रूज़ेले ! सो तु केरेस् ? यो पोरलेद्नो,
यो पोस्लेद्नो ।
इ न्नुसूल तु मान्दर इज़्लेस् ।"
"अइ बइदाले म्रो प्खालरो,
सो तु मान्स्ता इस्केर् दान् ?
बि-योग्नाकिरो खाचूकिरदान्,
बि-पनेस्किरो तु स किरूदान् ।"
"अइ रूजेले, म्री छयोरी,
ना दरूखार मारा वेना ।

कि एक कि दुइ बइदा भनतो,
ओहि दुनाउ (डेन्यूब) पारे गया ।
देखलै बइदा जे छोड़िन्,
नदियहं झूला धोवत ।
'नमो डोमनोरी ओतिसिनिया
भाखहु भागहं मोरो,
का होईं आगम मोरो ।"
"छौड़ियेरिये, मोरी बहिनेड़िये,
सो यो का राय बड़ो ?
जाइ आखउ (भाखउ) रोजहं ।"
केवल रोज़ा ठीक करैले,
रोज़ा बड़ो पैसा लेले ।"
आवी रोज़ा बइदा पहं,
"नमो ठाकुर, ठाकुर मोरो
सो का 'तुम' चाहहु,
भाखब या डोमफेरी ?"
"मोर भाग भाखउ, औ सब साँचै
कहियहु ।"
कि एक कि दुइ ओहि भनव,
रूपा (सोना हाथें लिया ।
ओहि चरजामहि रुपवहिं ऊ लिया,
घोड़ा कबरहं ऊ लिया,
औ अन्ते कुर्ता रेसमी लियेउ ।
"रोजेलिये ! का तू करसि ?
यो कुर्तो यो कुर्तो
औ निशूज़ तू मेरो लेसि !"
"हे बइदड़े मोरे भाई ! का तू मोकहं
करि दियेउ ?
बे आगिहि जलाय दियेउ,
बे पानिहि तू डुबाय दियेउ ।"
"हे रोज़ेलिये मेरी छोरी,
ना डरु सारा हमार बनै ।

(५)

मेराव दाली, मेराव दाली, मूसव मे
ते मेराव
ला बर था ब्रिगातर, ला बरे दुखातर.
कना मे मेराव. कोनू मनू रोव्लारेला !
ची दात ची देयोरी,
ची प्रालू ची पेयोरी !
रोव्लार ला मन दाली,
वेशारके चिरिक्ला,
वेशारके चिरिक्ला, मलाके लुलूजा।

(५)

मरब दाई (माँ) मरब दाई,
अवसि मैं तो मरबों
ई बड़ी बिपता ई बड़ दुखवा।
अब मैं मरब, कौन मोरे रोवैला !
की दादा की दाई,
की भ्रात की बहिनोरी !
रोवैले मोर दाई, बनकै चिरैया,
बनकै चिरैया, खेतन कै फुलवा।

जुको कै लीजा

(६)

देस् कुर केस्को कइ द् आवेला,
(कोन खेरे देवला, द् आसेला।
स द् ओ जुर्का कइ दाइ लीजा स द्
ओ जुर्का कइ दाइ लीजा !
"दा सुनेस् तू शेइ बोरियो !
ला दा खोरो ले वस्तेस्ते,
अइ तिलारता ला मोलाते,
मोल अमेन्यो ते-तीनेस् !"
पाले लीजा सम्र फेनेला,
"अलेस् ताते मुरो दातू।
सर् ची देस् आ दा कुर्केस्को, कते
मोखो या ननाइ !"
पाले जुर्का सम्र मोथोला,
'मुशइ मूशइ शेइ बोरियो,

(६)

दिवसे सूर्य जब आवेला,
कौन घरे दैवा, आसे (रहे) ला !
इहै जुर्का ओ दाई (वेरो) लीजा,
इहै०।
"हाँ सुनसि तू छोरी बहुरिया,
हाँ घड़ा ले हाथ में,
औ जा ओहि मद (दारू)
घर, मद हमन के तैं कीनेस।"
परे लीजा स्वयं भनैले,
"अरे तात मोरे दादा !
जो कि दिन ईरविस्को,
कतहुँ मदिरा नाहिं।"
परे जुर्का स्वयं बोलैला,
"अवशि अवशि छोरी बहुरिया,

---

(५) गायिका—मरूस्या, आयु १८ वर्ष, स्थान—कियेफ़, संग्रह-तिथि—१० सितम्बर १६१८, पृ० १८४।

(६) गायिका—मरूस्या, आयु १८ वर्ष, स्थान—कियेफ़ संग्रह-तिथि-१० सितंबर १६२८ पृष्ठ १८१–६०।

मूशइ मूशइ शेइ बोरियो,
मोलू अमेनो तू तीनेस् !"
सो दोइ लीज़ा सम् केरेला ?
सर् पो द्र् मो कइ परेला।
को ते मोल् वोइ द् अरखेला,
को ते मोल् वोइद् अरखेला !
खेर् ओइ लीज़ा कइ द् आवेला,
मोल स्कफेदी कइ बोइ थोला।
खाना देवला, तइ दोइ पेना,
खाना देवला तइ दोइ पेना !
सो तो ज़ुर्का कइ करेला ?
ला लीज़ा वो मतारेला
लाके प्राशा वो फगेला,
लाके प्राशा वो फगेला।
सो दोइ लीज़ा सम् करेला ?
पाला फुन्दना कइ जाला,
थान वोइ पेहके कइ दोइ थोला,
थान वोइ पेहके कइ दोइ थोला !
ला की इ साकरा करे द् आवेला।
मुरे पो ज़ुर्का करे वोरे देला,
ला की इ सकरा कइ द् आवेला,
मुइ पो ज़ुर्का कइ वोइ देला।
"आले ज़ुर्का कइ चइ दा ?
सारे बुरयोरा खेरे,
नूमइ लीज़ो के दोम् नाइ,
नूमइ लीज़ो के दोम् नाइ !"
ला को साक्तो मुइ कइ देला,
'कइ सँम लीज़ा, कइ सँम बोयों ?"
लीज़ा अँगलाव नास्ति देला,
लीज़ा अँगलाव०।
सो लाकी साक्वा केरेला ?
पला स्सेरा कइ वोइ जाला।

अवशि अवशि गोरी बहुरिया,
मद हमन के तू कीनेस् !"
सो का लीज़ा स्वयं करेले ?
जहँ चहबच्चा तहाँ पराले।
तहवाँ मदिरा ऊ पावेले, तहवाँ०।

घरे ऊ लीज़ा जब आवेले,
मद मेज जहाँ तह राखेले।
खावै देवा, औ पीयैला, खावै०।

सो ऊ ज़ुर्का काइ करैला ?
ऊ लीज़ा के मतावैला।
ओकर मँसुली ऊ भँगैला, ओकर०।

का तब लीज़ा स्वयं करैले ?
पाछे तंबू के तह जाले,
थान वोहि बिछौना करैले, थान।

ओकर सासु जब आवैले।
पुकार ज़ुर्का के ऊ देले।
ओकर०।

"आरे ज़ुर्का कहँवा गोरी ?
सारी बहुरिया घरे,
केवल लीज़ा ही घर नाहि, केवल०।

ओकर ससुरा पुकार तब देला,
"कहवा लीज़ा कहाँ बहुरिया ?"
लीज़ा जवाब ना देले, लीज़ा०।

का ओकर सासुरी करैले ?
पीछे तंबू के तब ऊ जाले।

को ते ला योइ द् अरखेला, को ते० ।
सो दोइ लीजा सम्र् फेनेला ?
"दा शुनेस तू शेइ तू दाली,
का-देँख्तोरो मन तू अगेरेस,
अकनाश मे उमेराव ।"
ला देँख्तोरो कइ दीखेला,
लेन उदातर योव कुशेला,
"फुगो ला तुमे ते-लेन, फुगो० ।
खेरे ला तुम तू अंगारेन,
अकनाश वोइ के मेरल ।
खेर ला तुम्र् तू अंगरेन, अकना० ।
सो दो जुर्का कइ करेला ?
ला लीजा वो कइ द्रोम्र् लेला
वी का खेर वोह चो अरसेला, दा
तइ लीजा कइ मरेला ।

जहाँ ओके ऊ पावेले, जहाँ० ।
का तब लीजा स्वयं भनैले ?
"हाँ सुनसि तू सास तू दाईं,
पासे डाक्टर मोहि नहुँपाव,
अबहीं मैं मरबों ।"
ओके डाक्टर जब देखैला,
लेइ गारी ऊ देवैला,
"अबै एहि तुम ले जाव, अबै० ।
घरे एहि तुम ले जाव,
एहि छन इ मरैले ।
घरे एहि० ।
सो का जुर्का तब करेला ?
ओहि लीजहि घर ले जाला ।
का घरे ऊ पहुँचैलो,
हाँ तइ लीजा तब मरैले ।

(७)

लापे माशो तइ जालो,
दुरवेंख्ते द् अर मालो ।
वडी रसेरा द् अन जर्दा,
ले कोवेची दपूने ।
ओ वेरान सुम्नाकुनो,
इइ यो रसेरा फवनी ।
सुकरक झम्द वो वस लेला,
खुर विजाको कइ खिनेला ।
खुदी वूची कइ करेला,
देर्का लिल्का मेर्कालिल्का ।
"दा सुनेस तू शेइ दोइ किल्सा,
लेला आजीक वरतेख्ते ।

(७)

आपै माशो तहँ जाला,
दुरवा तक पहुँचैला ।
बड़ा तबुआ लगावेला,
ओकर लाल रूपवा कै,
ओकर खंभा सोनवा कै,
सब ऊ तँबुआ रेशम कै
हथउर हाथेमें ऊ लेला,
छोट चीज छिन्दै (काटै) ला ।
छोटा काज तब करेला,
कुंडलवा और मनियवा ।
"हाँ सुनसि तू छोरी दोइकिल्सा,
लेईं धरेला अपनें हाथे,

---

(५) गायिका—मरश्या, आयु १८ वर्ष, स्थान—किरौंज, संग्रह-तिथि—१० सितम्बर १९४८, पृष्ठ १६०—९६ ।

अइ तिलाती दुखेस्ते ।
लेला ये दोइकित्था जाला ।
क दुनाव द् असेला ।
ला थागरी कइ दीखेला ।
अन्दे केरुत्थाद् अस्तारेला
ला दोइकित्सा द् असेला ।
"दा शुनेस् तू शेइ दोइकित्था,
कामेस तू सर कमाव मे ।"
शुन थागले ये देञ्ज्ञेस्ते,
कान माशो दा शुनेला
सुकूरास "मेन् शिनेला ।"
बस पे लाके चूनरे थोला
अन्दे केरुत्था ला शुदेला ।
पाले माशो सेम्र फेनेला,
"मार, औ देवला, ला दित्सा,
कइ गेली, ची मा यावेली !"
पाला ला माशो कइ जाला,
वाजी पो त्सेमूरो द् अरखेला ।
सो दो माशो सेम्र केरेला ?
येफ्ता थेमा कइ फिरेला,
कइ दोइकित्था चू अरखेला,
कान पालपले द् आवेला ।
ले त्सेरुले खलीले,
ये रोवली यो त्विकनीली ।
मुइ पे फूरा कइ दोम्र देला:
"दा शुनेस तू शेइ फूरियो,
ले ता प्रामा ले ले वस्तेस्ते,
इइ तेलाता ले गवेस्ते !"
सो दो रूपा सेम्र केरेला ?
शेस्त् पइ लाविन्ना लेला ।

ओ तू जा दुखाके ।"
ले ले औ दोइकित्था जाले,
पासे दुनाव के पहुँचैले,
ओके ठाकुर तब देखैला ।
अन्दर गड़िया के साजैला,
ओहि दोइकित्था के धरैला ।
'हाँ सुनसि तू छोरी दोइकित्था,
कामहुँ* तू जस कामीं मैं ।"
"सुन ठाकराला, दैवाकी (सौ),
काने माशो जो सुनैला ।
फरसहि हमनके छिन्देला ।"
केस ऊ चूनल के धरैला,
अंदर गड़िया ओहि राखैला ।
अरे माशो स्वय भनैला,
'मार हे दैवा, ओहि दोइकित्सहे",
कब गइलै औ ना अइलै ।"
परे ओहि माशो तब जाला,
घइला, पाथर पर देखैला ।
सो का माशो स्वयं करैला ?
सातो राजन में फिरैला,
कहुँ दोइकित्सा ना देखैला,
जब उलटिके आवैला
ओकर जुतवा टुटाले,
जो डंडा ओहू छोटा (भइ) ले
हाँकइ बूढ़ी के तब देला,
"हाँ सुनसि तू मेरी बुढ़िया,
ले चंगेरी अपने हाथे,
और जा ओही गाँवनके ।"
सो का रूपा स्वयं करैले ?
खालिस गाकी में से ले ले ।

---

*कामना—प्रेम करना ।

तेला शेरो लेख कइ थोला,	तले शिरके ओही देले,
अन्दे लिन्द्री कइ अग्नीला।	अन्दर निदरी तब पहुँचैले।
पाले नोल्का सॅम्र फेनेला,	परे नोल्का स्वयं भनैला,
"आले रूपा! दाव चा दा,	"अरे रूपा, देवहुँ चीया।
सोस्तर तू अग्नीलदीन?"	कासे तू (भई) भयभीता?"
"सर मे ते न अैग्नीलो?"	"कैसे मैं ना होऊ भयभीता!"
ले रौम्र पलाल कइ द् आवेना,	ऊ डोम पाछे जब आवैलें,
अइ मन् नोल्का मूदरेना!	मोहीं नोल्का! ऊ मारैलें।
"अइ तुम नोल्का! इइ दोलेना।"	"औ तोहि नोल्का! छोरैले"
यो दीवानो ची गत्रोला,	उनकर बात न पुराले।
देता ले दोम् कइ द् आवेना,	तबै डोम तहँ आवैले,
ची देस लाशो लेखे देना।	ना ओहि नमस्कार देलै।
पालो रूपा सॅम्र फेनेला,	परे रूपा स्वयं भनैले,
"वेशेन् तेले दा, शावेला,	"बैसहुत ले हाँ छोड़ेरी,
स तुमारो मे के सीम्र!"	सब कुछ तुमर मों पै आहै।"
सो दो रूपा सॅम्र केरेला?	सो का रूपा फेर करैले?
येखा वलेव कइ शिनेला,	एक छौनाके छिँदै (काटै) ले
दो पश लेव वा तिखेला,	आधा ओकर पकावैले,
दो अन्दे लेवका थोला।	आधा अंदर घड़ा धरैले।
'आवेन् शवालोकइ किर्ंभा,	"आवहु छौड़े! जहँ मदघरवा,
सो कइ किर्ंभा वरुनी।	सो जे पाथर मदिरा धरवा,
को ते ई मोलो दा शुद्री!'	जहँवा मदिरा शीतल।"
कदीची रोम्र कइ दोम पेना,	उहाँ इतना डोम उहाँ पियलैं।
लेंगे कानू कइ ताचोना।	उनकर कानों सब तलौलें।
सो दो रूपा सॅम केरेला?	सो का रूपा फेरु करैलें?
देस तलारा मिता देला,	दस रूपैया हाथे देले,
मोल योजीया ते इमील।	मद अंगुरी मिलावैले।
ले रोमेन् ते मतारेल।	ओहि डोमन के मतावैले।
कदीची रोम्र कइ दोम पेना,	एतना डोम सब मातैलें
पल स्कामीना कइ पेरेना।	नीचे बैंचके पड़ैलें।
सो दो रूपा सॅम केरेला?	सो का रूपा फेरु करैले?